KB022922

14살부터 시작하는

나의 첫 돈 공부

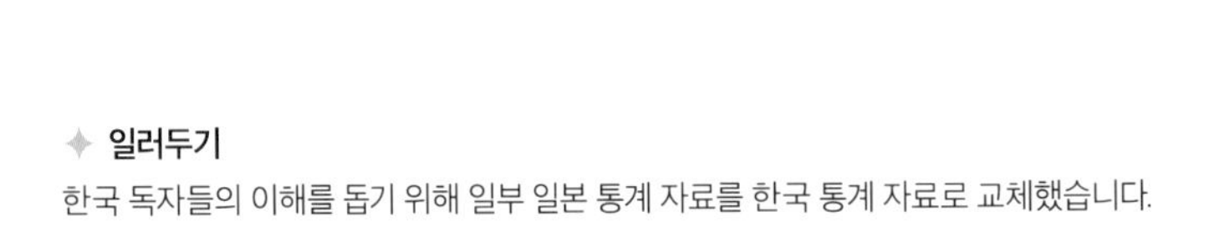

✦ 일러두기

한국 독자들의 이해를 돕기 위해 일부 일본 통계 자료를 한국 통계 자료로 교체했습니다.

14살부터 시작하는
나의 첫 돈 공부
가켄 편집부 지음
이현욱 옮김
뜨인돌

프롤로그

5만 원짜리 지폐로 어떻게 5만 원어치 물건을 살 수 있을까요?

'당연히 5만 원짜리 지폐니까'라고 답하고 싶다면, 다시 한번 생각해 보세요. 5만 원이라고 인쇄되어 있긴 하지만 그냥 종잇조각일 뿐인데, 우리는 그 종이로 물건을 살 수 있습니다. 가게에서도 그냥 종이일 뿐인데 자연스럽게 받고 물건을 건네줍니다. 이런 종잇조각이 물건을 사는 데 두루 쓰이는 것은 우리 모두가 '이건 돈이다'라고 이해하고 있기 때문입니다.

"왜 이게 돈일까?"

"모두가 그걸 돈이라고 생각하니까."

논리적인 답처럼 느껴지지 않겠지만, 이것이 돈의 본질입니다. 반짝반짝 빛나는 금화를 보면 누구나 가치 있다고 생각합니다. 금화는 먹을 수도 없는데 말이죠. 왜 그럴까요? 금화로 먹을 것을 살 수 있을 뿐만 아니라 다른 다양한 것과 교환할 수 있기 때문입니다. 지폐도 마찬가지입니다. 이것을 '돈의 범용성'이라고 합니다. 범용성이란 여러 분야나 용도로 널리 쓰이고 교환할 수 있는 성질을 말해요. 무엇과도 교환할 수 있다는 것은 무엇이든 살 수 있다는 뜻입니다.

그렇다면 사랑도 돈으로 살 수 있을까요?

이것은 꽤 근본적인 질문입니다. 우리는 흔히 '사랑은 돈으로도 살 수 없다'라고 말하지요. 그렇다면 예를 들어 볼까요? 내가 호감을 느끼는 사람이 두 명 있다고 가정해 봅시다. 한 사람은 데이트를 할 때 주로 값싼 프랜차이즈 식당에 가고, 가끔은 라면을 먹기도 합니다. 가까운 거리는 항상 걸어서 다니죠. 반면 다른 한 사람은 스포츠카를 타고 다니면서 비싼 프렌치 레스토랑에 데리고 갑니다. 다음 데이트 때는 테마파크에 가자고 하네요.

자, 여러분은 어떤 사람에게 더 마음이 가나요? 여러분의 판단에 '돈'이라는 요소가 영향을 줄까요?

돈이라는 것은 굉장히 신기한 존재입니다. 인생에 큰 영향을 미치죠. 하지만 돈에 휘둘리는 인생은 굉장히 공허해요.

영화 역사에서 가장 중요한 인물 중 하나로 손꼽히는 배우 찰리 채플린은 이런 말을 남겼습니다. "인생에는 세 가지만 있으면 된다. 희망과 용기와 약간의 돈."

여러분의 인생에 필요한 '약간의 돈'은 얼마인가요? 이 금액은 사람마다 다를 거예요. 돈이 많다고 해서 무조건 행복한 건 아닙니다. 반대로 돈이 너무 없어도 행복하기는 어렵겠지요.

여러분에게 돈이란 무엇인가요? 이 책에 등장하는 학생 '미호'와 함께 답을 찾아가 봅시다. 어쩌면 여러분의 미래가 조금 바뀔지도 몰라요.

감수자 이케가미 아키라

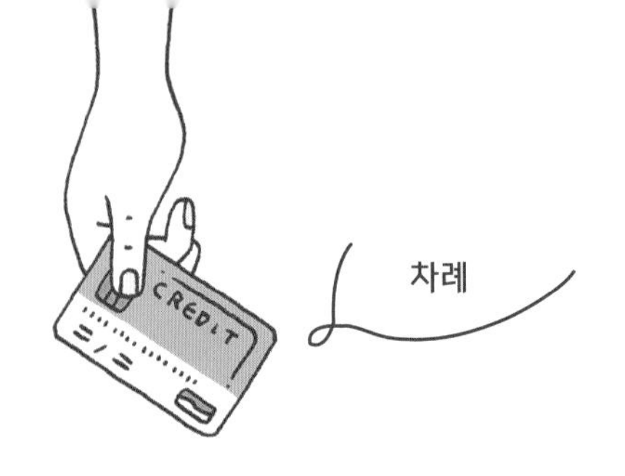

차례

제1장 ✦ 돈이란 무엇일까?

제2장 ✦ 돈과 세상의 시스템

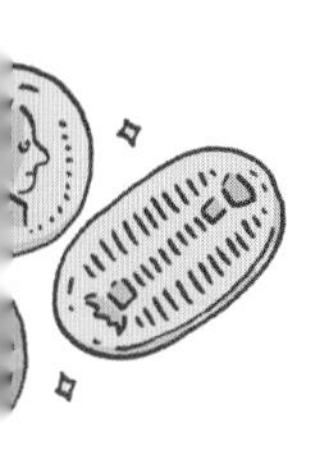
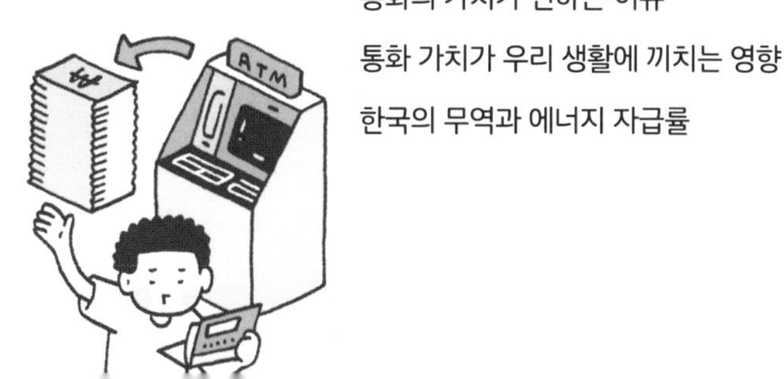

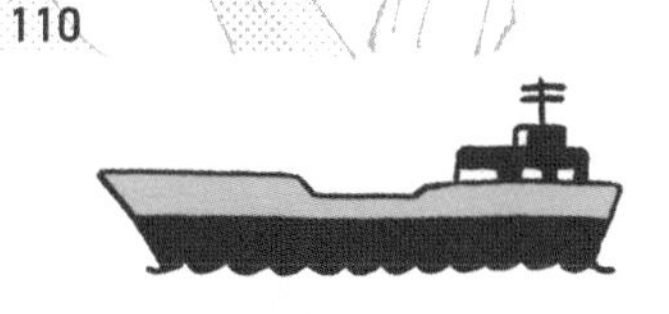

제3장 ✦ 우리의 생활과 돈

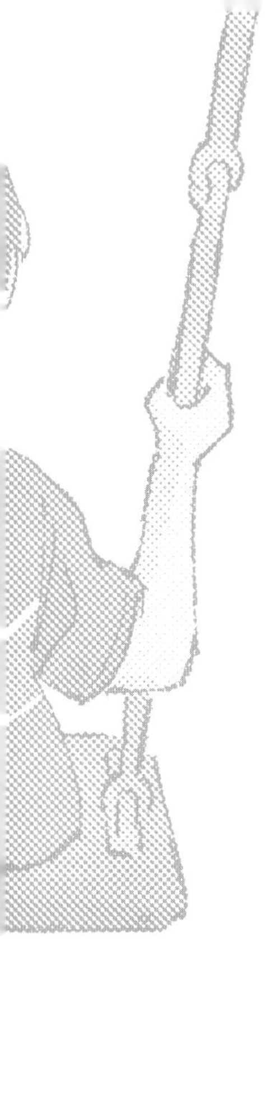

제4장 ✦ 돈과 잘 사귀는 법

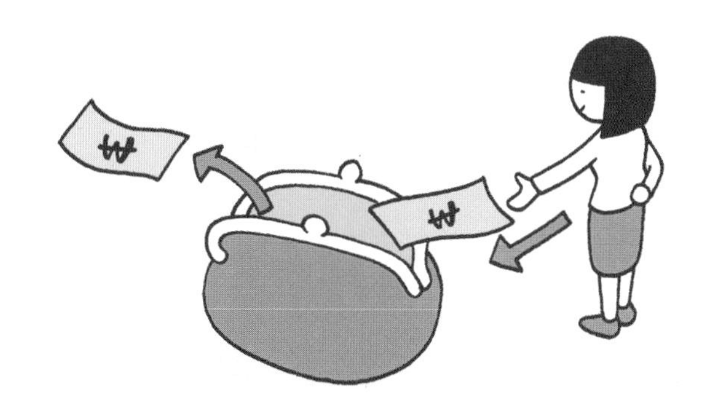

제5장 ✦ 부의 불평등

제6장 ✦ 미래의 너에게 하고 싶은 말

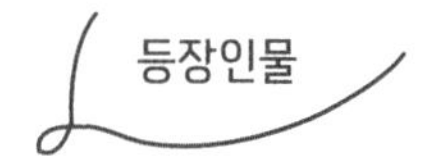

미호

고등학교 2학년. 돈이나 경제에 대해 관심이 없었는데, 방학 특강을 통해 새로운 세계에 눈을 뜬다.

고지

미호의 아빠. 무역 회사에서 근무한다. 예전에는 국내외를 오가며 바쁘게 일했지만, 지금은 부서가 바뀌어 비교적 편하게 일하고 있다.

아야카

메이오대학교 경제학부 교수. 여름 방학에 고등학생과 대학생을 대상으로 한 금융 교육 수업을 개설해 다양한 경제 이슈를 알기 쉽게 설명해 준다.

가나에

미호의 엄마. 은행에서 근무한다. 여성 임원으로 큰 기대를 받으며 바쁜 나날을 보내고 있다. 닭튀김을 좋아한다.

유미코

미호의 이모. 남편의 건축사무소에서 사무직으로 일한다. 미호네와 가까이 살면서 자주 교류한다.

겐

미호의 이모부. 건축사무소를 운영한다. 농담을 좋아하는 유쾌한 성격으로 미호를 어릴 때부터 귀여워했다.

유키노

고등학교 2학년. 미호와 중학교 동창으로 농구부에서 함께 활동했다. 진로에 대한 고민이 많다.

하야토

입사 3년 차. 장애인 고용을 지원하는 기업에서 일하고 있다. 『14살부터 시작하는 나의 첫 진로 수업』 세계관과 연결되는 인물이다.

하나

유미코 이모네 강아지. 미호를 정말 좋아한다.

제 1 장

돈이란 무엇일까?

1화
목표가 보이지 않는 나날들

앗, 벌써
시간이
이렇게 됐네.
18:43
팔락…
접선의
방정식 같은
게 무슨
도움이 되지?
다음으로
오늘의
주가입니다.
달칵
아빠,
언제 왔어요?
어,
10분 전쯤.
오늘의 종가는
어제보다
1,500원
하락하여….

아까 다녀왔다고 말했는데.
미안. 음악 들으면서 공부하느라 못 들었어요.
읏샤

아빠는 무역 회사에서 근무한다. 예전에는 야근도 많이 하고 해외 출장도 잦았는데
2년 전에 관리직이 되고 나서부터는 오후 7시 전에 집에 돌아온다. 그런데…
그 이후로 아빠는 왠지 쓸쓸해 보인다.
이모가 7시쯤 집으로 오래요.
그래.

딩동
딩동
안녕하세요.
저희
왔어요!
멍!
멍!
하나,
가자!
배고프다
멍!
볼 때마다
대환영이네.
하나,
진정해.
그래
그래

외동인 나는
근처에 사는
이모네 집에
신세를 지는 일이
많다.
하나는
미호가 정말
좋은가 봐.
우리 부모님은
맞벌이를
하셔서
아니,
괜찮은데….
항상
말하지만…
아,
이거 받아
주세요.
에이,
거의 매주 이렇게
밥을 먹고 가는데
아무것도 안 하는
건 예의가 아니죠.
아내한테
혼나요.
아빠에게
시간적 여유가
생긴 후에도
이모와 이모부는
점심이나 저녁
식사 자리에
우리를 부른다.
그럴
게요.
알았어.
그럼
많이 먹고
많이 마시고
가.

아 하 하 하

아하하하
아하하하
그런 일이 있었어.
그때는 진짜 놀랐지.

이모가 만든 닭튀김은 못 참아요.
좀 적당히 먹지.

아- 배부르다.
많이 먹었다, 그치?

달칵
저 왔어요.
그래
이모부, 게임해요!

자, 얼른 앉아.
달칵
앗, 언니 닭튀김! 최고!
아, 벌써 다 먹었어?
지금 막 다 먹은 참인데.
어서 와
닭튀김 좋아하는 것도 유전인가?
미호랑 똑같이 말하네.
힘내! 은행의 기대를 한몸에 받는 여성 임원이잖아.
위에서 시키는 대로 해야지 뭐.
여러 프로젝트에 들어가게 돼서….
요즘 바쁜가 보네.

제부는 요즘 어때? 바빠?
아뇨, 안 바빠요. 가끔 야근해도 7시 반에는 집에 와요.
예전에는 밤늦게까지 야근하고 휴일에도 일했는데.
그때는 정신없이 일만 했는데, 지금 있는 부서는 그렇게 일이 많은 곳이 아니에요.
조금 아쉽거나 하진 않아?
이제 시대도 변했고, 지금까지 열심히 한 만큼 여유 있게 일하려고요.
정년까지 10년도 안 남았고….
…

아, 지금 딱 좋은 타이밍인데…
이모부 잠시만요
미호, 잠깐만 이리로 와 봐.

아, 맞다.

이거 한번 들어 봐.
이게 뭐예요?

특별 수업?

나의 첫 돈 공부
여름 방학 특별 수업
무료
대상 : 고등학생, 대학생
일정 : 7/18, 7/25, 8/2, 8/9, 8/18, 8/23
장소: 메이오대학교 ○○캠퍼스 C동 302

대학교에서
고등학생과 대학생을
대상으로 돈과 관련된
수업을 하나 봐.
게다가
무료!
오….

우리 은행에서도
협력하고 있는데,
재미있을 것 같아서
신청해 뒀어.
아-
귀찮은데.
어차피 방학 때 할 일도
없잖아? 대학교에서
수업 듣다 보면 입시
공부에 관심이 생길지도
모르고.

그리고…
마지막 날은
학부모도 참가해야
하니까 당신도,
잘 부탁해.
아, 그래.
알겠어.

와, 이게
대학고구나.
넓다….
302호
302호 교실…
여기다!
째깍
1
2
3
4
5
째깍
곧 시작
하겠다.
째깍
대학교에서
수업을
다 듣다니…
좀 긴장되네.
자료가 놓여
있는 자리에
앉으라는
거겠지…?

여러분,
안녕하세요!
메이오대학교
경제학부 교수
아야카라고 합니다.
여름 방학
특별 수업에
참여해 주셔서
감사합니다.
이 수업은 대학생과
고등학생을 대상으로
하는 수업인데, 혹시
고등학생은 어느
정도 있을까요?
손 들어
주세요
대략 20명,
40% 정도인가?
많이 바쁠 텐데
와 줘서 고마워요.
자, 오늘부터 저와
함께 공부할 내용은
'돈'에 관한 것입니다.
그러니까….
스윽
스윽

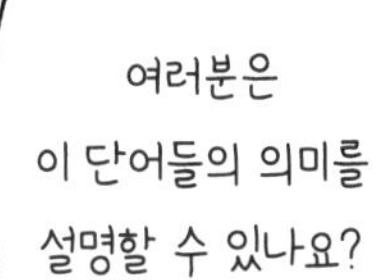

여러분은 이 단어들의 의미를 설명할 수 있나요?
디플레이션 가상 화폐 국채
인생의 3대 자금
자본주의 격차 등등…
돈과 관련된 단어를 생각나는 대로 써 봤습니다.

모르는 단어가 많죠? 모른다는 건 어떻게 보면 멋진 거예요. 알아 갈 기회가 있다는 거니까요.
500
들어 본 적은 있지만 잘 모르겠네….
돈은 인생의 많은 것과 관련이 있습니다. 그래서 알아야 할 게 너무 많죠.
그래서 돈에 관한 다양한 주제를 교재로 정리해 봤습니다.
나의
첫 돈 공부
히구치 아야카 편집
메이오대학교

이 수업을 통해
세상에서 일어나는 일과 자신의 미래에 대해
깊이 생각해 볼 수 있을 거예요.
그리고 이 수업을 통해 앞으로 좀 더
현명하게 살 수 있을 겁니다.
세상에서 일어나는 일과 자신의 미래….
그럼 오늘은 '돈이란 무엇인가'에 대해서 이야기해 볼게요. 교재를 펴 볼까요?
이 수업이 나와 우리 가족의 미래에 얼마나 큰 영향을 끼칠지.
이때까지는 전혀 몰랐다.

1

우리 생활에 필요한 도구, 돈

돈은 좋은 걸까? 나쁜 걸까?

'돈'이라는 말을 들으면 어떤 이미지가 떠오르나요? 아마 다양한 이미지가 떠오를 겁니다. '돈은 없어서는 안 된다' '낭비해서는 안 된다' 등 돈이 얼마나 중요한지에 대해 말하는 사람도 있겠죠. '돈이 없으면 살기 어렵다' '빚을 지면 큰일 난다'며 돈에 대해 공포심을 조장하거나 저축의 중요성을 이야기하는 사람도 있을 겁니다. 돈이 많으면 원하는 것을 많이 살 수 있으니 행복할 거라고 믿는 사람이 있는 반면 돈에 대한 이야기를 함부로 입에 올려서는 안 된다며 돈에 대해 말하기를 꺼리는 사람도 있을지 모릅니다.

인간은 태어나서 죽는 순간까지, 무엇을 하든 돈이 듭니다. 태어나면 병원에 돈을 지불해야 하고, 죽으면 장례식 준비에 돈이 듭니

돈에 관한 다양한 생각과 의견

다. 탄생과 죽음뿐 아니라 살아가는 데도 매일 많은 돈이 들어요. 그런 의미에서 돈은 없는 것보다 있는 편이 낫다고 할 수 있겠지요.

하지만 돈은 그 자체로 좋은 것이라고 하기는 어려워요. **돈은 살아가는 데 필요한 도구에 지나지 않거든요.** 도구는 다루는 방법을 아는 게 중요합니다. 칼이라는 도구는 맛있는 요리를 만들기 위해 사용하면 사람을 행복하게 만들지만, 그것을 휘둘러 누군가에게 상처를 입히면 흉기가 됩니다. 돈 자체는 좋은 것도, 나쁜 것도 아니에요. **우리가 알아야 할 건 돈을 잘 사용하고 돈과 잘 지내는 방법입니다.** 돈과 사회에 대해서 잘 알면 좀 더 행복한 인생을 살 수 있을 거예요.

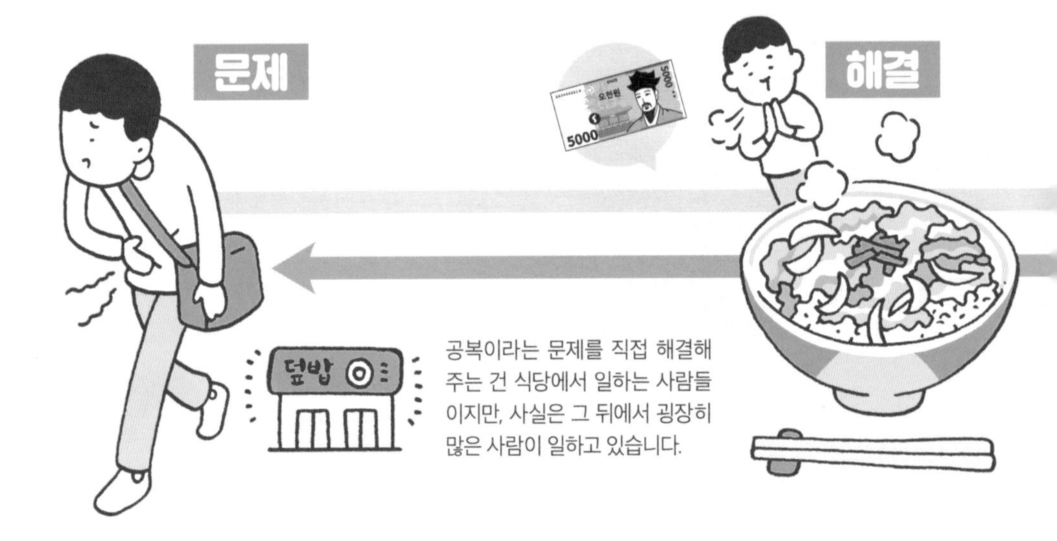

돈을 지불하고 얻는 것

배가 고파서 식당에 들어가 소고기덮밥을 먹고 5,000원을 지불했다고 가정해 봅시다. 이것을 조금 어렵게 설명하면 그 식당은 여러분의 '공복'이라는 문제를 해결했고, 여러분은 그 대가로 5,000원을 지불한 거랍니다.

'문제 해결이라니, 너무 거창한 거 아니야?'라고 생각할지도 모르지만 돈을 지불하거나 버는 것은 일반적으로 이런 구조로 돼 있어요. '○○ 때문에 힘들어' '△△가 하고 싶어' '□□를 갖고 싶어' 같은 **문제를 해결했을 때 고마워하는 마음으로 돈을 지불하는 것이 사회의 규칙입니다.** 이 규칙을 깨달으면 돈을 지불하는 것의 의미와 돈의 중요성이 가슴에 와닿을 거예요.

또 하나, 경제학적 관점에서 일을 하고 돈을 버는 사람들의 행동을 '가치를 창출해서 세상에 제공한다'라고 표현할 수 있어요. 위의 예시에서 우리는 배를 채우기 위해 소고기덮밥을 먹고 5,000원을 냈습니다. 아무것도 만들어 내지 않았다면 돈의 교환은 생기지 않겠죠. 하지만 식당은 '소고기덮밥=5,000원의 가치'를 세상에 만들어 냈습니다. 이 경우에 가치를 만들어 낸 건 식당뿐만이 아니에요. 소를 키우고, 쌀을 재배하고, 이것들을 운반하는 등 **사람이 하는 일은 세상에 가치를 창출합니다. 모든 가치 있는 것**(재화, 서비스)**은 사람의 일을 통해 세상에 나와요.** 그리고 이에 대해 고마워하는 마음으로 돈을 지불하는 사람이 있죠. 이것이 '경제 활동'입니다.

여러분이 지불한 5,000원은 소고기덮밥이 제공되기까지 이와 관련된 일을 한 모든 사람에게 분배된다고 볼 수 있어요. 이것이 돈을 지불하고 버는 것의 대원칙입니다. 이렇게 돈의 의미를 생각하면 세상에서 일어나는 일들이 조금씩 선명하게 보이기 시작합니다.

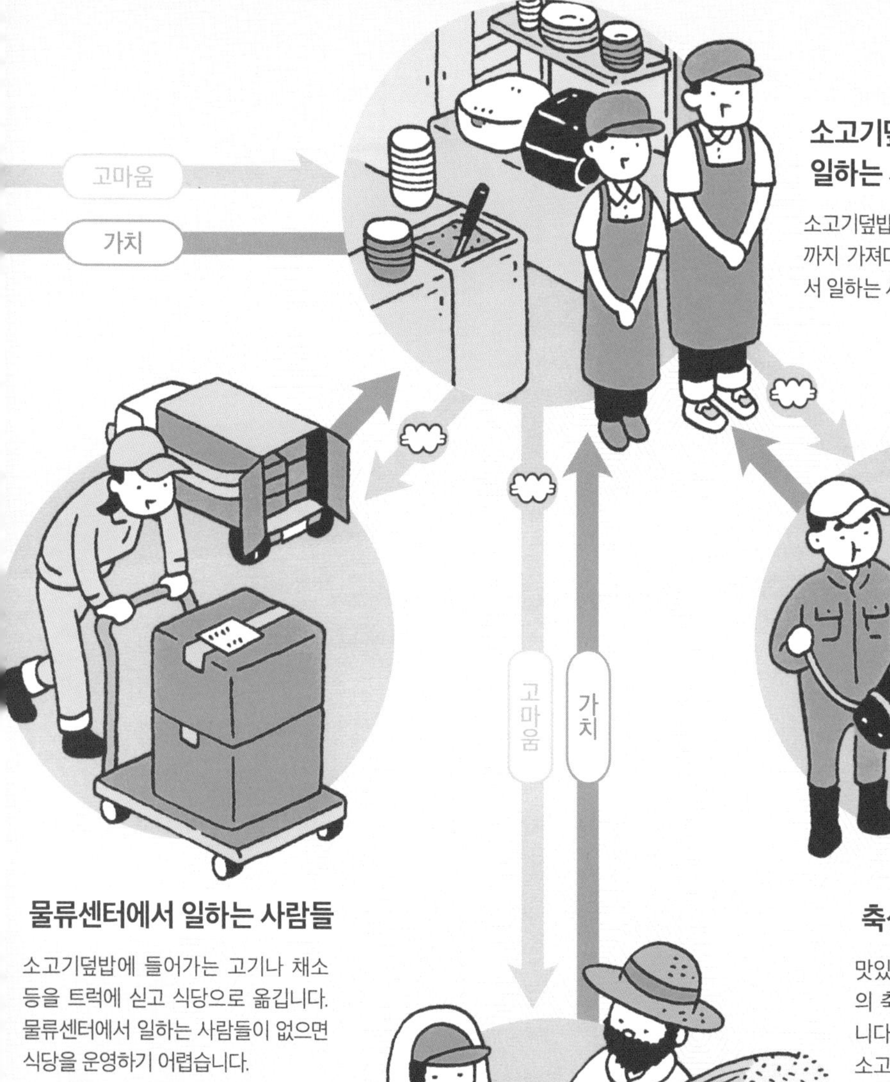

소고기덮밥 식당에서 일하는 사람들

소고기덮밥을 조리해서 여러분의 테이블까지 가져다 주는 건 소고기덮밥 식당에서 일하는 사람들입니다.

물류센터에서 일하는 사람들

소고기덮밥에 들어가는 고기나 채소 등을 트럭에 싣고 식당으로 옮깁니다. 물류센터에서 일하는 사람들이 없으면 식당을 운영하기 어렵습니다.

축산 농가에서 일하는 사람들

맛있는 소고기를 먹을 수 있는 것은 전국의 축산 농가에서 일하는 사람들 덕분입니다. 국내뿐만 아니라 미국이나 호주의 소고기를 사용하기도 합니다.

농가에서 일하는 사람들

쌀이나 채소를 재배하는 농가에서 일하는 사람들이 있기 때문에 우리가 소고기덮밥을 먹을 수 있습니다. 우리가 지불한 돈은 이런 농가 사람들에게도 돌아갑니다.

그리고…

식당을 깨끗하게 만드는 청소업에 종사하는 사람들, 소고기덮밥을 담는 그릇 등을 만드는 공장에서 일하는 사람들, 물수건이나 냅킨을 만드는 사람들 등 다양한 직종의 사람들이 우리의 공복을 해결하기 위해 일합니다.

3

우리가 살 수 있는 서비스

일상생활에서 이용하는 서비스

학교

학교에는 각 과목의 교사를 비롯해 사무와 관리를 하는 직원 및 상담 교사 등이 근무하며, 학교는 학생에게 '교육'이라는 서비스를 제공합니다.

편리함과 만족감을 얻는 서비스

'서비스'라는 말의 의미를 아시나요? PC방에서 게임을 할 때는 스릴이나 즐거움을 얻기 위해 돈을 지불합니다. 영화를 보러 가서는 재미나 감동을 느끼기 위해 티켓 값을 지불합니다. 다치거나 병에 걸리면 병원에서 치료받고 비용을 내죠. 우리는 이런 행위를 통해 주스나 햄버거, 자동차, TV 같이 형태가 있는 제품은 아니지만 만족이나 안심, 또는 편리함 같은 눈에 보이지 않는 것을 얻습니다. 이처럼 서

도서관

공공 도서관에서는 누구나 책이나 잡지를 무료로 빌릴 수 있죠. 도서관에서는 '지식'과 '문화'를 접하는 서비스를 제공하고 있어요.

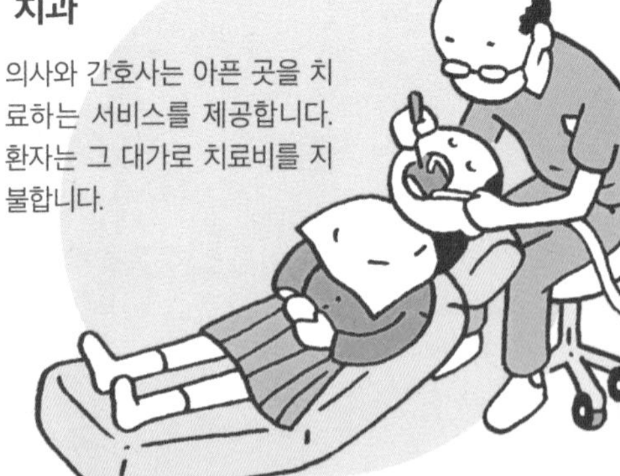

치과

의사와 간호사는 아픈 곳을 치료하는 서비스를 제공합니다. 환자는 그 대가로 치료비를 지불합니다.

영화관

티켓 값을 내면 영화관에서 영화를 즐길 수 있습니다. 티켓 값에는 영화관뿐만 아니라 영화 제작사와 감독, 배우 등에게 지불하는 돈도 포함돼 있습니다.

축구 교실

A가 다니는 축구 교실도 형태가 있는 재화가 아닙니다. 수업료를 내면 축구 기술을 배우거나 다른 팀과 시합할 기회를 얻을 수 있습니다. 입시 학원이나 피아노 학원 등도 비슷한 서비스입니다.

비스는 **형태가 없는 것, 즉 소유할 수 없는 거예요.** 서비스(service)와 재화(goods)는 경계가 애매모호하고 돈을 지불한다는 점에서 동일하기 때문에 서비스도 '재화'라고 말하기도 한답니다.

우리는 평소에 어떤 서비스에 돈을 지불하고 있을까요? 자신의 일상을 돌아보면 생각보다 많은 서비스를 이용하고 있다는 사실을 깨닫게 될 거예요.

COLUMN

세금 덕분에 이용할 수 있는 서비스

기차에서 공공와이파이를 이용하거나 도서관에서 책을 빌릴 때, 사고를 당해서 구급차를 이용할 때 우리는 따로 돈을 지불하지 않습니다. 이런 서비스의 이용 요금은 국가나 지방자치단체 등이 우리를 대신해서 지불하기 때문인데요. 그 돈은 우리가 내는 세금으로 조달한답니다. 그런 의미에서 공공서비스는 무료가 아니라는 점을 기억해야 합니다.

택배

크고 무거운 물건을 집으로 가져오거나 먼 곳으로 가지고 가려면 굉장히 힘들죠. 택배는 배송비를 지불하면 짐을 대신 옮겨 주는 편리한 서비스입니다.

4

돈을 쓰는 게 중요한 이유

소비가 사회를 만든다

소비란 욕망을 충족하기 위하여 재화나 용역을 소모하는 일을 의미합니다. 돈도 쓰면 없어지기 때문에 돈을 쓰는 것을 '소비한다'라고 하며, 돈을 쓰는 사람을 '소비자'라고 합니다.

우리는 만 18세 이상이 되면 선거권을 얻습니다. 선거권이 있는 사람은 '이 사람이라면 안심하고 정치를 맡길 수 있어'라고 생각하게 만드는 후보에게 한 표를 던지고 응원합니다. 반대로 정치를 맡길 수 없을 것 같은 후보에게는 투표하지 않고요. 이런 과정을 반복하면서 세상을 조금씩 바꿔 가는 게 선거입니다.

우리의 소비, 즉 우리가 물건을 사는 것도 투표와 비슷합니다. 우리는 '이 제품 좋아 보이는데?' '이 서비스는 괜찮네'라고

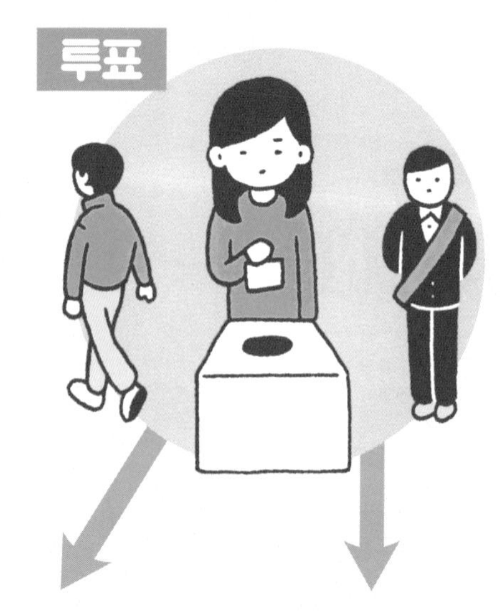

표를 받지 못하면…

표를 받으면…

이번에는
낙선했지만…

판단할 때 돈을 지불합니다. 이것은 그 제품이나 서비스를 제공하는 회사에 한 표를 던지고 응원하는 것과 같아요. **좋다고 생각하는 것에 돈을 쓰고, 좋지 않다고 생각하는 것에는 돈을 쓰지 않는 행위가 반복되면 세상은 조금씩 바뀝니다.**

평소처럼 거리를 걷다가 '어? 여기 원래 버블티 가게였는데 아이스크림 가게로 바뀌었네?' '최근에 옷가게가 늘었네?' 하고 변화를 느낄 때가 있습니다. 전부 우리의 소비라는 투표로 결정된 거예요. 그래서 소비는 굉장히 중요합니다. **아무리 좋은 제품이나 서비스를 만들어도 소비자가 소비하지 않으면 그 가게나 회사는 문을 닫아요.** 이처럼 소비자에게는 거리의 풍경까지 바꿔 버리는 큰 힘이 있습니다.

5

돈의 역사 ①

물물교환에서 금본위제도로

아주 먼 옛날, 산이나 숲에 살던 사람들은 멧돼지나 사슴 같은 짐승을 잡고, 바닷가에 살던 사람들은 물고기나 조개를 잡아서 생활했습니다. 그러다가 사람들은 서로 잡은 것을 교환하기 시작했는데 이것이 바로 '물물교환'이에요. 그리고 물물교환을 하고 싶은 사람들이 모일 수 있는 장소를 만들었는데, 이것이 '시장'의 시작입니다.

그런데 옛날에는 냉장고가 없었기 때문에 고기나 생선을 오래 보관하기가 어려웠습니다. 또한 고기랑 교환할 생각으로 생선을 가지고 가도 고기를 가진 사람이 없어서 물물교환이 성립되지 않는 일도 일어났어요. 그래서 생각한 게 '돈'이라는 개념입니다. **돈은 썩지 않으니 언제든 무엇과도 교환할 수 있기 때문입니다.** 과거 중국

과거의 물물교환

돈이라는 개념이 없었던 옛날에는 필요하거나 원하는 게 있을 경우 물건을 서로 교환했어요. 물고기 다섯 마리와 멧돼지 고기 한 덩이를 교환하는 식으로 말이죠.

조개껍데기나 쌀로 구매

조개껍데기, 쌀, 직물 등 보존할 수 있는 재료를 돈으로 사용했습니다.

에서는 조개껍데기를 돈으로 사용했습니다. 조개껍데기는 형태가 변하거나 파손되는 경우가 적었거든요. 재산(財産)의 '재(財)'나 매매(賣買)의 '매(買)' 등 돈과 관련된 한자에 조개 '패(貝)'가 들어가는 것은 그 영향입니다. 사람들은 조개껍데기를 가지고 시장에 가서 원하는 것과 교환했습니다.

시간이 지나면서 금속(금, 은, 동)이 돈으로 사용되기 시작했습니다. 열을 가하면 형태를 쉽게 바꿀 수 있는 데다 내구성이 좋은 금속은 금화, 은화, 동화 같은 '화폐'가 되어 원하는 것과 교환할 수 있게 됐습니다.

시간이 더 흘러 금은 돈의 가치를 정하는 기준이 됩니다. 19세기에는 영국을 비롯한 각국의 중앙은행이 금고에 보관하는 금과 같은 액수의 '종이'를 발행했는데, 이것이 종이 화폐인 '지폐'의 시작이에요. 지폐를 가지고 있으면 금과 교환할 수 있었습니다. 이 제도를 '금본위제도'라고 합니다.

COLUMN

값을 나타내는 한자 '치(値)'의 유래

이 글자는 '곧바로 보다'라는 뜻을 가진 곧을 직(直)에 사람 인(人)을 더해 '(사람을) 바로 만나다'라는 뜻으로 쓰였어요. 하지만 후에 '만날 만하다' '만날 가치가 있다' '~할 만하다' 같은 식으로 뜻이 변하면서 지금은 '값'이나 '값어치'라는 뜻으로 쓰이고 있습니다.

출처: 네이버 한자사전 〈한자로드(路)〉

금본위제도의 시대

은행이 발행하는 화폐에 신용을 부여하기 위해 그 화폐가 금과 교환할 만한 가치가 있음을 보증한 제도입니다. 19세기부터 20세기 초반까지 전 세계 각국에서 도입했고, 은행은 발행한 화폐의 총액만큼 금을 보관해야 했습니다.

금화, 은화, 동화

기원전 8~7세기쯤부터 금속을 둥근 형태로 가공한 화폐가 중국과 서양에서 만들어져 유통됐어요. 그 후에 종이 화폐(지폐)가 만들어졌습니다.

금본위제도에서 관리통화제도로

19세기에 금본위제도가 확대되었지만, 세상이 발전하면서 이 제도에도 한계가 나타납니다. '경제 활동의 기본 원칙'(30쪽)에서 일이란 세상에 가치를 창출하는 것이라고 했던 설명 기억하나요? 많은 사람이 열심히 일해서 재화와 서비스라는 가치를 만들어 내는 바람에 돈이 부족해지고 말았어요. 금본위제도에서는 세상에 존재하는 금과 동일한 가치만큼 돈을 발행할 수 있는데, 금보다 더 많은 가치가 만들어진 거예요. 그래서 각국에서는 금 보유량과 관계없이 **경제 상황에 따라 돈을 발행하는 '관리통화제도'를 도입했어요.** '모두 많은 가치를 만들어 내는 데다 소비도 하고 있군! 그렇다면 이 정도의 지폐가 필요하니까 찍어 냅시다'라고 국가가 판단하고 조절하는 거지요. 그렇다면 여기서 한 가지 의문이 생깁니다. 금과 교환하지 못하게 된 돈에서 어떻게 가치를 느끼는 걸까요? 만 원짜리 지폐도, 5만 원짜리 지폐도 숫자와 그림이 인쇄된 그냥 종잇조각인데 말이죠.

사람들이 돈에서 가치를 느끼는 이유는, 모두가 그 돈에 가치가 있다고 믿기 때문입니다. 국가에

관리통화제도의 구조

발행하는 곳은 국가의 중앙은행

법률로 정해진 통화 제도에 따라 그 국가의 중앙은행이 지폐를 발행합니다. 한국의 경우 한국은행이 중앙은행의 역할을 합니다.

지폐 발행을 관리·조절

금본위제도에서는 금 보유량을 초과해서 지폐를 발행할 수 없지만, 관리통화제도에서는 이러한 제한 없이 발행하는 지폐의 양을 조절할 수 있기 때문에 국가는 통화 정책을 실행하기 쉬워졌습니다.

금 보유량과 관계없음

지폐 발행량은 금 보유량과 관계없이 중앙은행이 가진 자산에 따라 달라집니다. 지폐는 더 이상 금으로 바꿀 수 없습니다.

서 이것은 만 원, 저것은 5만 원의 가치가 있는 돈이라고 정했기 때문에 모두가 믿고 사용하는 거예요. 만약 '김아무개'라는 사람이 자신의 이름을 딴 지폐를 발행한다고 가정해 봅시다. 사람들이 이 지폐를 사용할까요? '김아무개'라는 지폐는 어떤 가게에서도 사용할 수 없을 거예요. 그가 만든 돈은 신용할 수 없기 때문이죠. 이처럼 **신용의 유무가 돈의 가치를 결정합니다.** 그런데 신용이라는 건 눈에 보이지 않고 뭔가 불확실해요. 그러니 **돈은 이런 불확실성을 품고 있다는 사실을 기억해 두면 좋겠습니다.**

COLUMN

한국 돈의 신용도는 어느 정도일까?

한국 화폐의 단위는 '원'입니다. 이 원화의 신용이 높기 때문에 한국 어디서든 원화를 쓸 수 있어요. 한국인들이 많이 찾는 해외 관광지에서도 종종 원화를 받는 가게를 볼 수 있답니다. 전 세계에서 사용되는 화폐로 미국의 달러를 꼽을 수 있는데요. 달러가 신용도가 굉장히 높은 화폐이기 때문입니다. 그래서 가난하거나 비리가 많아 신용을 잃은 국가에서는 자국의 화폐보다 달러 결제를 선호하기도 해요. 그런 경우는 국민이 자국보다 미국을 훨씬 더 믿을 만하다고 생각하고 있다는 뜻입니다.

A 국가 = 발전하고 있다

A 국가는 모두 열심히 일해서 많은 가치를 창출하기 때문에 경제 활동이 활발합니다. 돈도 경제 상황에 따라 발행됩니다. 이런 상황이 안정과 신뢰를 만들어 A 국가의 돈의 가치가 상승합니다.

신용이 높다

신용이 낮다

B 국가 = 발전하지 않는다

B 국가는 실업자가 많고 경제 활동이 정체돼 있습니다. 가난한 사람이 많고 소비도 위축됐어요. 이를 해결하기 위해 정부는 경제 상황에 비해 많은 돈을 발행합니다. 이런 국가의 돈은 신용이 낮아져 가치가 하락합니다.

7

돈의 역할

돈의 세 가지 역할

돈의 역할에는 크게 세 가지가 있어요. 첫 번째는 물건을 살 수 있는, 즉 **원하는 것과 교환하는 역할입니다.** 목이 말라서 자판기에서 1,000원짜리 주스를 뽑고, 배가 고파서 패스트푸드점에서 5,000원짜리 햄버거를 사고, 서점에서 15,000원짜리 참고서를 사는 것이 그 예입니다.

두 번째로 돈은 물건의 가치를 금액으로 결정해 줍니다. 라멘 가게에서 메뉴를 보고 있다고 가정해 봅시다. 라멘 한 그릇은 5,000원인데 여기에 차슈(돼지고기 고명)를 추가한 차슈 라멘은 8,000원입니다. 일반 라멘에 차슈 3,000원어치의 가치가 더해진 것입니다. 이처럼 **돈은 물건의 가치를 측정하는 기준(가치 척도)이 됩니다.**

세 번째 돈의 역할은 **가치를 저장하는 겁니다.** 돈은 물물교환 시절에 사용하던 고기

5,000원으로 교환할 수 있다!

돈의 역할 ①
교환할 수 있다

메뉴판에 '라멘 5,000원'이라고 써 있네요. 5,000원을 내면 가게에서 라멘을 만들어 주고, 우리는 맛있게 먹습니다.

나 생선처럼 상하지 않아요. 몇 년이 지나도 1,000원짜리 지폐는 그대로 있죠. 그렇기 때문에 만일의 경우를 대비해 바로 사용하지 않는 돈을 떼어 모아 두는 '저축'도 할 수 있답니다. 이 세 가지 역할을 알면 돈이 좀 더 명확하게 다가올 거예요.

8,000원의 가치!

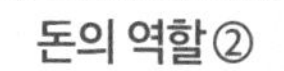

돈의 역할 ②

가치를 측정할 수 있다 (가치의 수치화)

일반 라멘과 차슈 라면의 가치 차이는 3,000원입니다. 가게에서는 차슈에 3,000원의 가치가 있다고 생각해서 차슈 라멘에 8,000원이라는 가격을 매겼네요.

일반 라멘을 주문하고 3,000원 저축!

돈의 역할 ③

가치를 저장할 수 있다

결국 5,000원짜리 일반 라멘을 주문하고 3,000원을 저축하기로 했어요. 이 3,000원은 쓰지 않으면 언제까지나 가지고 있을 수 있습니다.

COLUMN

지폐나 동전이 손상되면?

돈의 가치는 보존되지만, 지폐나 동전은 물건이기 때문에 너덜너덜해지거나 닳기도 합니다. 한국의 경우 손상된 돈은 한국은행 본점이나 가까운 은행 등 지정된 교환소에서 교환할 수 있어요. 하지만 손상 정도에 따라 교환이 어려울 수도 있으니, 은행에 방문하기 전에 교환 기준을 확인해 보세요!

사회는 돈을 기반으로 움직인다

지금까지 '돈을 지불하는 것과 얻는 것' '돈의 역사' '돈의 세 가지 역할'에 대해서 설명했습니다. 기본적인 지식임에도 몰랐던 사실이 많다고 느꼈나요? 충분히 그럴 수 있어요. 학교에서도 돈에 대한 교육을 제대로 하지 않는 데다 사실 어른들도 돈에 대해서 잘 모르거든요.

'돈은 은행에 맡기는 게 최고야'라는 어른들의 말을 들어 본 적이 있나요? 틀린 말은 아니지만, 국내외 경제 상황에 따라 은행에 예금을 해도 이자가 굉장히 적을 때가 있어요. 그럴 땐 이대로 은행에 돈을 맡기는 게 괜찮은

아이도…

학교

의무 교육에는 세금이 많이 투입됩니다. 그리고 진학하고 싶은 고등학교·대학교가 어떤 곳인지에 따라 드는 학비가 달라집니다.

가족

생활하려면 돈을 버는 사람이 필요해요. 아이나 전업주부 등은 돈을 벌지는 않지만 소비하고 가족의 활동을 뒷받침하기 때문에 경제가 돌아가는 데 중요한 역할을 합니다.

친구

친구와 같이 놀 때 돈을 쓰기도 합니다. 가정 환경이 다 다르기 때문에 돈에 대한 가치관도 다를 수 있어요.

좋아하는 것

스포츠, 게임, 독서 등 취미 생활을 하는 데도 돈이 들어요. 어디에 돈을 쓰는지 보면 그 사람의 취향과 성격을 알 수 있습니다.

지 고민해 봐야겠지요.

여기까지 읽었으면 돈이라는 건 인간이 만들어 낸 것으로, 사회는 돈을 기반으로 움직인다는 사실을 알았을 거예요. 돈에 대해서 안다는 것은 세상을 아는 것입니다. 이것은 정치나 경제에 한정된 이야기가 아니에요. **돈에 대해서 알면 자신의 인생을 어떻게 살아야 할지 깊이 생각하게 됩니다.** 하지 않아도 될 고생을 피할 수도 있어요. 그러니 돈에 대한 안목을 키우고 잘 다룰 수 있도록 돈에 관심을 기울여 봅시다.

COLUMN

'경제'의 유래

경제는 '경세제민(經世濟民)'이라는 사자성어의 줄임말이에요. '경세'는 세상을 다스린다, '제민'은 사람들을 구한다는 의미입니다. 즉, 경제란 사람들을 고통에서 구하기 위해 좀 더 좋은 정치를 펼친다는 게 본래의 뜻이에요. 또한 경제를 영어로 '이코노미(economy)'라고 하는데, 이것은 집을 뜻하는 그리스어 '오이코스(oikos)'와 질서·관리를 뜻하는 그리스어 '노모스(nomos)'가 합쳐진 '오이코노미아(oikonomia)'에서 왔답니다. 집과 관련된 것, 즉 생활에 필요한 것을 질서 정연하게 운영한다는 뜻이죠. 경세제민과 오이코노미아, 굉장히 비슷한 말이라는 사실을 알 수 있지요?

꿈·희망

하고 싶은 일이나 이루고 싶은 꿈이 있는 사람은 열심히 번 돈을 과감하게 쓰거나 큰 돈을 빌리기도 합니다.

일

직업을 가지고 스스로 돈을 벌 수 있게 되면 사회인 대열에 합류하게 됩니다. 그리고 자신의 의지로 자유롭게 소비하며 살 수 있습니다.

결혼

혼자서 살 것인지, 배우자와 함께 살 것인지에 따라 인생의 설계가 크게 달라져요. 사는 방식이 바뀌기 때문에 돈을 쓰는 법도 달라집니다.

질병

평생 병에 걸리지 않고 살기는 어려워요. 제대로 치료를 받고 다시 건강해지려면 의료비가 꼭 필요합니다. 인생을 즐겁게 살기 위해서는 건강이라는 조건이 굉장히 중요합니다.

어른도…

9

사회의 혈액

세상에 돌고 도는 돈

가치(재화·서비스)가 만들어져 널리 퍼지면서 구입이나 소비가 일어나는 것을 경제라고 합니다. 이때 돈은 '가계' '기업' '정부' 사이를 빙글빙글 돌아요. 이 셋은 경제를 순환시키는 역할을 맡고 있기 때문에 '경제 주체'라고 합니다.

'가계'란 가정의 수입과 지출을 말합니다. 한 가정에서 쓰거나 버는 돈의 액수는 그렇게 크지 않을 수 있지만, 한국에는 5,000만 명 이상이 생활하고 있으니 가계가 국가에 미치는 영향은 엄청나게 큽니다.

'기업'이란 회사를 말합니다. 기업은 재화를 만들거나 서비스를 제공해서 돈을 벌어요. 사람들은 기업에서 근무하거나 기업에서 일을 받지요. 그리고 기업이 번 돈으로 직원들은 급여를 받습니다.

'정부'는 국가를 말합니다. 국민과 기업은 국

가계는 한 집안의 수입과 지출을 말합니다. 사람들은 일하고 받은 급여로 상품과 서비스를 삽니다.

기업은 노동력을 제공하는 사람들에게 급여를 지급하고, 사람들에게 상품이나 서비스를 판매합니다.

세금(법인세 등) 납부
기업에서 정부
정부에서 기업
▶공공서비스 제공
▶일 의뢰

가와 지방자치단체에 세금을 납부합니다. 정부는 그 세금으로 공공서비스를 제공하고 기업에 일을 의뢰합니다.

가계와 기업, 정부는 본문의 그림과 같은 관계예요. 나와 관계없는 일이라는 생각이 들지도 모르지만, 그렇지 않습니다. 누구나 가게에서 물건을 삽니다. 이때 내는 돈은 그 제품을 판매하는 기업(가게)으로 들어가고, 상품 대금에 포함돼 있는 부가가치세는 정부로 들어갑니다. 이런 개개인의 소비활동을 통해 기업은 돈을 벌고, 일하는 사람은 급여를 받고, 사회의 공공서비스도 운영되는 거랍니다.

돈은 굉장히 중요합니다. 하지만 그렇다고 해서 모두가 돈을 쓰지 않고 저축만 한다면 세상은 제대로 돌아가지 않습니다. 돈은 '사회의 혈액'이라고도 해요. 혈액이 몸을 돌지 않으면 인간이 살 수 없듯이, 마찬가지로 세상에 돈이 돌지 않으면 사회도 죽습니다. **사회가 건강해지기 위해서는 돈이 순환해야 합니다.**

정부와 지방자치단체는 가계와 기업으로부터 세금을 받습니다. 그리고 그 돈으로 사람들과 기업에게 공공서비스를 제공합니다. 기업에 일을 맡기기도 합니다.

10

경기의 좋고 나쁨이란?

경기는 '파도'와 같다

경기(景氣)가 좋다거나 나쁘다는 말을 들어 본 적이 있을 거예요. 경기가 좋다고 하면 세상에 돈이 많아져서 활기가 도는 이미지가 떠오릅니다. 반대로 경기가 나쁘다고 하면 돈이 적어져서 활기가 없는 상태를 상상하게 되지요. 이런 이미지가 틀린 건 아니지만, 지금부터 경기가 좋고 나쁜 게 무엇인지 조금 더 정확하게 알아봅시다.

재화나 서비스가 많이 판매되면 이를 제조하고 판매하는 기업이 돈을 법니다. 그러면 이 기업에서 일하는 사람들은 급여를 많이 받게 되겠죠. 급여가 많아지면 사람들은 돈을 많이 씁니다.

경기가 좋다

물건(재화)이 팔리기 시작한다

가전제품 제조업체가 고성능 청소기를 출시했습니다. 광고 효과도 더해져 인기가 점점 높아지면서 대형 가전 매장에서 잘 팔리기 시작했습니다.

물건(재화)을 많이 만든다

청소기가 사람들 사이에서 화제가 되면서 큰 인기를 끕니다. 제조업체가 청소기의 생산량을 늘려 매출이 늘어났습니다.

이런 기업과 사람들이 많아져 **돈이 세상에 원활하게 도는 상태를 '경기가 좋다'라고 말합니다.**
반대로 재화나 서비스가 팔리지 않으면 기업의 수입이 줄어들겠지요. 일하는 사람들의 급여도 오르지 않을 테고요. 소비도 줄어듭니다. 이렇게 **돈이 세상에 원활하게 돌지 않는 상태를 '경기가 나쁘다'라고 말합니다.**
경기는 좋았다가 나빠지기를 파도처럼 반복하는 특징이 있습니다. 제품이 많이 팔려서 경기가 좋아져도 한 번 사면 다시 살 필요가 없어지기 때문에 판매량은 점점 줄어듭니다. 그러면 회사의 수입이 줄어 경기가 나빠지겠지요. 하지만 시간이 지나 제품을 새 것으로 교체하려는 사람이 늘거나 혁신적인 제품이 출시되면 경기가 다시 좋아지겠지요?

물건(재화)이 다시 팔리기 시작한다

제조업체가 고생 끝에 로봇청소기를 출시했습니다. 크게 화제가 돼 이전에 출시한 청소기의 매출을 뛰어넘을 정도가 됐네요. 제조업체는 이 로봇청소기를 공장에서 대량 생산하기로 결정했습니다.

물건(재화)이 팔리지 않는다

최고 정점을 찍은 매출이 조금씩 줄어들기 시작합니다. 아무래도 이 청소기를 사고자 하는 사람의 수가 한계에 달한 모양이네요.

물건(재화) 만드는 양을 줄인다

이 이상 생산해도 팔리지 않을 것이라 생각하고 제조업체는 청소기의 생산량을 줄입니다. 제조업체의 매출이 점점 줄어들기 때문에 사원의 월급도 줄여야 합니다.

경기가 나쁘다

11 인플레이션과 디플레이션

사고 싶은 마음이 가격을 바꾼다

경기 이야기가 나오면 '인플레이션'과 '디플레이션'이라는 말도 함께 등장하는데요. 이 두 가지 현상은 경기의 좋고 나쁨과 밀접한 관계가 있습니다. 먼저 경기가 좋아지면 돈을 많이 가진 사람이 늘어나 재화와 서비스를 사려는 마음이 커집니다. 사는 사람이 많아지면 판매자는 가격이 비싸도 팔린다고 생각해 가격을 올리려고 하죠. 재료비나 인건비도 함께 오르기 때문에 **물건의 가격은 점점 올라갑니다. 이런 현상이 오래 지속되는 것을 인플레이션이라고 해요.**

인플레이션의 반대 현상이 뭘까요? 바로 디플레이션인데요. 경기가 나빠지면 가진 돈이 줄어들기 때문에 재화나

비싸도 괜찮아!

인플레이션

경기가 좋으면 사람들의 수중에 돈이 모이기 때문에 물건을 사고 싶은 마음(구매 의욕)이 커집니다.

1,000만 원짜리 자동차가…

1,200만 원으로 가격 인상!

구매 의욕이 높은 고객은 가격이 조금 비싸도 원하는 걸 사기 때문에 판매자는 가격을 점점 올려서 돈을 더 벌려고 합니다.

서비스를 사려는 마음이 사그라집니다. 그래서 판매자는 어쩔 수 없이 가격을 내려서 팔게 되죠. 가격이 내려가서 좋다고 생각하는 사람도 있을지 모르지만, 이렇게 되면 재화나 서비스를 제조하고 판매하는 기업의 매출이 떨어지고 급여도 줄어들어요. 즉, 생활이 어려워집니다. 생활이 어려워지니 재화나 서비스를 사려는 사람은 계속 줄어들고, **가격도 내려갑니다. 이런 현상이 오래 지속되는 것을 디플레이션이라고 합니다.**

COLUMN

물가와 인플레이션율

물가는 재화나 서비스의 가격을 나타냅니다. 경기가 좋아지면 인플레이션이 일어나기 때문에 물가가 상승하며 기업의 매출이 늘고, 근무하는 사원의 급여도 오릅니다. 작년과 비교해 물가가 얼마만큼 상승했는지 보여 주는 것을 인플레이션율이라고 합니다.

한국 인플레이션율(%)

연도	%	연도	%
2013년	1.30	2019년	0.38
2014년	1.27	2020년	0.54
2015년	0.71	2021년	2.50
2016년	0.97	2022년	4.75
2017년	1.94	2023년	3.77
2018년	1.48		

출처: OECD, 인플레이션 전망 (Inflation Forecast)

경기가 나빠지면 사람들의 수중에 돈이 줄어들어 전에는 잘 사던 것에도 선뜻 손이 가지 않습니다.

이 자동차는 1,000만 원으로…

800만 원으로 가격을 내려도…

제품이 팔리지 않으면 곤란하기 때문에 판매자는 가격을 내려 보지만, 돈이 없는 사람들은 그래도 사지 않습니다.

디플레이션

12 물건이 우리 손에 들어오는 과정

사람과 돈이 움직인다

마트나 편의점에서는 정말 많은 제품을 판매합니다. 이런 제품들이 생산되고 가게에 진열돼 우리 손에 들어오기까지의 흐름을 '유통(流通)'이라고 해요. 지금부터 제품이 어떻게 유통되는지 그 흐름을 한번 살펴볼게요.

먼저 제품은 다양한 사람과 기업이 만듭니다. 이런 사람들과 회사를 '생산자'라고 불러요. 생산자는 사람들이 많이 살 것 같은 물건을 개발하거나 제조해요. 이들이 만든 제품은 '도매업자(wholesaler)'에게 옮겨집니다. 도매업자는 생산자에게서 제품을 매입해 가게에서 판매하는 일, 즉 생산자와 가게를 잇는 역할을 합니다. 그리고 가게는 도매업자에게서 산 제품을 우리(소비자)에게 판매하죠. 이런 가게를 '소매업자(retailer)'라고 합니다. '생산자→도매업자→소매업자' 흐름으

장난감 제조업체

인기가 많고 잘 팔릴 만한 인형을 개발하려고 합니다.
새로운 재화나 서비스를 만드는 역할을 합니다.

상품

생산자 인형을 **2만 원**에 도매업자에게 판매한다

2만 원의
판매 수익!

장난감 제조업체는 도매업자에게 인형을 1개 팔면 2만 원의 판매 수익을 올립니다. 이 2만 원에서 제품 개발과 생산 비용, 직원 급여 등을 뺀 금액이 제조업체의 이익이 됩니다.

도매업자 인형을 **2만 5,000원**에 소매업자에게 판매한다

로 우리는 가게에서 다양한 제품을 만날 수 있어요. 당연한 말이지만, **이런 일에 종사하는 사람과 회사는 모두 돈을 벌어야 합니다.** 도매업자는 생산자에게 제품을 매입한 금액(도매 가격)보다 높은 금액으로 소매업자에게 팝니다. 그리고 소매업자는 도매업자에게 매입한 금액에 이윤을 더해 소비자에게 판매하는 가격(소매 가격)을 결정해요. 각각 매입한 금액보다 비싸게 팔고, 그렇게 발생한 차액은 급여, 설비 비용, 기업의 이익이 됩니다.

이것이 일반적인 제품 유통 시스템이지만 생산자가 도매업자를 거치지 않고 가게와 직접 거래하기도 하고, 인터넷으로 소비자가 생산자에게 제품을 직접 사기도 해요. 유통의 형태도 시대에 따라 시시각각 변하고 있습니다.

장난감 도매상

장난감 제조업체에서 인형을 매입해 소매업자에게 판매합니다. 만들어진 재화나 서비스를 널리 퍼뜨리는 역할입니다.

완구점

신상품 인형을 장난감 도매상에게서 매입해 각 점포에서 소비자에게 판매합니다. 소비자에게 재화나 서비스를 전달하는 역할을 합니다.

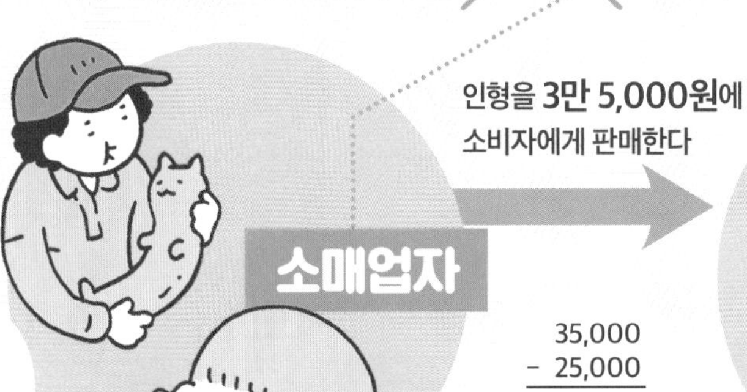

인형을 3만 5,000원에 소비자에게 판매한다

25,000
− 20,000
5,000원
이익!

35,000
− 25,000
10,000원
이익!

생산자가 모든 점포(소매업자)와 거래하기 힘들기 때문에 이 가게들과 연결고리가 있는 도매업자들이 대신 거래합니다.

소매업자는 매입한 제품이 남거나 부족하지 않도록 판매량을 잘 확인해야 합니다.

13

가격을 결정하는 방법

들어가는 비용에 이익 더하기

세상에 존재하는 대부분의 제품에는 저마다 가격이 매겨져 있어요. 이 가격은 제품을 만드는 사람이나 가게, 회사가 비용이 얼마나 들었는지를 보고 결정합니다.

하나의 제품을 만들기 위해서는 여러 비용이 듭니다. 예를 들어 프랜차이즈 레스토랑에서 신메뉴를 개발하기로 했어요. 레시피를 만들려면 다양한 요리를 연구하고 조사하는 데 비용이 듭니다. 계속해서 만들어 보고 시식도 해야 하니까요. 이것이 연구개발비입니다. 레시피가 완성되면 음식을 만들기 위한 식재료를 구입하는데, 이것이 재료비입니다. 요리사와 서빙하는 직원의 임금, 즉 인건비도 들어갑니다. 신메뉴를 많은 사람에게 알려야 하니 광고비도 필요하죠. 그리고 매장 임대료와 매장을 운영하는 데 필요한 수도·광열비(수도료, 전기료, 가스비) 같은 고정비도 듭니다.

제품을 고객에게 제공하는 데 드는 비용을 '원가'라고 해요. 이 원가에 이익을 더해 제품의 가격이 결정됩니다. 이익을 많이 남기기 위해 가격을 필요 이상으로 높이면 고객은 사지 않을 것이고, 반대로 지나치게 낮추면 이익이 줄어듭니다. 그러니 **판매하는 쪽이 '이 정도면 이익을 보면서 잘 팔 수 있을 것 같다' 라는 금액을 계산해 제품을 개발하고 적정한 가격을 설정하는 게 중요하겠지요?**

신메뉴 개발에 들어가는 비용

1 재료비

주요 식재료, 곁들이는 채소, 조미료 등이 필요합니다. 이런 재료를 사들이기 위한 비용을 준비해야 합니다.

2 인건비

레스토랑을 운영하려면 요리사와 서빙 직원 등 다양한 사람이 필요합니다. 레스토랑의 규모가 클수록 직원의 수가 많아져 인건비도 높아집니다.

3 고정비

레스토랑의 임대료를 비롯한 수도·광열비는 매월 반드시 필요합니다. 가능한 한 줄이고 싶은 비용입니다.

4 연구개발비

왕새우튀김을 메뉴로 제공하려면 왕새우를 어디서 구하면 좋을지 알아봐야 합니다. 직원 대상으로 시식회를 하고 의견을 듣거나 다른 레스토랑에 방문해 조사하는 등 신메뉴 개발에도 비용이 듭니다.

5 광고비

신메뉴 광고 전단을 인쇄하거나 웹디자인 회사에 인터넷 광고 페이지 제작을 의뢰하는 데도 비용이 발생합니다. TV에 광고를 내보내는 경우에는 꽤 큰 비용이 듭니다.

6 이익

이익이 나지 않으면 새로운 장비를 구입하거나 새로운 매장을 열 수 없습니다. 장사를 계속하려면 이익을 남기는 게 중요합니다.

COLUMN

비용 절감으로 이익을 높이자!

재화나 서비스를 판매하는 회사는 비용을 줄여서 이익을 최대한 늘리려고 노력합니다. 이것을 '비용 절감'이라고 합니다. 프랜차이즈 레스토랑의 경우는 매입가가 저렴한 식재료를 선택해 재료비를 줄이고, 키오스크(무인계산대)를 도입해 인건비를 줄이는 방법으로 이익을 높이려고 합니다.

14

가격은 왜 자꾸 변할까?

수요와 공급이 가격을 결정한다

앞에서 판매자가 제조에 필요한 비용(원가)에 이익을 더해 제품의 가격을 결정한다고 설명했어요. 하지만 판매자의 판단만으로 가격을 결정하기란 쉽지 않습니다. **구매자의 마음을 고려하지 않으면 적정한 가격을 정할 수 없거든요.** 바로 이럴 때 '수요'와 '공급'의 개념이 굉장히 중요해집니다.

수요란 그 제품이 필요하고, 사고 싶다고 생각하는 마음입니다. 공급이란 판매자가 그 제품을 시장이나 가게에 내놓는 겁니다. 당연한 이야기지만, 사는 사람은 되도록 싼 값에 사고 싶어 하죠. 이것을 나타내는 게 '수요 곡선'입니다.

반대로 판매자는 이익을 내기 위해서 되도록이면 비싸게 팔고 싶어 해요. 이것을 나타내는 게 '공급 곡선'입니다. 이 수요 곡선과 공급 곡선이 딱 적정한 가격을 찾아낸답니다. 적정한 가격이란 판매자가 '이 가격이면 이익이 나니까 괜찮아'라고 판단하고, 구매자가 '이 가격이면 살 수 있어'라고 생각하는 공통 지점을 말해요. 이 공통 지점은 수요 곡선과 공급 곡선이 교차하는 지점으로, 수요와 공급이 일치하는 상태랍니다.

수요와 공급은 세상의 움직임과 사람들의 마음에 따라 끊임없이 변합니다. 같은 제품이라도 상황에 따라 가격이 크게 변하기도 해요. 어떤 제품이 지금은 1만 원이라고 해도 1년 뒤에는 품귀 현상이 일어나 1만 3,000원으로 가격이 오를지도 모릅니다. 반대로 인기가 떨어지고 재고가 남아 가격이 8,000원으로 내려갈 수도 있고요. 수요와 공급 상황을 잘 관찰해 그때마다 가격을 조정하는 건 굉장히 번거로운 일이지만, 판매하는 입장에서는 굉장히 재미있고 보람찬 과정이라고 말하는 사람도 많습니다.

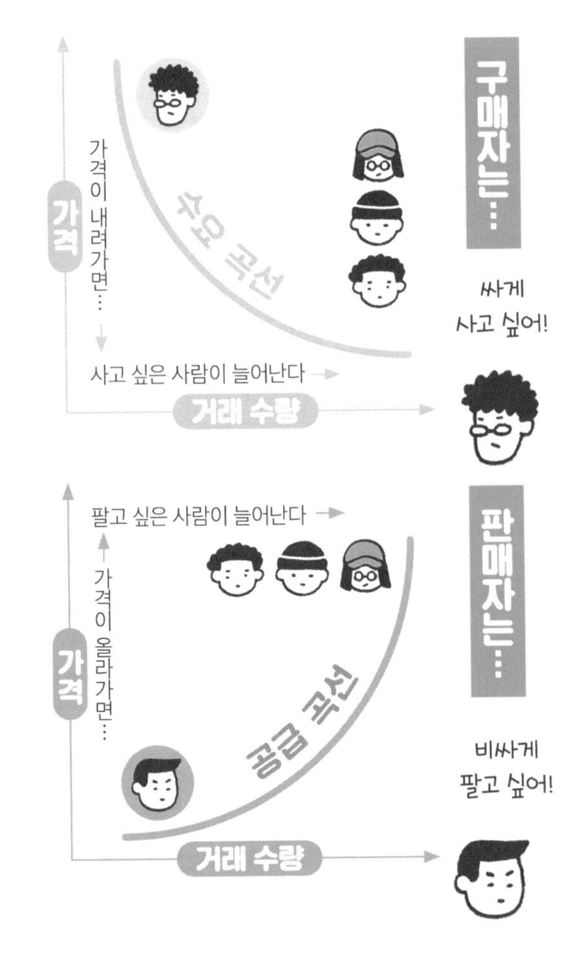

적정한 가격은 이렇게 결정된다!

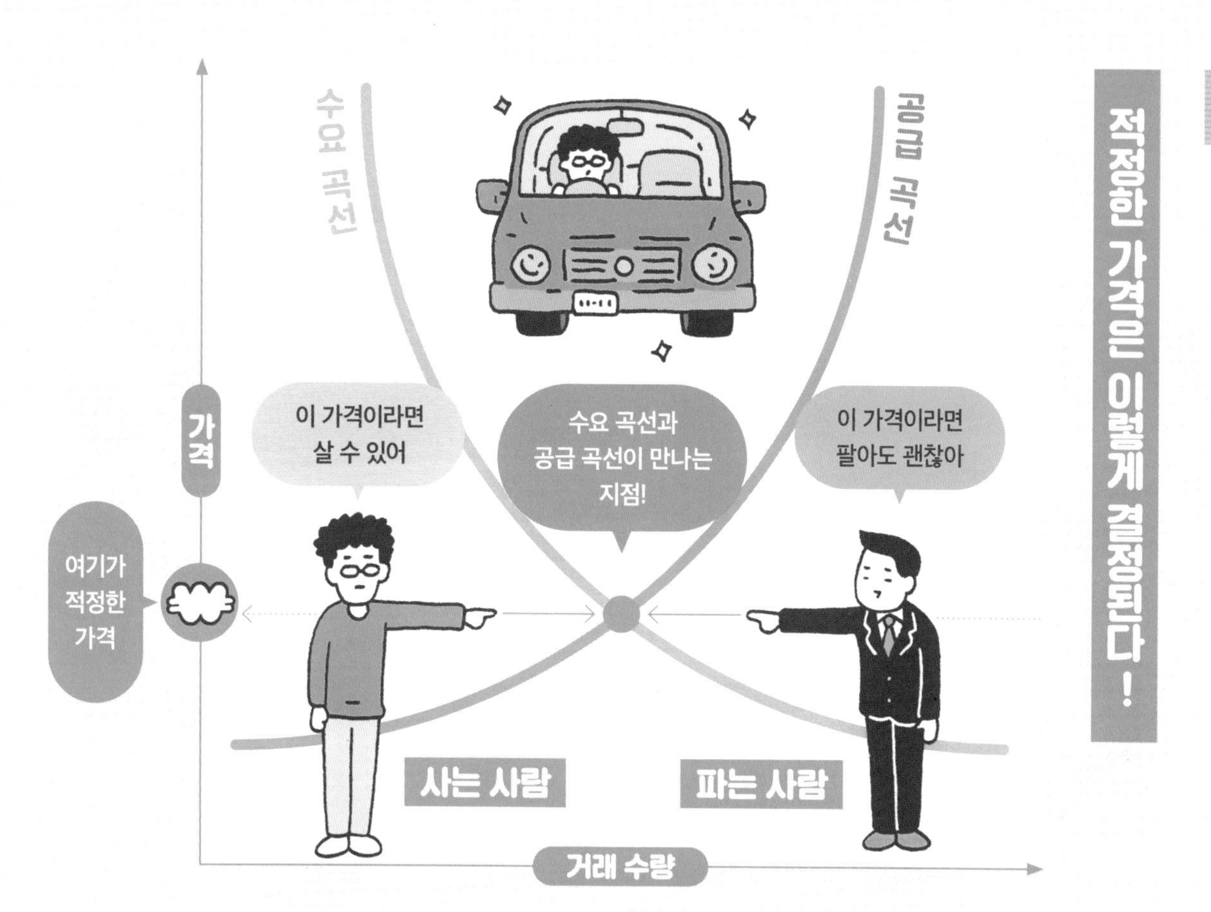

COLUMN

가격은 끊임없이 변한다!

꽁치 가격으로 한번 생각해 봅시다. 꽁치의 어획량이 줄어들 때, 판매자는 가격을 올리지 않으면 이익을 낼 수 없어요. 그리고 TV 등에서 '꽁치가 건강에 좋다!'라는 이야기가 나와 화제가 되면 사고 싶어 하는 사람이 많아져 이 경우에도 가격이 올라가요.

꽁치 어획량이 적을 때

꽁치의 어획량이 줄어들면 공급 곡선이 이동하기 때문에 가격이 올라갑니다.

꽁치를 사고 싶은 사람이 늘 때

꽁치의 인기가 많아지면 사고 싶은 사람이 늘어나 수요 곡선이 이동하기 때문에 가격이 올라갑니다.

15 무료 서비스는 왜 무료일까?

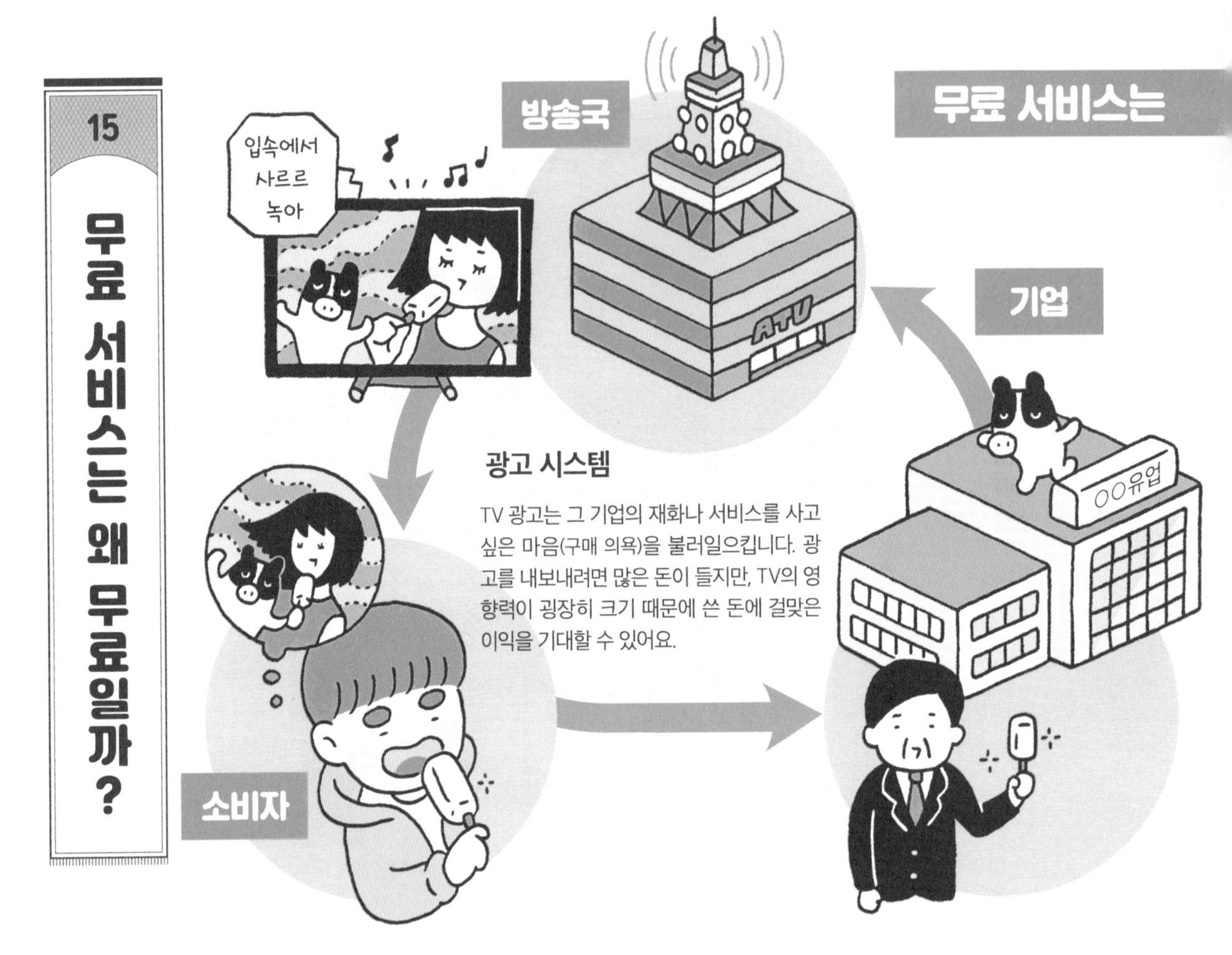

광고 시스템

TV 광고는 그 기업의 재화나 서비스를 사고 싶은 마음(구매 의욕)을 불러일으킵니다. 광고를 내보내려면 많은 돈이 들지만, TV의 영향력이 굉장히 크기 때문에 쓴 돈에 걸맞은 이익을 기대할 수 있어요.

무료 서비스는 결제를 유도하는 작전

재화든 서비스든 우리는 이를 이용하는 대가로 돈을 지불해야 합니다. 그런데 세상에는 무료로 제공되는 재화와 서비스도 있어요. 가장 쉬운 예는 TV 방송입니다. 수신료 없이도 여러 프로그램을 무료로 볼 수 있죠. 왜 그럴까요? 간단하게 말하면, 광고 때문이에요. 기업은 광고를 만들어 방송국에 돈을 지불하고 광고를 내보내요. **방송국은 기업에서 받은 돈으로 프로그램을 제작하기 때문에 우리가 방송을 무료로 볼 수 있는 거랍니다.** 그리고 광고를 본 우리가 그 제품을 사면, 우리가 지불한 비용이 기업으로 들어갑니다. 비슷한 예로 유튜브 같은 무료 동영상 사이트에서도 광고가 표시되는 걸 볼 수 있어요. 또 인터넷에서 게임이나 만화를 다운로드해 본 사람도 있을 거예요. 게임은 무료로 이용하되 아이템을 유료로 제공하는 경우도 있고, 만화는 초반 1~2화만 무료로 제공하기도 합니다. 이것도 우리를 유료 결제로 이끄는 광고의 일종이에요.

구매 의욕을 불러일으킨다!

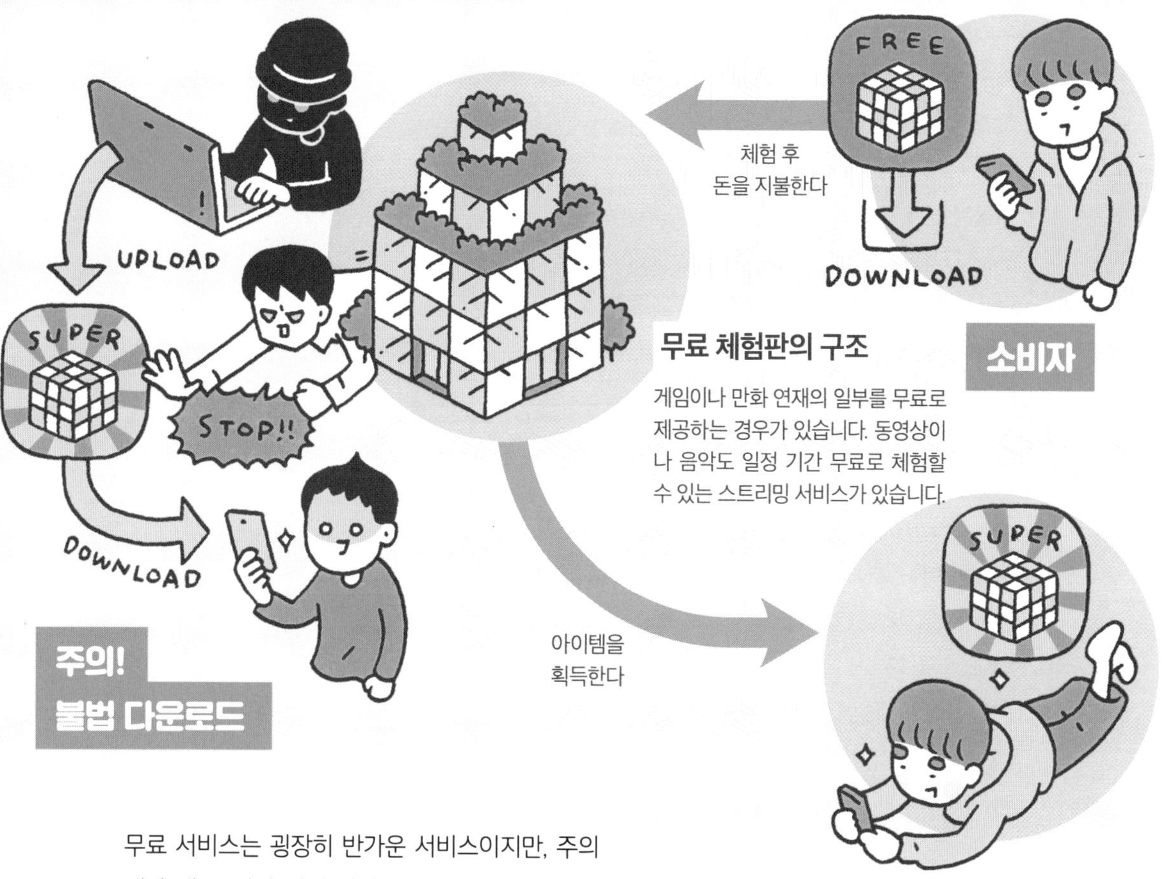

무료 체험판의 구조

게임이나 만화 연재의 일부를 무료로 제공하는 경우가 있습니다. 동영상이나 음악도 일정 기간 무료로 체험할 수 있는 스트리밍 서비스가 있습니다.

무료 서비스는 굉장히 반가운 서비스이지만, 주의해야 해요. 만약 인기 만화를 전권 무료로 다운로드 받을 수 있는 웹사이트를 발견한다면 다운로드하지 않는 것이 현명해요. 이런 사이트는 불법일 가능성이 크고, 만화가와 출판사에 돈을 지불하지 않을 가능성이 커요. **고생해서 만든 작품을 세상에 내놓은 사람들이 보상받지 못하는 건 옳지 않아요. 서비스에는 이에 걸맞은 대가(돈)를 지불해야 합니다. 이것이 사회에서 지켜져야 할 규칙입니다.**

불법 다운로드는 안 돼!

간혹 영상이나 만화가 작가나 기업(권리자)의 뜻과는 상관없이 인터넷에 무단으로 올라와 있는 경우가 있습니다. 이를 다운로드하는 걸 불법 다운로드라 부르며, 처벌의 대상이 되기도 합니다. 불법 다운로드를 이용하면 작가나 권리자에게 수익이 가지 않아 그들이 새로운 작품을 만드는 데 어려움을 주는 데다 다음 세대의 크리에이터가 성장하기 어렵게 만들어요. 좋아하는 작가와 그 업계를 응원하는 마음을 전하기 위해서라도 적절한 대가(돈)를 지불해야 합니다.

16

카드의 종류

현금을 대체하는 카드

우리나라에는 현금 대신 사용할 수 있는 카드가 다양하게 보급돼 있어요. 먼저 알아야 할 것은 현금카드와 신용카드의 차이입니다.

현금카드는 자신의 예금 계좌와 연결되어 돈을 입금하거나 출금할 수 있는 카드입니다. 이 카드로는 물건을 살 수 없어요(신용카드나 체크카드 기능이 있다면 가능). 반면 신용카드는 계좌에 돈이 없어도 물건을 살 수 있습니다. 결제 대금은 나중에 신용카드와 연동된 예금 계좌에서 빠져나가요. 즉, 후불 결제입니다. 결제일까지 돈을 계좌에 넣어 두면 문제없지만, 자신이 가진 금액 이상으로 쓰는 것도 가능하기 때문에 주의가 필요합니다.

신용카드와 비슷한 것으로 체크카드가 있는데, 이 카드는 결제하는 순간 계좌에서 돈이 빠져나갑니다. 계좌에 돈이 없으면 결제가 불가능하기 때문에 가진 돈 이상으로 돈을 쓸 위험은 없어요.

선불카드는 돈을 충전(입금)해서 사용하는 카드입니다. 프렌차이즈 카페나 식당 등에서 쓸 수 있는 기프트 카드 등이 여기에 해당됩니다. 전자화폐카드도 일종의 선불카드로, 버스나 지하철을 탈 때 사용하는 교통카드를 예로 들 수 있어요.

요즘에는 카드 대신 스마트폰 결제(바코드 결제) 방식도 널리 쓰이고 있어요. **애플페이, 삼성페이, 카카오페이 같은 다양한 지불 서비스들이 등장해 많은 사람들이 사용하고 있습니다.**

현금카드

ATM 등에서 예금 계좌에 돈을 입금하거나 출금할 수 있습니다. 해당 은행 계좌를 가지고 있으면 발급받을 수 있어요.

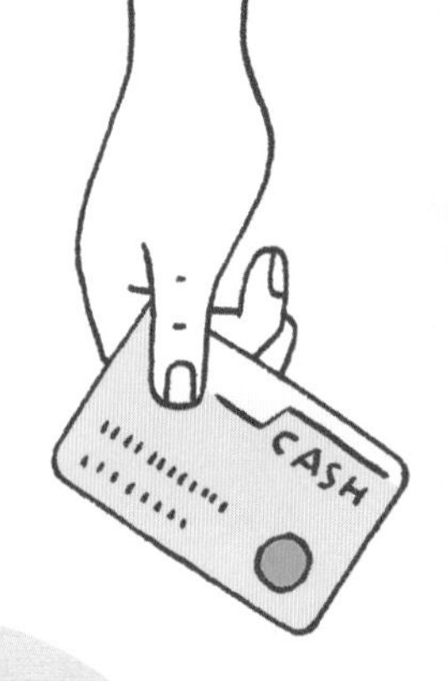

신용카드

카드 회사 가맹점에서 사용할 수 있는 카드입니다. 카드 회사가 결제 금액을 먼저 지불하면 결제일에 자신의 예금 계좌에서 대금이 빠져나가요. 사용한 돈을 수개월로 나눠서 내는 할부 결제도 가능해요. 이용 금액의 일정 비율만 갚고 나머지 금액은 다음 결제일로 넘기는 '리볼빙'이라는 결제 방식도 있습니다. 원칙적으로는 만 19세 이상의 안정된 수입이 있는 사람만 발급이 가능합니다.

- 대표적인 신용카드: 비자, 마스터카드, 아메리칸 익스프레스, 비씨 등

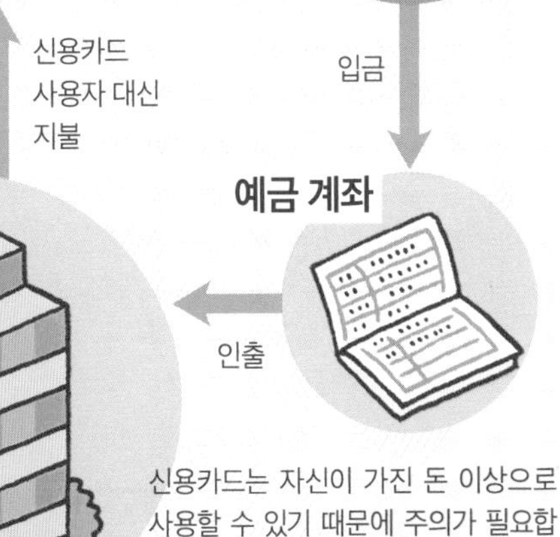

신용카드는 자신이 가진 돈 이상으로 사용할 수 있기 때문에 주의가 필요합니다. 추후에 대금 결제도 무리 없이 할 수 있어야 합니다.

카드의 종류	신용카드	체크카드	선불카드	전자화폐카드
결제 시점	결제일에 예금 계좌에서 인출	결제 즉시 예금 계좌에서 인출	돈을 미리 충전해서 사용	돈을 미리 충전해서 사용

그 외 다양한 카드

전자화폐카드

카드에 돈을 충전해서 사용하는 카드입니다. 지하철 역이나 편의점 등에서 충전이 가능합니다.

선불카드

사용 가능한 금액이 정해져 있으며, 가게에서 물건을 구입하면 그 금액에서 대금이 빠져나갑니다. 충전이 가능한 유형과 불가능한 유형이 있습니다. 전자화폐카드와 비슷한 듯 달라요.

체크카드

물건을 사면 자신의 예금 계좌에서 대금이 바로 빠져나갑니다. 각 은행이 발급하며, 현금카드와 일체형인 것도 있어요.

스마트폰 결제 (바코드 결제)

스마트폰에 바코드가 표시돼 바코드 스캐너로 찍으면 됩니다. 미리 충전하거나 신용카드 또는 예금 계좌와 연동하는 등의 방식으로 카드처럼 사용할 수 있습니다.

17

캐시리스 사회

간편결제를 사용할 때 주의할 점

캐시리스 사회란 현금을 쓸 필요가 없어진 사회를 뜻해요. 신용카드, 전자화폐, 스마트폰 결제 같은 간편결제를 이용하기 시작하면서 우리가 현금을 사용하는 비율은 점점 줄어들고 있죠. 하지만 현금으로 지불하든 간편결제로 지불하든 돈의 가치에는 변화가 없어요. 10만 원짜리 물건을 사면 현금으로도 신용카드로도 동일하게 10만 원을 내야 합니다. 결제 방식이 다를 뿐이에요. **간편결제는 현금을 들고 다닐 필요가 없이 편하게 결제할 수 있다는 장점이 있지만, 돈을 사용한다는 감각이 없기 때문에 필요 이상으로 쓰기 쉬워요.** 간편결제는 돈이 없어도 물건을 살 수 있는 마법의 시스템이 아니라는 사실을 기억하세요.

간편결제의 경우

[장점]

- 결제가 간단하다.
- 현금이 없어도 물건을 쉽게 살 수 있다.
- 카드를 분실하거나 도난당할 경우 보상해 주는 시스템이 있다.
- 물건을 산 이력이 남아서 지출 관리가 쉽다.
- 포인트나 마일리지를 적립할 수 있다.

[단점]

- 간편결제 방식이 익숙하지 않을 수 있다.
- 해킹이나 사기 등의 위험이 있다.
- 전산장애 등이 일어나면 못 쓰게 될 수 있다.
- 돈을 사용한다는 느낌이 별로 들지 않는다.
- 가맹점이 아닌 곳에서는 쓸 수 없다.

COLUMN

한·중·일 간편결제 서비스 이용률

한국의 간편결제 서비스 이용률은 다른 나라에 비해 높은 편입니다. 일본 사단법인 캐시리스추진협의회에서 발표한 자료에 따르면 한국은 94.7%, 중국은 77.3%, 일본은 32.5%가 간편결제 서비스를 이용한다고 하네요.

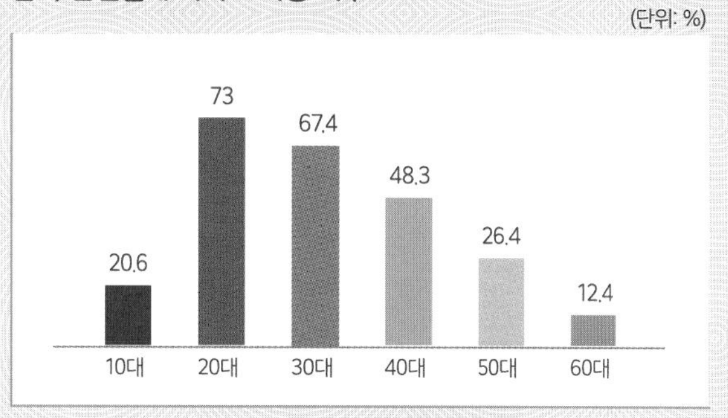

*출처: 과학기술정보통신부, 「정보보호실태조사: 간편결제 서비스 이용 여부」(2017년)

현금의 경우

[장점]

- 가지고 있는 만큼만 쓸 수 있기 때문에 낭비를 막을 수 있다.
- 눈으로 보고 만질 수 있기 때문에 안심할 수 있다.
- 간편결제 가맹점이 아닌 가게에서도 물건을 살 수 있다.

[단점]

- 도난이나 분실 염려가 있다.
- 잔돈이 생기고 결제가 번거롭다.
- 포인트나 마일리지를 적립할 수 없다.

18

가상 화폐

사람들이 가상 화폐를 사용하는 이유

앞에서 캐시리스 사회에서는 현금으로 지불하든 간편결제로 지불하든 돈의 가치에는 변화가 없다고 말했습니다. 애초에 돈은 인간이 만들었기 때문에 사용하기 편한 방향으로 변해요. 그중에서도 2009년쯤에 세상에 등장한 가상 화폐는 지금까지의 돈의 시스템과는 완전히 다릅니다. 원, 엔, 달러, 유로, 파운드 등 돈에는 여러 종류가 있지만 공통점은 국가가 신용을 보장한다는 거예요. 〈돈의 역사〉(36쪽)에서도 설명했지만, 모두가 지폐라는 종이를 돈으로 사용할 수 있다고 믿는 것은 국가가 그것을 돈으로 인정하기 때문이에요. 하지만 가상 화폐는 국가가 돈으로 인정한 게 아닙니다. 그런데 왜 가상 화폐를 모두 돈으로 믿는 걸까요?

가상 화폐는 블록체인이라는 기술을 사용해 이 화폐를 쓰는 모든 사람이 관리할 수 있도록 돼 있어요. 누가 누구에게 얼마를 지불했는지 인터넷상에서 전부 확인할 수 있죠. 발행되는 양이나 시간도 정해져 있어 쉽게 위조할 수 없습니다. 즉, **모든 사람이 서로를 감시할 수 있고 속일 수 없다는 점 때문에 많은 사람이 가상 화폐를 돈으로 신뢰합니다.**

가상 화폐는 원화나 달러처럼 정해진 나라에서만 사용할 수 있는 돈과 달리 인터넷상에서 전 세계 사람들과 거래할 수 있어요. 해외로 송금할 때는 은행을 거치지 않아도 되고 수수료도 저렴하기 때문에 널리 사용돼요. 인터넷상의 거래소

에서 가상 화폐를 원화나 달러 등으로 바꿀 수도 있는데, 거래소가 해킹을 당해서 가상 화폐가 도난당하는 사건이 일어나기도 했어요. 아직 많지 않지만 가상 화폐로 물건을 살 수 있는 가게도 있어요.

앞으로 얼마나 더 많은 사람이 가상 화폐를 사용하게 될까요? 가상 화폐를 많이 사용하면 우리

가상 화폐는 블록체인 기술로 거래합니다. 거래 정보는 암호화돼 있고, 이 암호를 푸는(거래를 승인하는) 작업을 '채굴'이라고 합니다. 채굴에 성공한 사람에게는 보수의 개념으로 가상 화폐가 새롭게 발행됩니다. 가상 화폐는 가치 변동이 심하기 때문에 단시간에 가격이 올라 이익을 보거나 가격이 떨어져 손해를 입기도 해요. 현재 가장 유명한 가상 화폐는 '비트코인'입니다. 이외에도 이더리움이나 테더 등 6,000종류 이상이 있습니다.

가상 화폐로 할 수 있는 일

- 매매가 가능하다.
- 은행을 거치지 않고 송금할 수 있다.
- 가상 화폐를 취급하는 가게에서 지불 수단으로 쓸 수 있다.
- 투자의 대상이 된다.

COLUMN

비트코인의 시작은 피자 두 판

비트코인은 가장 대표적인 가상 화폐입니다. 비트코인이 현실 세계에서 처음으로 사용된 날은 2010년 5월 22일로, 피자 두 판을 1만 비트코인과 교환한 거였어요. 당시 피자 두 판의 가격은 25달러(약 3만 3,000원)였기 때문에 1비트코인은 0.0025달러(약 2.6원)의 가치가 있었죠. 그런데 2021년 11월에 1비트코인이 67,000달러(약 8,967만 9,500원)라는 최고 가격을 기록하면서 11년 만에 2,600만 배 이상의 가치가 생겼습니다. 이처럼 비트코인은 가격 변동이 심하고 불안정하기 때문에 물건과 교환하는 데는 적합하지 않아요. 가상 화폐가 일반인들에게 돈으로 정착되려면 가치의 안정성도 중요하게 생각해 볼 문제랍니다.

가 사용하는 일반적인 돈처럼 누구나 쓰게 될까요? 현시점에서는 판단하기가 어려워요. 하지만 다른 나라 돈으로 환전하지 않고 사용할 수 있다는 점에서 굉장히 편리하죠. 이런 새로운 기술은 어느 시점에 전 세계로 단번에 퍼져 나가기도 합니다.

한 줄 요약

1

돈은 살아가는 데 필요한 도구로 좋은 것도 나쁜 것도
아니며, 쓰는 법을 아는 것이 중요하다.

2

모든 가치 있는 것(재화·서비스)은
사람의 일을 통해 세상에 나온다.

3

형태가 없는 것이나 소유할 수 없는 재화를 서비스라고 하며,
우리는 서비스도 돈을 주고 구입한다.

4

소비는 투표처럼 세상을 바꾸는 힘이 있다.

5

돈은 물물교환의 불편함을 해소하기 위해 만들어진 것으로
처음에는 조개껍데기나 쌀, 금, 은 등이 사용됐다.

6

국가의 신용이 돈의 가치를 결정한다.

7

돈의 세 가지 역할은 교환 수단, 가치 척도, 가치 저장이다.

8

돈은 가계와 기업, 정부라는 경제 주체 사이를 혈액처럼 돈다.

9

돈의 순환이 원활한 상태를 '경기가 좋다'
원활하지 않은 상태를 '경기가 나쁘다'라고 하며,
경기는 좋고 나쁨을 반복한다.

10

재화나 서비스의 가격이 계속해서 상승하는 것을
'인플레이션', 하락하는 것을 '디플레이션'이라고 한다.

11

제품은 생산자와 도매업자, 소매업자라는
유통 시스템을 거쳐 우리 손에 들어온다.

12

제품의 가격은 만드는 데 들어가는 비용에
이익을 더해서 결정한다.

13

가격은 수요와 공급에 따라 달라진다.

14

무료 서비스는
소비자의 지갑을 여는 전략 중 하나다.

15

세상에는 체크카드나 신용카드 등
현금 대신 사용할 수 있는 여러 종류의 카드가 있다.

16

캐시리스 사회란
현금을 사용하지 않는 사회를 말한다.

17

가상 화폐는 국가의 신용과 상관없는
완전히 새로운 형태의 돈이다.

제 2 장

돈과 세상의 시스템

← 오른쪽에서 왼쪽으로 읽어 주세요.

2화
스스로 깨닫기 시작하다

왠지 모르게 기분이 좋았다.
집에 가는 길
열차가 곧 출발합니다.
나의 첫 돈 공부
돈에 대해 배우니 세상이 어떻게 돌아가는지 알게 돼 똑똑해진 기분이 들었고,
대학교에서 수업을 들으니 한층 성장한 느낌이 들어 좋았다.
학교 공부와는 다른 살아 있는 '배움'을 얻은 것 같아 만족스러웠다.
고작 몇 시간이었지만 꽤 성장해서 집에 돌아가는 기분이 들었다.
지하철 요금은 집에서 가장 가까운 역까지 데려다 주는 서비스 요금이지.
수업을 듣고 나니 이런 것도 다르게 보이네.
요금 2,640원
잔액 52,450원
감사합니다
삐릭

다녀 왔습니다!
어서 와.
저녁 먹을래?
네, 먹을래요!
엄마는요?
대학교 때 친구랑 먹고 온대.
맛있겠다!
오늘의 메뉴는 차조기랑 작은 새우가 들어간 파스타입니다.
짠
잘 먹겠습니다~!

아아, 오늘이 그날이구나.
대학교 가서 돈에 대한 수업 듣고 왔어요.
오늘, 어디 갔다 온다고 했지?
수업은 어땠어?
음… 뭔가…
생각보다 엄청 좋았어요.
오오.
'일은 세상에 가치를 창출하는 것이고, 돈을 지불하는 건 감사의 의미'라는 이야기나
'소비는 투표와 비슷해서 이를 통해 세상을 바꿀 수 있다'라는 이야기가 와닿았어요.

그렇 구나.
당연하게 넘기다가 놓치고 있던 걸 배운 기분이 들었어요.
첫 돈 공부
히구치 아야카 편집
메이오대학교
이게 오늘 받은 고잰데, 아빠도 한번 보실래요?
좋지.
부스럭
전 그럼 방에 들어가서 공부하고 있을게요.
달칵
팔락
오…
정리가 잘 돼 있네.
어?
이 고수 이름 어디서 본 것 같은데?

20:30
후-
좀 쉬자.
탁
탁
응?
이게 뭐지?
진로 희

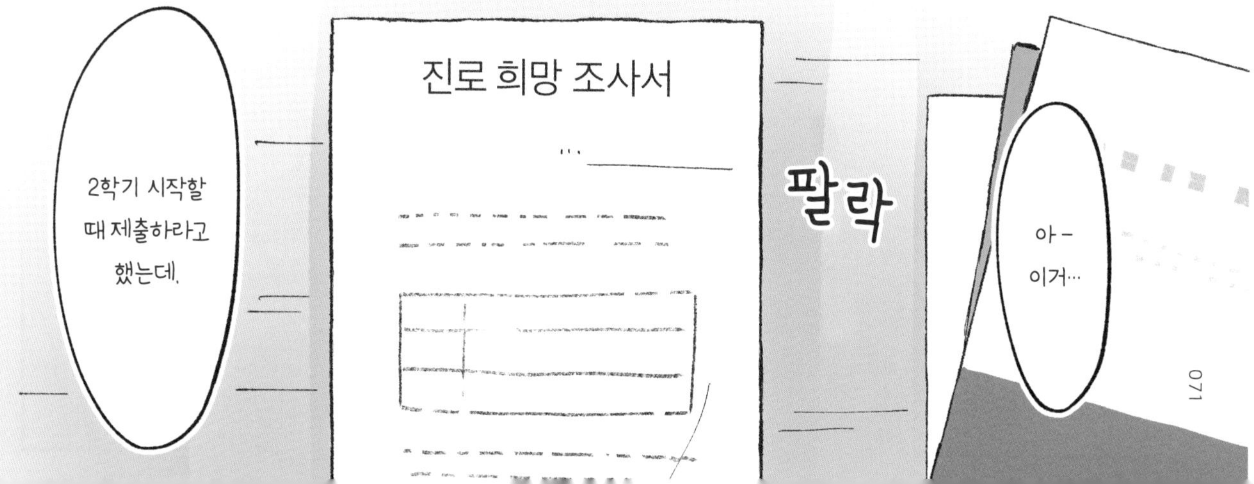
진로 희망 조사서
팔락
아-
이거…
2학기 시작할
때 제출하라고
했는데.

부모님이 작성해야 하는 칸도 있으니까 가족과도 잘 의논해 보고.

지금부터 진로 희망 조사서를 나눠 줄 거야.

졸업 이후의 진로는 인생에 큰 영향을 끼칠 수 있어.
자신의 미래를 진지하게 고민하는 여름 방학을 보내도록.
아무리 생각해도 아직 진로 같은 건 잘 모르겠는데….
슥슥
일단은 대학에 가야겠지….

진로 희망 조사서
대학 진학을 희망하는 사람은
아래에 희망 학교명과 학부(학과)를 기입해 주세요.
1지망
메이오대학교 경제학부
으음, 괜찮나. 너무 높은 데를 썼나.
오늘 수업도 재미있었고… 그 교수님, 경제학부 교수라고 했잖아.
이렇게 쉽게 정해도 되나? 물론 가고 싶은 생각이 든 건 사실이지만….
메이오대학교
경제학부에서는 뭘 배우지?
팔락
응? 경제학부는 대학교에서도 수학을 배우는 거야?!
으아! 어떡하지?

다음 주
오늘은 돈에 관한 특별 수업 두 번째 시간입니다.
이번에는 경제 뉴스를 볼 때 필요한 지식과 용어에 대해 설명해 볼게요.

중학교나 고등학교에서 배운 내용도 많으니 한번 설명해 볼 사람?
술렁
술렁
술렁

하하하
농담이에요.
하지만 사회에 나가기 전에 꼭 알아 둬야 하는 내용이니 확실하게 이해해야 합니다.
슥
슥

은행, 한은, 국채, 주식회사, 주주, 환율, 엔고,

달러 약세

1

돈을 알면 세상이 보인다

돈 공부는 사회를 이해하는 첫걸음

뉴스를 보다 보면 '은행 금리가…' '국민연금 수령 연령의 상향을…' 같은 말이 들립니다. 이런 정보를 자신과 관계없는 일이라고 생각하거나 어렵다며 한 귀로 듣고 한 귀로 흘려버리는 사람도 많아요. 하지만 이런 정보는 우리 생활과 깊은 관련이 있답니다.

일을 하면 은행 계좌에 월급이 입금됩니다. 번 돈을 금리가 높은 은행에 넣어 두면 이자를 많이 받을 수 있어 이득을 보지요. 또한 18세 이상이 되면 국민연금에 가입해서 돈을 납부하고, 60세 이상이 되면 연금을 받게 됩니다. 이처럼 중

요한 정보를 잘 모르겠다는 이유로 멀리하면 손해를 볼 수도 있습니다.

건강보험이 필요한 이유는 무엇인지, 물건을 살 때 소비세를 내는 이유는 무엇인지 생각해 본 적 있나요? 평소에 들어 본 말이나 매일 하는 행동에 의문을 가지고 질문을 하다 보면 우리는 세상을 좀 더 현명하게 살아갈 수 있습니다. **돈에 대해서 배우는 것은 나 자신을 바로 보고 내가 살아가는 사회에 대해서 배우는 거랍니다.** 자, 그러면 우리 한 걸음 앞으로 나아가 볼까요?

2 은행은 어떻게 돈을 벌까?

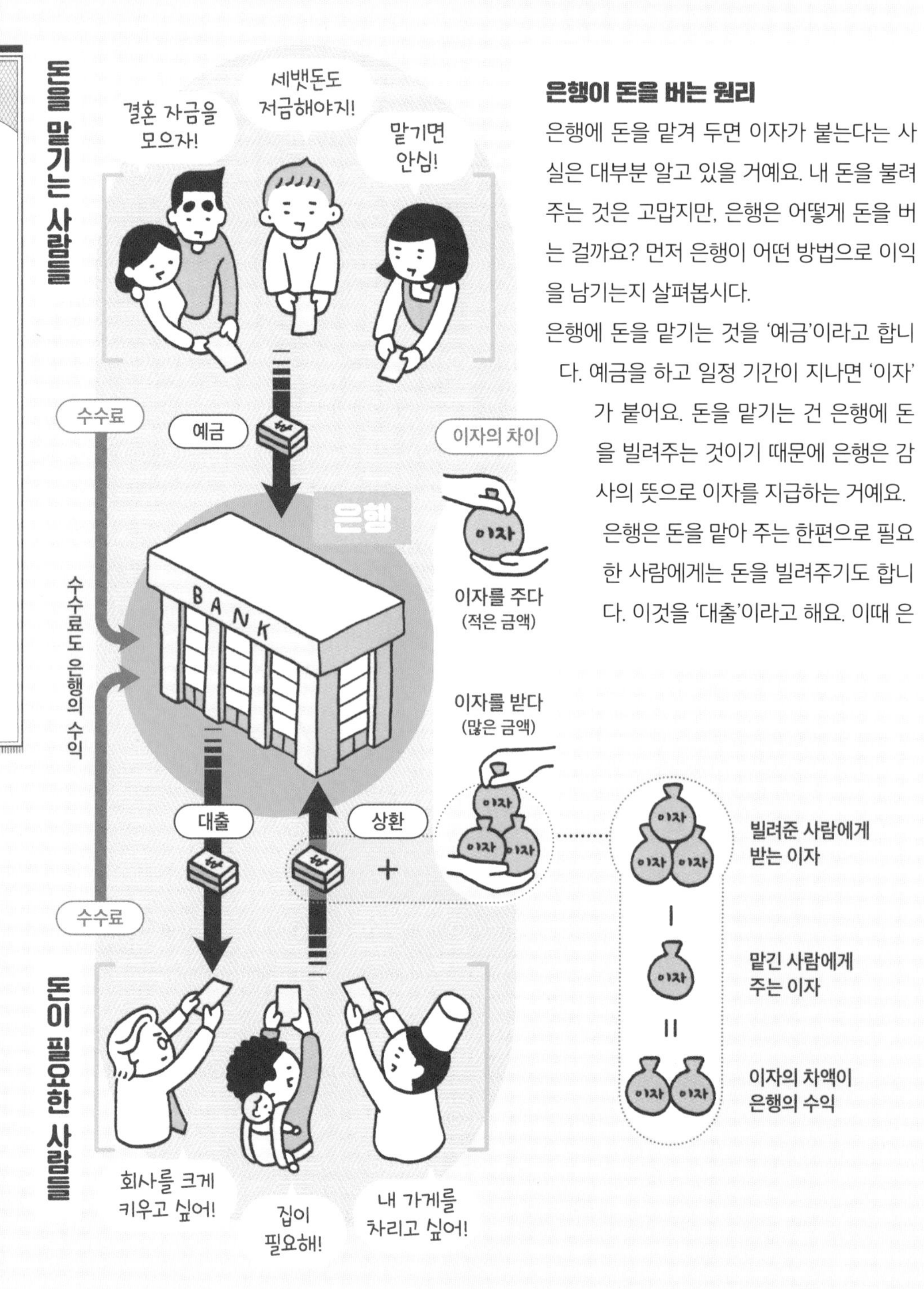

은행이 돈을 버는 원리

은행에 돈을 맡겨 두면 이자가 붙는다는 사실은 대부분 알고 있을 거예요. 내 돈을 불려주는 것은 고맙지만, 은행은 어떻게 돈을 버는 걸까요? 먼저 은행이 어떤 방법으로 이익을 남기는지 살펴봅시다.

은행에 돈을 맡기는 것을 '예금'이라고 합니다. 예금을 하고 일정 기간이 지나면 '이자'가 붙어요. 돈을 맡기는 건 은행에 돈을 빌려주는 것이기 때문에 은행은 감사의 뜻으로 이자를 지급하는 거예요.

은행은 돈을 맡아 주는 한편으로 필요한 사람에게는 돈을 빌려주기도 합니다. 이것을 '대출'이라고 해요. 이때 은행은 돈을 빌린 사람에게 이자를 받습니다. 즉, 돈을 맡긴 사람에게는 이자를 주고, 빌린 사람에게는 이자를 받는 거죠. 같은 이자지만, 금액에는 차이가 있어요. **돈을 맡긴 사람에게 주는 이자는 적게 설정하고, 빌린 사람에게 받는 이자는 많게 설정해 은행은 이 차액에서 이익을 얻습니다.** 또한 은행 서비스를 이용하면 다양한 수수료가 듭니다. 은행 창구가 아닌 곳에서 은행 업무를 볼 수 있는 ATM(현금자동입출금기)의 이용 수수료나 타 은행으로의 이체 수수료 등입니다. 이 이외에도 은행에서는 국채 같은 금융 상품을 판매하고 수수료를 받아요. 은행은 이런 수수료로도 이익을 얻습니다.

이자를 계산해 보자

맡긴 돈에 붙는 이자의 비율을 금리라고 합니다. 예를 들어 금리가 2%인 은행에 1년간 1,000만 원을 맡기면 얼마가 될지 계산해 봅시다.

이자 계산법

1년 후의 예금액은 1,020만 원이 됩니다. 이자에는 세금이 발생하는데, 이 세금액을 뺀 금액을 돌려받게 돼요.

단리와 복리

이자에는 '단리'와 '복리'라는 두 가지 계산법이 있습니다. 맡긴 원래의 금액을 원금이라고 하는데, 위의 예시와 마찬가지로 원금 1,000만 원을 금리 2%인 은행에 5년 동안 맡겼을 때의 이자의 차이를 살펴봅시다.

단리 = 원금에 이자가 붙는다

단리는 원금에 매년 같은 금액의 이자가 붙습니다. 1년간의 금리가 2%인 경우, 매년 20만 원의 이자가 붙습니다.

원금	1년	2년	3년	4년	5년
					1,100만 원
					20만 원
				20만 원	20만 원
			20만 원	20만 원	20만 원
		20만 원	20만 원	20만 원	20만 원
	20만 원	20만 원	20만 원	20만 원	20만 원
1,000만 원	1,000만 원	1,000만 원	1,000만 원	1,000만 원	1,000만 원

복리 = '원금+이자'에 이자가 붙는다

복리는 1년째에 붙은 이자를 2년째의 원금에 더해 그해의 이자를 계산합니다. 원금 금액이 매년 커지기 때문에 이자도 늘어납니다.

원금	1년	2년	3년	4년	5년
					1,104만 810원
	20만 원	20만 4,000원	20만 8,080원	21만 2,240원	21만 6,490원
1,000만 원	1,000만 원	1,020만 원	1,040만 4,000원	1,061만 2,080원	1,082만 4,320원

복리는 시간이 지날수록 금액이 불어난다

위의 예시에서는 단리와 복리의 차이가 5년에 4만 810원이지만, 맡긴 기간이 50년이라고 하면 단리의 경우 2,000만 원, 복리의 경우 2,691만 5,880원으로 차이가 무려 691만 5,880원이 돼요. 만약 4% 금리로 1,000만 원을 50년간 맡기면 단리의 경우 3,000만 원, 복리의 경우 7,106만 6,830원이 돼 무려 4,100만 원 이상의 차이가 생깁니다. 금리가 높고 기간이 길어질수록 복리의 힘이 커집니다. 반대로 돈을 빌릴 때는 주의가 필요합니다. 참고로 천재 물리학자 알베르트 아인슈타인은 복리를 "인류 최대의 발명"이라고 했다는 이야기도 있답니다.

3

은행은 왜 있을까?

은행이 세상에 존재하는 이유

세상에는 수많은 회사가 있는데, 회사를 유지하려면 돈이 필요합니다. 대부분의 회사는 은행과 거래를 하며 필요할 때 돈을 빌립니다. 은행은 대출로 돈을 벌지만, 아무런 조건 없이 돈을 빌려주는 건 아니에요. 회사의 경영 상태나 장래성을 심사해 원금뿐만 아니라 이자까지 확실히 갚을 수 있을지 판단한 다음 대출해 줍니다.

돈을 빌린 회사는 그 돈을 '자금'으로 삼아 제품을 개발하거나, 설비를 갖추거나, 사업을 확장해 이익을 얻으며 빚을 상환(빌린 돈을 갚는 것)합니다. 회사가 성장하면 직원을 늘리고 급여도 올려 줄 수 있겠죠. 수입이 늘어난 직원은 가계에 여유가 생겨 소비를 더 많이 하게 됩니다. 그러면 사회에 돈이 돕니다. 은행이 돈을 빌려주지 않는다면 이런 일련의 흐름이 만들어지지 않습니다. **즉, 은행은 대출을 통해 이익을 내**

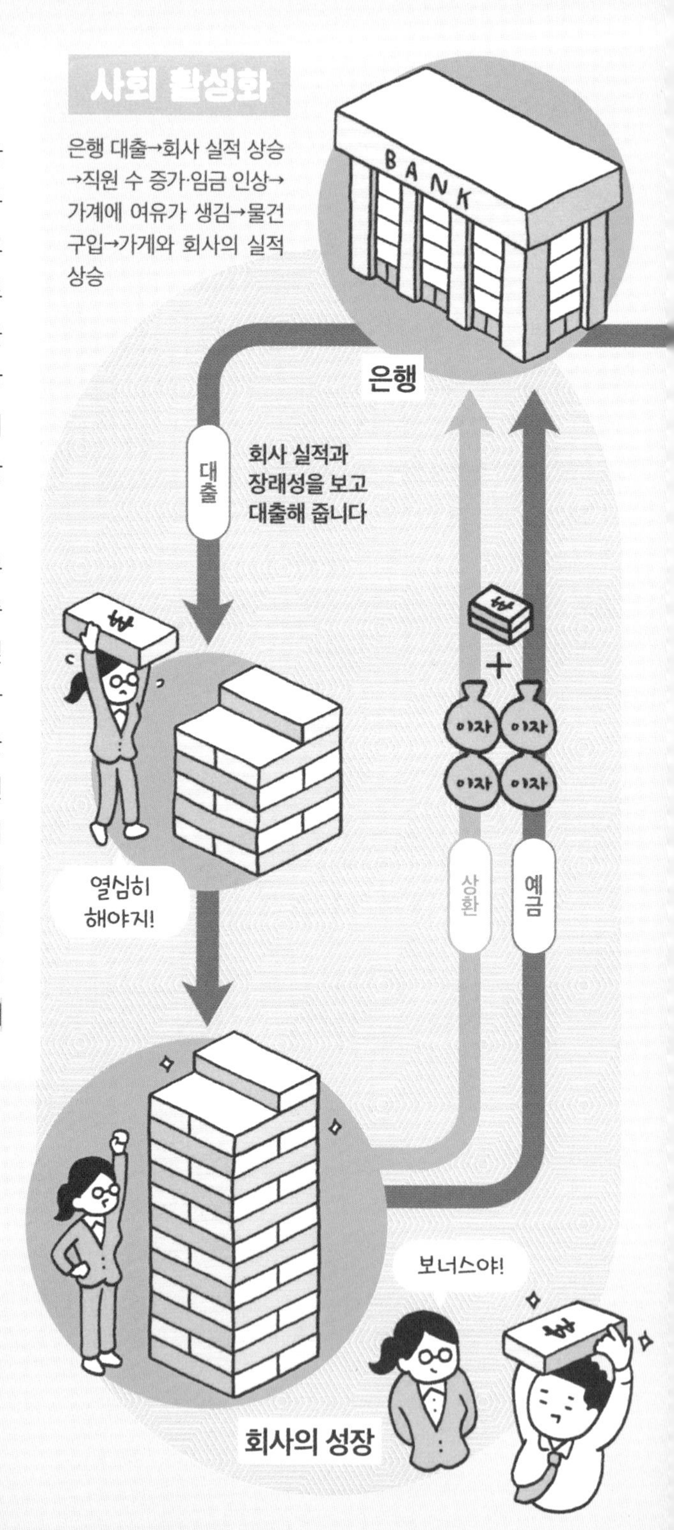

경제 활동의 활성화

인터넷 뱅킹의 보급으로 효율화가 진행돼 은행의 역할도 변하고 있습니다. 은행 점포도 많이 사라지는 추세입니다.

아직까지 현금으로 급여를 지급하는 회사가 있을지도 모르지만, 현재는 대부분 계좌로 이체해 주는 방식을 씁니다.

직원 A의 계좌

계좌 이체

입금

가계 계좌 A 은행

공공요금 계좌 B 은행

급여 이체

예금 확인·출금

은행 창구 이외에도 ATM이나 인터넷 뱅킹으로 예금을 확인할 수 있습니다. ATM에서는 현금을 인출할 수 있으며 편의점 등에도 설치돼 있어요.

결제

대금 지불

계좌 이체로 상품의 대금을 지불할 수 있습니다. 공공요금 등은 계좌에서 자동으로 빠져나가도록 신청할 수 있습니다.

대출

개인이 은행에서 돈을 빌리고 이자를 포함해 조금씩 갚습니다. 대출을 이용해 집이나 자동차 등 고액의 물건을 살 수 있어요.

고 더 나아가 사회를 활성화한다고 할 수 있어요.

이외에도 **은행은 돈을 원활하게 유통시키는 역할도 합니다.** 회사는 직원이 개설한 예금 계좌에 급여를 입금합니다. 입금된 급여는 예금으로 안전하게 보관되기 때문에 화재나 도난 등으로 사라질 위험이 없어요. 또한 물건을 살 때도 현금으로 직접 거래하지 않고 계좌를 이용해 결제할 수 있죠. 공공요금(전기·가스·수도 등의 요금)은 자동이체 서비스를 신청해 매월 자동으로 납부할 수 있고요. 이처럼 현금을 사용하지 않는 돈 거래를 '환(換)'이라고 합니다.

4

은행은 안 망할까?

은행이 파산하면 내가 맡긴 돈은 어떻게 되지?

은행은 맡아 둔 예금으로 대출을 해 줍니다. 그래서 은행에는 모든 예금자가 동시에 예금 전액을 찾을 수 있을 만큼의 돈이 있지 않아요. 많은 예금을 대출로 빌려 주기 때문이죠.

놀랐나요? 급하게 예금을 찾으러 갈 건가요? 잠깐만 기다려 주세요. 국가에는 예금을 보호하는 제도가 있고, 가능한 한 많은 사람에게 빌려줄 수 있도록 돼 있답니다. **'예금자보호법'이 그러한 제도인데, 만약 은행이 파산 등으로 예금자에게 예금을 지급하지 못할 경우 정부가 5,000만 원까지 보장해 주는 법이랍니다.**

한편 대출에는 '신용 창조'라는 게 있어요. 말이 조금 어려운데, 은행이 실제로 보유하고 있는 현금보다 더 많은 대출 금액을 만들어 내는 과정을 말해요.

예금이 예금을 만들어 내는, 마치 은행이 돈을 창조해 내는 것 같은 대출 구조죠. **은행은 적은 자본으로 많은 돈을 빌려주고 이자를 포함한 원금을 돌려받아요.** 그렇기 때문에 세상이 순조롭게 흘러간다면 은행이 파산하는 일은 없습니다. 하지만 경기가 나빠져서 돈을 빌리는 사람이 너무 적거나 많은 회사와 사람이 빌린 돈을 갚지 않고 도망가거나 파산한다면 은행 경영도 어려워져 도산할 수도 있어요.

은행이 돈을 만들어 낸다!?

A는 1,000만 원을 예금했습니다. 이 1,000만 원을 이용해서 은행은 대출을 해 줍니다. 아래의 그림에 나오는 '지급 준비금'은 대출 시 은행에 남겨 두어야 하는 돈을 말합니다. 여기서는 지급 준비금을 예금의 10%로 계산합니다(지급 준비금의 비율을 '지급 준비율'이라고 합니다).

A의 예금

A 1,000 만 원 = 900 만 원 + 100 만 원 → 지급 준비금

대출

A의 예금 1,000만 원 중에서 10%인 100만 원을 지급 준비금으로 남기고 나머지 900만 원을 B에게 빌려줍니다. 900만 원은 B의 예금 계좌로 입금돼 B의 예금이 900만 원 늘어납니다. 은행에서 돈을 빌렸는데 B가 은행에 돈을 맡긴 형태가 되는 겁니다. 은행은 이 900만 원을 다시 대출로 돌릴 수 있습니다. 상환하는 동안 은행이 B에게 900만 원과 그에 대한 이자를 받을 거니까요.

B 900 만 원 = 810 만 원 + 90 만 원 → 지급 준비금

대출

B의 예금 계좌에 있는 900만 원의 10%인 90만 원을 지급 준비금으로 남기고 나머지 810만 원을 C에게 빌려줍니다.

C 810 만 원 = 729 만 원 + 81 만 원 → 지급 준비금

대출

이것이 '신용 창조'입니다. 원금인 A의 예금 1,000만 원으로 대출을 계속하다 보면 예금이 1억 원까지 늘어나 원래 예금의 9배인 9,000만 원이 은행이 만들어 낸 돈(예금)이 됩니다. 이것은 언젠가 돌려받을 9,000만 원이기 때문에 현금으로 존재하지는 않아요. 은행은 신용 창조로 돈을 늘려 많은 사람에게 빌려줍니다. 사람들이 돈을 빌리면 세상의 돈이 늘어나는 거지요. 빌린 돈을 받지 못하면 이 시스템이 성립되지 않기 때문에 은행은 돈을 빌려주는 상대를 꼼꼼하게 심사합니다.

상환이 불가능한 상황에 대비하기

은행은 대출을 해 줄 때, 돈을 돌려받지 못할 경우에 대비해 '담보'를 요구하기도 합니다.

물적 담보

토지나 건물 등 가치가 있는 것을 담보로 합니다. 상환이 어려워지면 이 담보를 팔아서 그 돈으로 상환합니다.

인적 담보

변제 능력이 있는 사람(보증인)을 담보로 합니다. 돈을 빌린 사람이 상환이 어려워지면 보증인이 상환하게 됩니다.

5

한국은행, 어디까지 알고 있니?

대한민국의 중앙은행

'한은'이란 한국은행의 줄임말로 '한은이 ○○년까지 경기 침체를 예고'라든지 '한은 기준 금리 연속 동결' 같은 말을 뉴스에서 들어 봤을 거예요. 그렇다면 한국은행은 어떤 일을 하는 은행일까요?

한국은행은 대한민국의 중앙은행입니다. 중앙은행은 전 세계 각국에 있으며, 정부와 독립된 기관이에요. 한국은행은 한국 유일의 법화 발행기관으로 은행권과 주화를 발행해요. 또한 '은행의 은행'으로 일반 금융 기관들을 상대로 예금을 받거나 대출을 해 줍니다. 세금 등 정부 수입을 국고금으로 맡아 두는 '정부의 은행' 역할도 한답니다.

한국은행권

발권 은행

한국의 지폐는 한국은행이 발행합니다. 지폐를 자세히 보면 상단에 '한국은행'이라고 인쇄돼 있어요.

지폐 중 대세는 5만 원권!

한국조폐공사에서 발행하는 지폐 중에서 5만 원권이 일상생활에서 축의금이나 조의금, 용돈 등으로 가장 많이 사용된다고 합니다.

정부의 은행

세금 등 국가의 자금(국고금)을 '정부 예금'으로 맡아서 관리하고 연금이나 공공사업 등에 사용합니다.

한국은행은 정부 기관이 아니다

한국은행은 정부 기관이나 회사가 아니에요. 정부에서 독립된 기관으로, 공평하고 전문적인 판단으로 다양한 통화 정책을 실시합니다.

한국은행의 가장 중요한 역할은 통화 정책을 수립하는 건데, 금융통화위원회를 통해 기준 금리와 통화 정책을 결정합니다.

COLUMN

금융 기관이란?

돈이 필요한 사람과 돈을 빌려줄 여유가 있는 사람 사이에서 돈을 융통(돌려 쓰는 것)하는 것을 '금융'이라고 하는데, 이를 중개하는 곳이 금융 기관이에요.

예금을 취급하는 금융 기관

일반 은행

전국을 대상으로 하는 시중 은행과 특정 지역에서만 영업하는 지방은행이 여기에 속합니다.

상호 신용 금고

중소기업이나 영세 상공인들을 위한 금융 회사입니다.

우체국

공공복지 차원에서 국영 예금 상품을 제공합니다. 최대 5,000만 원까지 예금을 보호해 주는 시중 은행과 달리 우체국 예금은 원금과 이자 전액을 국가가 보장해 줍니다.

예금을 취급하지 않는 금융 기관

보험 회사

많은 사람에게 보험료를 받아 질병이나 재해가 발생했을 때 보험금을 지급합니다. 채권이나 주식 등에 투자해 자금을 불리는 자금 운용으로 지급할 보험금을 준비합니다.

증권 회사

주식 거래를 중개하는 회사입니다. 자사의 돈으로 주식 매매를 하는 경우도 있습니다.

금융 회사

대출을 전문으로 하는 금융 기관으로 신용카드, 할부 금융 서비스 등을 제공합니다. 캐피탈 회사라고도 합니다.

은행의 은행

은행의 예금 중 일부를 보유해 돈을 필요로 하는 다른 은행에 빌려주기도 합니다. 이때 적용되는 금리를 '기준 금리'라고 해요. 은행 간 거래는 한국은행 계좌의 예금 출납을 통해 결제됩니다.

6 국가가 쓰는 돈은 어떻게 결정할까?

국민은 세금을 내고,
세금은 국민을 위해 사용된다

국가의 수입을 '세입'이라고 합니다. 세입은 국민에게 걷은 세금과 국민에게 빌린 빚(국채)이 대부분을 차지하며, 우리나라의 2022년 총세입은 약 573조 9,000억 원이었습니다. 세금은 개인이 납부한 소득세, 회사가 납부한 법인세, 그리고 물건을 살 때 상품의 가격에 포함된 부가가치세가 대부분을 차지합니다.

반면 국가의 지출을 '세출'이라고 합니다. 정부는 기본적으로 저축을 하지 않기 때문에 세입과 세출은 같은 금액이 됩니다. 들어온 만큼 다 사용하는 거죠. **정부는 1년치 세입을 기준으로 다음 해에 실시해야 할 정책과 설립해야 할 시설 등을 논의해 예산을 결정합니다.** 소중한 세금을 어디에 쓸지 정하는 의회에 참여하는 정치인은 선거에서 뽑힌 우리의 대표입니다. 회의 중에 매번 조는 사람이나 사리사욕에 눈이 먼 사람을 뽑는다면 우리가 낸 세금을 낭비하게 되는 거예요. 그러니 선거권이 생기면 후보자를 잘 판단해 소중한 한 표를 행사해야 합니다.

이 예산에 따라 정책과 시설의 건설·설비 등을 다음 해에 시행합니다. 국회의원이나 관공서 직원, 공립학교 교사 등 공무원의 월급도 여기에 포함된답니다.

출처: 기획재정부 보도자료
「2022회계연도 총세입·총세출(일반·특별회계) 마감 결과」

각 중앙 관서에서 예산 산출

각 중앙 관서의 장은 매년 1월 31일까지 사업계획서를 기획재정부에 제출합니다.

예산안 편성 지침 통보

기획재정부 장관은 국무 회의를 거쳐 대통령의 승인을 받은 후 다음 해 예산안 편성 지침을 매년 3월 31일까지 각 중앙 관서의 장에게 통보합니다.

예산 요구서 제출

각 중앙 관서의 예산 담당관은 필요한 자료를 모아 예산 요구서를 작성해 기획재정부에 제출합니다.

예산 편성

정부 예산안 확정

심의된 예산안은 국무총리와 대통령실장 등을 두루 거치면서 다시 조정됩니다. 모든 관련 기관을 통해 조정된 예산안은 국무 회의를 거쳐 대통령의 승인을 받고 정부 예산안으로 확정됩니다.

예산안 심의

기획재정부는 각 중앙 관서에서 제출한 예산 요구가 타당한지 분석해 적절한 금액을 결정합니다.

국가의 지출(세출)

559조 7,000억 원
(집행률 96.9%)

국세 지출
559조 7,000억 원

잉여금
14조 2,000억 원

출처: 기획재정부 보도자료
「2022 회계연도 총세입·총세출(일반·특별회계) 마감 결과」

교육

학교 건물을 새로 짓거나 교육과 과학 기술의 발전 등을 위해 사용합니다.

사회 보장

의료, 연금, 복지, 생활 보호 등 사회 보장과 관련된 비용으로 사용합니다.

7

사회 보장 제도란 무엇일까?

사회가 어려움에 처한 사람을 도와주는 시스템

감기에 걸려서 병원에 가면 국민건강보험 가입 여부를 확인합니다. 보험에 가입돼 있으면 실제로 들어간 의료비의 일부를 사회 보장 제도에서 보장하거든요. 감기에 걸린 것만으로 큰돈이 든다면 병원에 가기 어려워지니, 그렇게 되지 않도록 이런 제도가 마련된 거예요.

또한 국민연금 제도는 일정 연령 이상이 됐을 때 돈을 받을 수 있는 시스템입니다. 수입이 없어지면 불안하고 생활이 어려워져요. 국민연금은 이처럼 경제적인 어려움에 처했을 때 도움을 받을 수 있는 제도예요.

우리는 세금과 사회보험료를 국가와 지방 자치 단체에 내는데, 그 액수는 절대 적지 않아요. 돈을 낼 때는 힘들지만 정말 어려울 때 제도를 통해 도움을 받을 수 있습니다. 사회 보장 제도는 오른쪽 페이지처럼 분류돼 있고, 사회보험이 가장 큰 부분을 차지해요. 사회 복지, 공적 부조, 보건 의료·공중 위생은 세금으로 해결합니다.

한국의 국민건강보험은 국민이 서로의 위험을 분담해 양질의 의료 혜택을 받을 수 있도록 하는 사회 보장 제도예요. 또한 국민연금은 현재 일하는 세대가 내는 보험료를 고령자에게 지급해 세대가 서로 돕는 구조로 돼 있답니다.

돈을 걷어서 생활이 어려운 사람들에게 지급

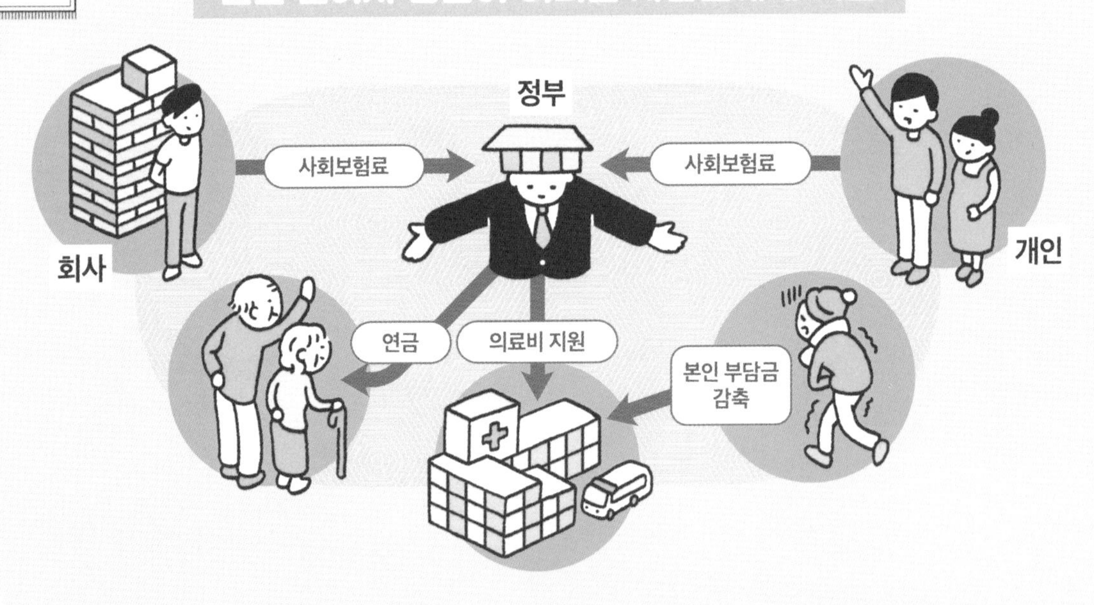

사회보험

출산, 양육, 실업, 은퇴, 장애, 질병, 빈곤, 사망 등의 위험에 대비해 국가와 지방 단체가 보장하는 보험 제도입니다.

연금보험

노인에게 기초 연금을 지급하는 '노령연금'뿐만 아니라 질병이나 부상으로 장애가 남을 경우 '장애연금', 연금 가입자나 수령자가 사망할 경우 '유족연금'을 받을 수 있어요. 18세 이상 60세 미만의 국내 거주 국민은 '국민연금'에 가입해 보험료를 냅니다. 직종에 따라 가입하는 보험의 종류가 다르기 때문에 보험료와 납부 방법이 다르며, 이에 따라 수령액도 달라집니다.

건강보험

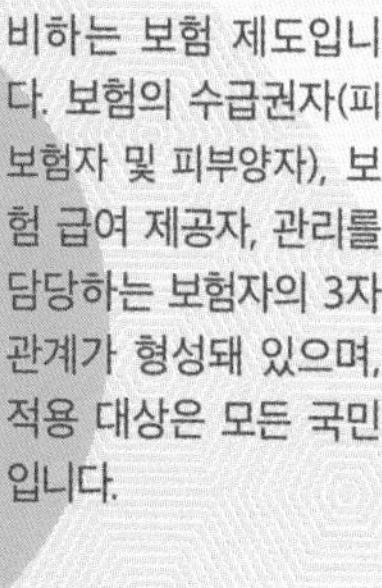

질병이나 부상 등에 대비하는 보험 제도입니다. 보험의 수급권자(피보험자 및 피부양자), 보험 급여 제공자, 관리를 담당하는 보험자의 3자 관계가 형성돼 있으며, 적용 대상은 모든 국민입니다.

고용보험

실직한 노동자에게 실업 급여와 능력 개발 비용을 지원하고, 사업주에게는 고용 유지와 교육 훈련 비용을 제공하는 보험 제도입니다.

노인장기요양보험

고령이나 노인성질병 등으로 6개월 이상 혼자서 일상생활을 수행하기 어려운 65세 이상 노인에게 사회적 연대 원리에 의해 장기 요양 급여를 제공하는 보험 제도입니다.

산재보험

노동자의 작업 혹은 업무와 관련돼 발생한 질병, 부상, 사망 등의 재해를 보상하기 위한 보험 제도입니다.

사회 복지

사회구성원의 일정한 생활 수준과 보건 상태를 확보하기 위한 사회 정책과 제도입니다.

공공 부조

생활 유지 능력이 없거나 생활이 어려운 사람들의 최저 생활을 보장하고 자립을 돕는 경제적 보호 제도입니다.

보건 의료·공중 위생

예방 접종 실시, 하수도 설비 등 국민이 건강하고 위생적으로 생활하도록 돕는 제도입니다.

8

국채란 무엇일까?

국가의 빚

국가(정부)는 해야 할 일이 굉장히 많기 때문에 많은 돈이 필요합니다. 그래서 국민 모두에게서 세금을 걷지만, 그래도 부족하면 '국채'를 발행해요. 국채란 국가가 발행한 '채권'입니다. 채권은 돈을 빌릴 때 발행하는 것으로 돈과 동일한 가치가 있음을 증명하는 서류예요. 즉, 국채를 발행한다는 건 국가가 빚을 지고 필요한 돈을 조달한다는 뜻입니다.

그렇다면 국가는 누구에게 돈을 빌릴까요? 대부분은 국내에 있는 은행 같은 금융 기관에 빌립니다. 은행의 돈은 국민이 맡겨 둔 것이기 때문에 간접적으로는 국민이 국가에 돈을 빌려준다고 할 수 있겠지요? 국채는 구입한 기관이 일정 기간 동안 보유하며, 국가는 그 기간 동안 이자를 지급하고 만기가 되면 샀을 때와 똑같은 가격으로 돈을 돌려줍니다. 정기 예금과 비슷하지만 채권이기 때문에 매매가 가능해요.

매년 세금을 걷는데, 국가는 왜 빚을 질까요? 국채로 마련한 돈은 도로나 다리 등 공공 설비를 건설하거나 정비하는 데 사용해요. 우리 생활에 필수적인 것으로, 사용 기간은 수십 년 이상이죠. **미래의 재산이기도 한 이러한 공공 설비는 지금 세대의 세금만으로 만들 수 없어요. 그래서 국가는 국채로 빚을 지며, 그 빚을 다음 세대도 세금으로 함께 조금씩 갚아 나가는 거랍니다.**

국채의 종류

국가가 공공 목적에 필요한 자금을 확보하거나 기존에 발행된 국채의 상환을 위해 발행하는 채권입니다.

국고 채권

국가가 사회 복지 정책 등 공공 목적을 수행하기 위해 발행하는 채권입니다.

국민 주택 채권

국민 주택 사업을 시행하는 데 필요한 자금을 조달하기 위해 발행하는 채권입니다.

외국환 평형 기금 채권

정부가 운영하는 외국환 평형 기금(환율을 안정시키고 투기 목적의 외화 유출입에 따른 악영향을 막는 일에 쓰는 기금)의 재원을 마련하기 위해 발행하는 채권입니다.

재정 증권

정부의 일시적인 재정 부족 자금을 보전하기 위해 발행하는 채권입니다.

국채로 공공사업을 실시한다

정부는 국채로 확보한 돈으로 도로나 공원 정비, 다리 건설 등의 공공사업을 실시합니다.

국채는 매매할 수 있는 정기 예금?!

일정 기간 현금으로 사용할 수 없다는 점, 이자가 붙는다는 점에서 정기 예금과 비슷하지만 국채는 매매할 수 있어요.

이자 유형

만기일에 원금과 이자를 일괄 수령하는 방식이에요.
중간에 팔지 않고 만기일까지 가지고 있을 경우
이자 소득을 분리 과세*해 주고 금리도 더 얹어 준다고 해요.

*분리 과세: 종합소득에 포함시키지 않고 따로 세율을 정해서 세금을 매기는 것. 종합소득 합산 금액이 높을 수록 분리 과세를 하면 유리하다.

만기 유형

10년과 20년 두 종류로 발행돼요.

국채는 개인도 구매할 수 있다!

한국에는 2024년부터 개인 투자용 국채가 도입될 예정이에요. 전용 계좌만 만들면 누구나 구매할 수 있답니다. 최소 10만 원부터 구매할 수 있으며, 1년에 최대 1억 원까지 구매할 수 있어요.

*출처: 기획재정부 보도자료 「개인 투자용 국채, 확실한 자산 형성 위한 새로운 선택」(2023.09.05)

국채는 은행에 잠들어 있는 돈을 움직인다

정부가 국채를 발행한다는 건 나라에서 돈을 빌린다는 의미입니다. '국채'는 국가에서 발행한 채권이란 뜻이고 채권은 돈을 빌리는 증서거든요. 돈을 빌리면서 언제 얼마의 이자를 지급하겠다는 약속도 합니다. 그 증서를 약속된 날짜까지 가지고 있으면 원금과 이자를 받을 수 있는 거고, 중간에 사고 팔 수도 있어요.

나라에서 국채를 발행해 돈을 빌리는 이유가 뭘까요? 돈을 쓰기 위해서겠죠. 정부는 대체로 경기를 활성화시키고 싶을 때 지출을 늘립니다. 많이 들어 봤을 거예요. 정부가 돈을 써서 회사에 도로나 시설 등을 만들도록 의뢰하면 회사는 돈을 벌고 직원을 새로 고용할 수 있잖아요. 일자리가 창출되고, 소득이 늘어나고, 소비도 늘어나겠죠. 이렇게 국가가 지출을 늘리면 돈이 움직이고 경기가 살아납니다.

정부가 발행한 국채는 한국은행에서 사 줍니다. 그래야 정부가 돈을 빌리는 효과가 제대로 나거든요. 정부가 국채를 발행했는데, 그걸 민간에서 사면 돈이 정부로 들어가서 그만큼은 돈의 양이 줄어드는 효과가 날 테니까요. 한국은행에서 국채를 사 주면 그만큼 새로운 지폐가 세상으로 나와 유통되어 통화량이 늘어납니다. 지폐를 발

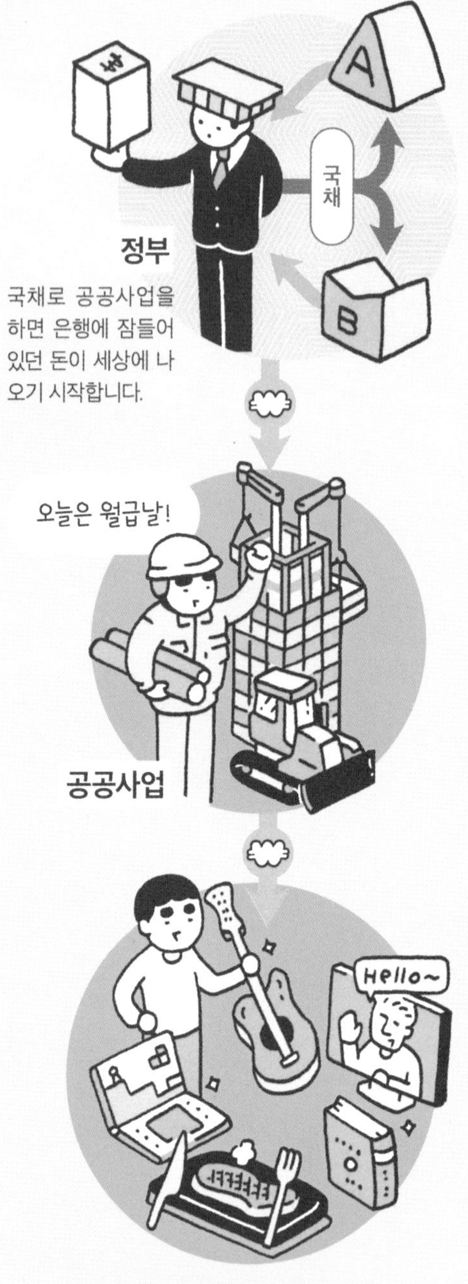

국채로 공공사업을 하면 은행에 잠들어 있던 돈이 세상에 나오기 시작합니다.

공공사업을 맡게 된 회사가 돈을 벌어 직원을 새로 고용하거나 월급을 올리면 돈은 세상으로 멀리 퍼져 나갑니다.

행하는 기관은 정부가 아니라 한국은행입니다. 지폐를 발행할 때는 아무것도 없는 상태에서 만드는 게 아니에요. 지폐는 언제나 같은 가치의 국채를 담보로 해서 세상에 나오게 됩니다.

❶한국은행이 '정부가 발행한 국채를 우리가 매입할 테니 팔아 주세요'라고 은행 등의 금융기관에 요청합니다.

❷이 요청을 들은 금융기관이 가지고 있는 국채를 한국은행에 팝니다.

❸한국은행은 새롭게 지폐를 발행하고 그 지폐로 금융기관에 돈을 지불합니다.

❹발행한 지폐가 금융기관을 통해 세상에 나옵니다.

'세상에 돈이 늘어난다면, 한국은행이 국채를 많이 매입할수록 좋은 거 아닌가?'라고 생각할지 모르지만 돈이 지나치게 많아지면 가치가 하락해 하이퍼인플레이션이 찾아와요.

COLUMN

하이퍼인플레이션(Hyperinflation)

전쟁이나 극심한 경제 불안 등으로 물가가 급등하는데도 정부가 이를 통제하지 못하고 화폐 발행을 남발하면 물가상승률이 짧은 시간 안에 통제할 수 있는 범위를 벗어나 치솟는 현상이 일어나요. 이를 가리켜 '하이퍼인플레이션' '초(超)인플레이션'이라고 합니다. 아프리카 짐바브웨에서는 2000년대 초반에 재정 적자를 해결하기 위해 자국의 통화인 '짐바브웨 달러'를 대량으로 발행했어요. 그 결과 하이퍼인플레이션이 일어나 2015년에 짐바브웨 달러가 폐지됐습니다. 계란 3개를 사려면 1,000억 달러가, 버스를 타려면 3,500만 달러가 필요했다고 하네요.

10

경기 정책이란 무엇일까?

국가 경제를 활기차게 만드는 엔진

우리는 매일 경제 활동을 합니다. 제품을 만들고(생산), 판매하고(분배), 사서 사용합니다(소비). 이것이 경제 활동이에요. 이 활동이 활발한 때를 '경기가 좋다(호경기, 호황)', 활발하지 않은 때를 '경기가 나쁘다(불경기, 불황)'라고 합니다. 항상 경기가 좋으면 좋겠지만, 그럴 수는 없습니다.

재정 정책

국가가 경기 관리를 위해 세입과 세출을 조절하는 정책이에요. 세입에서는 세금이나 국채 발행을 늘리거나 줄이고, 세출에서는 공공 사업을 확대하거나 축소해 수요를 일으키거나 억제합니다.

공공 사업 확대

공공 사업의 목적은 공공재나 서비스를 국민에게 제공하는 것이지만, 경기를 자극하는 효과도 있어요. 사업 실행으로 고용이 늘어나고 관련 업자의 수입이 늘어나면 새로운 수요가 증가해 돈이 사회 전체로 흘러 들어가 더 큰 수요를 기대할 수 있어요.

감세·국채 발행

경기가 나쁠 때는 국민의 부담을 줄이기 위해 감세를 추진하고 국채를 발행해 세상의 돈을 늘려 소비 촉진 효과를 기대합니다. 하지만 사용할 수 있는 돈이 많아져도 대부분 저축으로 돌려 소비로 이어지지 않는다면 효과가 없어요.

기준 금리

중앙은행에서 금융 정세의 변화에 따라 일정 기간마다 결정하는 금리로, 금융 시장에서 각종 금리를 지배합니다. 기준 금리가 올라가면 민간 은행의 예금 금리나 대출 금리도 올라가기 때문에 기업이나 개인은 돈을 빌리지 않고 은행에 맡기려고 해요. 그 결과 소비가 안정됩니다. 반대로 기준 금리가 내려가면 기업이나 개인이 돈을 쉽게 빌릴 수 있어요. 그 결과 소비가 촉진돼 경기가 활성화된답니다.

경기는 좋아지다가 나빠지다가를 반복합니다. **경기(景氣)라는 것은 '기(氣)'의 뜻처럼 어떤 흐름에 따라 크게 좌우됩니다.** '일이 줄었어' '수중에 돈이 없어' '미래가 불안해'라고 느낀다면 경기가 나빠졌을 경우고, '일이 순조롭네' '수중에 돈이 많아' '미래도 안심이 돼'라고 느낀다면 경기가 좋아졌을 경우예요.

국가(정부)와 중앙은행은 경기가 나빠졌을 경우 회복을 위한 대책을 실시해요. 국가가 실시하는 경기 대책을 '재정 정책'이라고 하며, 주로 세입과 세출을 조절합니다. 중앙은행의 경기 정책은 '통화 정책'이라고 하며, 주로 금융 활동 속에서 통화량을 조절합니다. 말하자면 경기 정책은 국가의 경제를 활기차게 만드는 엔진 같은 거예요.

통화 정책

중앙은행은 통화량을 조절하는 경기 대책을 실시합니다. 금리 인상·인하나 국채 매매를 통해 은행의 대출 자금을 조절해 국민에 대한 대출을 확대하거나 축소합니다.

공개 시장 운영

국채를 매매해 통화량을 조절하는 방법입니다. 경기가 나쁠 때는 중앙은행이 공개 시장에서 증권을 매입해요. 이것을 '매입 오퍼레이션'이라고 합니다. 반대로 통화량이 지나치게 많다고 판단할 경우 은행에 국채를 팔아서 그만큼 돈을 거둬들여요. 이것을 '매출 오퍼레이션'이라고 합니다.

지급 준비율

은행이 보유한 예금 중에서 중앙은행에 의무적으로 적립해야 하는 비율을 말해요. 지급 준비율을 높이면 중앙은행에 적립해야 하는 돈이 많아져 시장의 돈이 줄어들고, 낮추면 그 반대 현상이 일어납니다.

11

기업의 역할

가치를 창출하고 돈의 순환을 만드는 곳

지금까지 정부와 중앙은행 등의 역할을 살펴봤습니다. 여기서는 세상에 존재하는 여러 기업의 역할에 대해 살펴볼게요.

첫 번째 역할은 **가치를 창출해 세상에 제공하는 거예요.** 만들어 낸 재화나 서비스에 돈이라는 대가가 치러지기 때문에 세상에 돈이 도는 건데, 기업이 가치를 창출하지 못한다면 돈의 움직임이 생기지 않습니다.

두 번째 역할은 **사람을 고용하는 것입니다.** 기업이 활동하려면 일할 사람이 필요해요. 기업에서 일하는 사람은 급여를 받아 안정된 생활을 할 수 있죠. 안정된 수입이 있고 생활이나 미래에 대한 불안이 줄어들면 사람은 안심하고 돈을 씁니다. 그러면 소비가 늘고 경기가 좋아지겠지요? 어딘가에 고용되지 않고 프리랜서로 일하는 사람도 기업에서 일을 받고 그 대가로 돈을 받아요. 이렇게 기업

가치를 창출해 세상에 제공한다

기업

기업은 가치를 창출하고 이를 사회에 제공해 이익을 얻습니다. 또한 자신의 회사에 가치를 제공해 준 기업이나 사람에게 돈을 지불합니다. 기업이나 사람이 가치를 창출하기 때문에 돈이 순환해요.

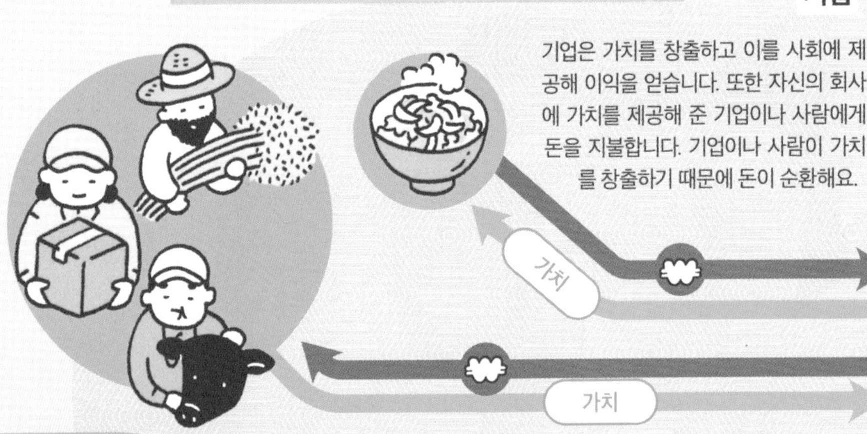

인생 계획을 세울 수 있다

안정된 생활을 할 수 있다

사람을 고용한다

기업은 가치를 창출하기 위해서 사람을 고용합니다. 직원은 꾸준히 급여를 받기 때문에 안정된 생활을 하고 앞날에 대한 계획을 세울 수 있습니다.

이 있기 때문에 사람들에게 돈이 돌아갑니다.

세 번째 역할은 **세금이나 사회보험료를 납부하는 거예요.** 기업은 실적에 따라 법인세를 내는데, 직원의 보험료도 일부 내기 때문에 국가의 운영을 뒷받침한다고 볼 수 있어요. 또한 새롭게 사업을 시작하거나 기업을 만드는 것을 '창업'이라고 합니다. 창업으로 성공한 사람들의 업적을 알리는 내용의 인터뷰나 글을 종종 볼 수 있는데, 그것은 기업이 사회를 활성화하고 풍요롭게 만들기 때문입니다.

법인

기업을 '법인'이라고 하기도 합니다. 법인이란 법률상 사람처럼 취급하는 '법인격(권리 능력)'을 인정받은 조직을 말해요. 이익을 직원이나 주주 등에게 분배하는 것을 목적으로 하는 '영리 법인'과 이익 분배를 목적으로 하지 않는 '비영리 법인'이 있습니다(비영리 법인에는 사단 법인, 재단 법인, NPO 법인, 학교 법인, 의료 법인 등이 있습니다). 법인격을 부여받으면 사람처럼 간주돼 사무실을 빌리거나 예금 계좌를 만들 수 있습니다.

세금과 사회보험료를 납부한다

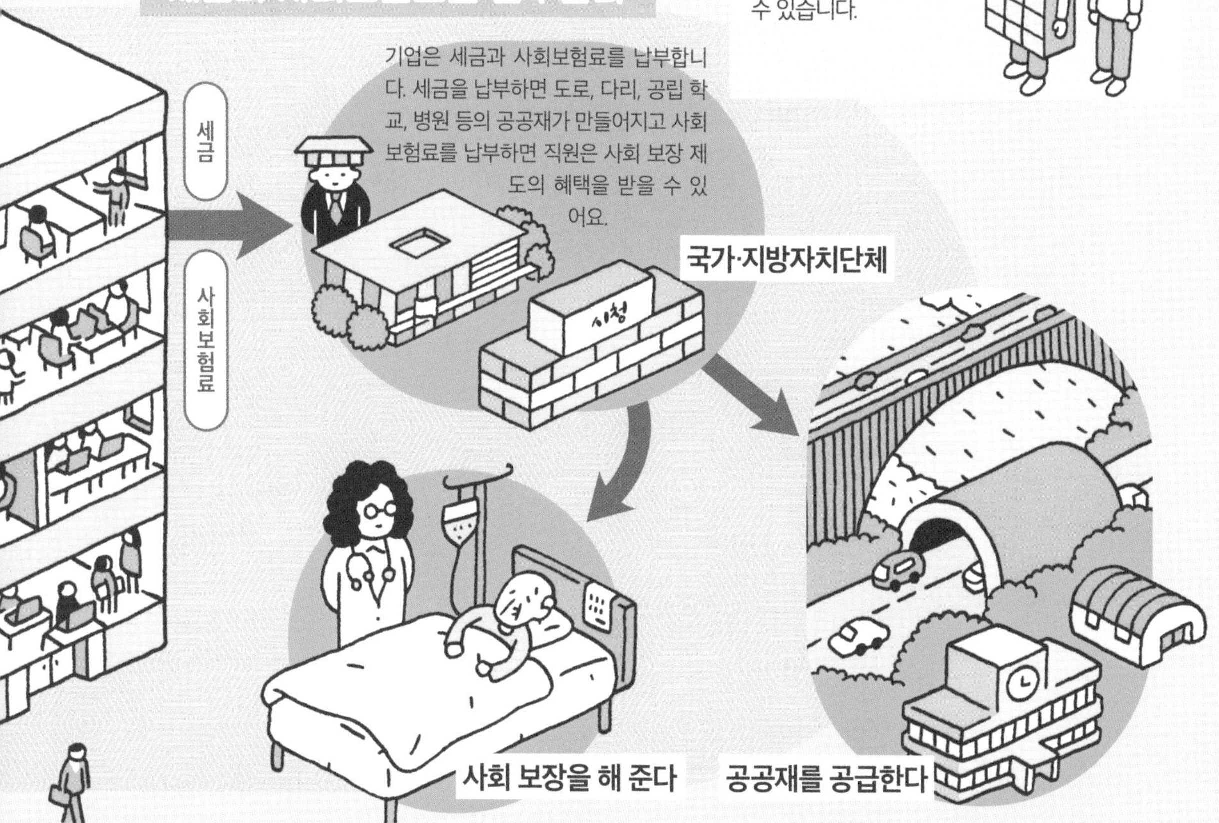

12

주식회사란 무엇일까?

주식을 발행해 여러 사람에게 자금을 조달받는 회사

회사의 형태는 다양하지만, '주식회사'가 가장 일반적입니다. 주식회사의 기원은 17세기 초 네덜란드가 만든 '동인도회사'라고 해요. 인도나 동남아시아 국가의 향신료를 수입하기 위해 만든 회사죠. 항해에 성공해 아시아의 향신료를 가지고 돌아가면 큰 이익을 얻을 수 있었어요. 하지만 배를 만들려면 큰돈이 필요하고, 또 배가 침몰하거나 해적에게 습격 당하면 큰 손해를 입기 때문에 쉽지 않은 일이었지요. 그래서 '주식(株式)'이라는 것을 발행해 사업을 지지하는 사람들에게서 돈을 조금씩 모았습니다. 만약 항해에 실패하더라도 자금을 댄 모두가 조금씩 손해를 입는 것으로 끝날 수 있도록 말이지요. 반대로 사업에 성공하면 가지고 있는 주식의 금액에 따라 이익을 나눴습니다. 이것이

주식회사의 특징

창업

회사를 만들려면 세상에 도움이 되는 좋은 아이디어와 자금이 필요합니다. 자금이 없다면 돈을 마련해야 합니다.

자금 조달

주식을 발행해 자신의 아이디어를 지지해 주는 사람들에게 자금을 받습니다.

도전하기 쉽다

준비 자금이 부족하더라도 지지자들에게서 돈을 모을 수 있기 때문에 회사 경영에 조금 더 쉽게 도전할 수 있습니다.

성공 나누기

사업에 성공하면 주주에게 배당금을 분배해 모두가 이익을 나눕니다.

실패 나누기

사업이 실패하면 주주는 자신이 가진 주식만큼 손해를 입습니다.

주식회사의 시작입니다.

주식회사의 장점은 도전이 쉽다는 거예요. 세상을 위해 좋은 일을 하거나 돈을 벌고 싶을 때, 여기에 드는 비용을 전부 자신이 준비해야 한다면 한 발도 내딛기가 어렵겠죠. 하지만 모두가 돈을 모아 비용을 마련하고 이익이 났을 때 그것을 나눈다면 어떨까요? 설령 실패해도 모두가 조금씩 손해를 입을 뿐입니다. 이렇게 **도전하기 쉬운 구조이기 때문에 많은 주식회사가 생겨서 세상이 발전해 온 거랍니다.**

주식을 구입한 사람을 '주주(株主)'라고 합니다. 주식의 주인이라는 뜻이죠. 주주가 없으면 주식회사도 없기 때문에 이들은 중요한 존재예요. 그래서 회사가 번 돈의 일부를 '배당금'으로 받거나 경영에 대해 의견을 낼 수 있는 등 주주에게는 다양한 특권이 주어집니다.

주주가 할 수 있는 일과 특권

매각

가지고 있는 주식을 팔 수 있어요. 가격이 낮을 때 사서 높을 때 팔면 그 차액만큼 돈을 벌 수 있습니다.

배당금

주식 소유자에게 주는 회사의 이익 분배금을 말해요. 주식을 가지고 있으면 정기적으로 배당금을 받을 가능성이 있습니다. 실적이 좋으면 은행 금리보다 훨씬 높은 배당금을 받을 수도 있지만, 실적이 좋지 않으면 받지 못할 수도 있습니다. 배당금의 유무가 주식의 인기를 좌우합니다.

의결권

주주는 주주 총회에 출석해 공동 의사 결정에 참여할 수 있습니다.

신주인수권

주식회사가 증자(사업 확장을 위해 자본금을 늘리는 일)를 위해 새로운 주식을 발행할 때 우선적으로 주식을 살 수 있는 권리를 말합니다.

사회를 발전시킨다

왕성하게 활동하는 건강한 주식회사가 많으면 사회가 활성화됩니다.

13

주가는 왜 자꾸 변할까?

주식의 가격

증권거래소에서 회사의 주식을 누구나 매매할 수 있도록 한 것을 '상장'이라고 하고, 상장한 기업을 '상장 기업'이라고 부릅니다. 파산 위기의 회사가 상장하면 주식을 사는 사람이 손해를 입기 때문에 상장하려면 엄격한 심사를 거쳐야 해요. 한국의 상장 기업은 2,569개(2022년 기준)로 상장하지 않은 회사의 주식은 일반적으로 살 수 없습니다. 누구나 이름을 알고 있는 유명한 기업인데 상장하지 않은 경우도 있어요.

상장한 주식은 증권 회사 계좌가 있으면 누구나 매매할 수 있습니다. 한국의 하루 평균 주식 거래 대금은 15조 9,000억 원(2022년 기준)이라고 합니다. 주식 시장에서 많은 돈이 움직인다는 사실을 알 수 있지요?

주가란 주식의 가격으로, 끊임없이 변합니다. 팔려는 주식의 수(공급)에 비해 주식을 사

주가는 실적과 활동에 따라 변한다

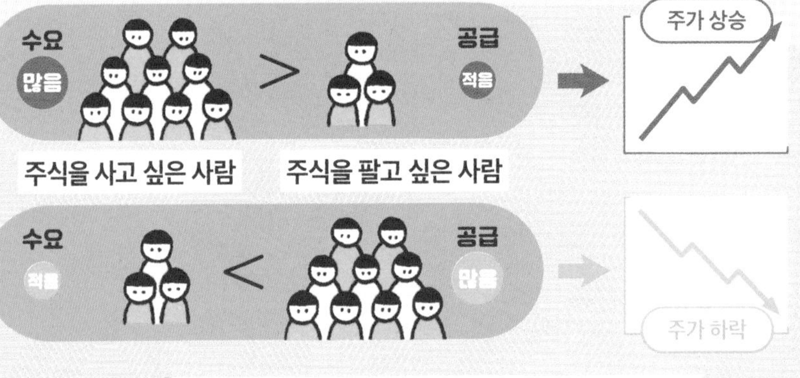

주가는 수요와 공급의 균형에 따라 변해요. 앞으로 성장할 것 같은 매력적인 회사의 주식은 수요가 많기 때문에 주가가 올라갑니다.

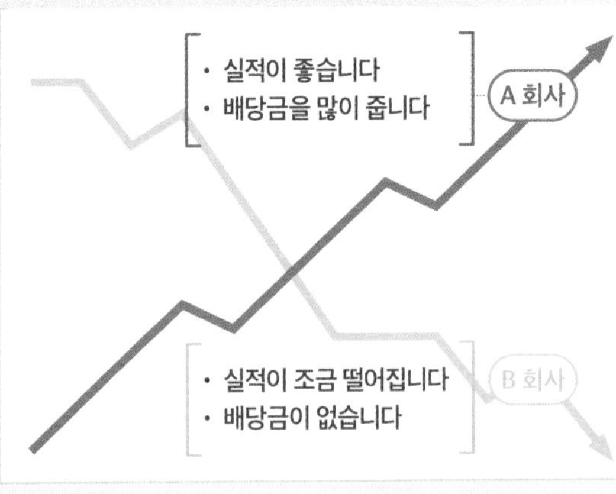

고 싶어 하는 사람(수요)이 많으면 주가가 올라가고, 적으면 내려갑니다. '이곳은 실적이 좋고 앞으로도 주가가 올라갈 것 같아' '배당금을 많이 받을 수 있으니까 사고 싶네'라고 생각하는 회사의 주식은 수요가 많아서 주가가 높아요.

주가는 지진이나 태풍 등의 재해, 전쟁이나 분쟁, 테러 사건, 국내외 정치 상황 등 그 회사와 관계없는 외부적인 요인 때문에 움직이는 경우도 많아요. 그 예로 코로나19도 주가에 큰 영향을 끼쳤습니다.

실적과 관계없는 요인으로도 크게 변한다

국내외 전쟁·분쟁이나 정치 상황, 천재지변 등에 따라 주가가 크게 변하기도 해요. 실제로 영향을 받지 않아도 가까운 미래에 회사의 실적에 영향을 줄지도 모른다는 짐작만으로 주가가 변하기도 합니다.

COLUMN

투자란 모두의 기호를 예측하는 것

주식 등에 투자하는 사람을 투자자라고 합니다. 대부분의 투자자는 주식을 쌀 때 사서 비쌀 때 팔아 그 차액으로 이익을 보려고 해요. 앞으로 비싸질 것 같은 회사의 주식을 사는 것이지요. 영국의 경제학자 존 메이너드 케인스는 전문 투자자가 하는 투자를 미인 대회 투표에 비유한 적이 있습니다. 미인 대회에 참가한 수많은 미인 중 누가 1위로 뽑힐지 예상하고 투표하는 것이지요. 자신의 예상이 맞으면 상품을 받을 수 있고요. 이렇게 되면 자신의 취향인 사람을 고르지 않고 모두가 좋아할 것 같은 사람을 선택합니다. 이처럼 주가는 회사에 대한 순수한 인기나 기대만으로 정해지지 않고 투자자의 심리도 반영됩니다.

14

주식회사와 주주의 관계

주식회사는 왜 주가를 신경 쓸까?

증권거래소에 상장하면 회사는 새로운 주식을 발행해 많은 자금을 모아요. 하지만 그 후에는 주가가 오르든 내리든 회사에 있는 돈의 양은 변하지 않습니다. 그렇다면 주식회사는 왜 주식의 가격을 올리려고 할까요? 그 이유를 옆 페이지에 정리했습니다.

주식회사는 창업자나 사장의 것이 아니에요. 경영의 권리도 주식을 많이 사들인 사람에게 넘어가거든요. **주가를 올리는 건 회사가 쉽게 인수되지 않기 위함이기도 합니다.** 또한 주가가 높으면 우수한 인재를 모으기 쉬워지고 자금 조달도 쉬워집니다. 주식을 사는 건 인기 투표와 같아요. **주가가 높은 회사, 즉 인기가 많은 회사는 세상에서 중요도가 높다고 여겨지며 입지도 안정적입니다.**

상장 기업

주가가 내려가거나 인수당하지 않도록 동향을 감시하며 대책을 생각합니다. 주가가 내려가면 주주에게서 이익을 높이라는 압박을 받기 때문에 장기적인 관점을 가진 경영이 어렵다는 단점이 있어요.

주가의 보유 비율에 따라 주주에게 주어지는 권리

주주에게는 '이익이 생겼을 때 분배금을 받을 권리' '회사 경영에 관여해 부당한 경영을 방지하고 배제하는 권리' 등이 있어요. 주식 보유 비율에 따라 경영에 참여할 수 있는 권리의 정도가 달라집니다.

보유 비율	3%	25%	66.7%
주주의 권리	주식회사에 통제력을 행사할 수 있는 최소 단위로 회계 장부를 열람하거나 임시주주총회 소집을 청구할 수 있다.	이사나 감사 선임, 배당금 지급 시기 결정 등의 보통 결의 사항을 통과시킬 수 있다.	보통 결의 사항보다 더 많은 의결권을 요구하는 특별 결의사항(이사나 감사의 해임, 회사의 합병이나 분할 등)을 통과시킬 수 있다.

상장 기업이 주가를 올리고 싶어 하는 이유

- 주가가 낮으면 다른 곳에서 주식을 사들여 회사를 인수할 가능성이 있다.
- 은행에서 돈을 빌리기 쉽다.
- 새로운 주식을 발행할 때 자금을 조달하기 쉽다.
- 우수한 인재를 모으기 쉽다.

비상장 기업

비상장 기업은 주식을 통해 막대한 자금을 얻을 수 없다는 단점이 있지만, 경영을 잘한다면 은행에서 목돈을 빌릴 수 있고 주주의 눈치를 볼 필요도 없습니다.

주식을 상장하면 돈을 모으기는 쉽지만, 인수될 위험이 생깁니다. 주가를 유지하려면 투자자에게 매력적으로 보이기 위한 단기적인 성공이 필요하기 때문에 장기적인 관점을 가진 경영이 어려워지기도 해요. **주주(투자자)들의 움직임에 좌우되지 않고 자신들의 경영 이념을 실현하기 위해 5년, 10년이라는 긴 기간 동안 상장하지 않거나 상장을 중단하는 기업도 있습니다.** 주식회사와 주주 사이에 이런 관계가 있다는 사실을 알아 두면 세상을 보는 시각이 조금 달라질 거예요.

COLUMN

코스피와 코스닥

코스피(KOSPI)는 한국거래소에 상장된 대표적인 기업들의 주식 가격을 종합적으로 나타내는 지수입니다. 시장 전체의 주가 움직임을 측정하는 지표로 사용돼요. 코스닥(KOSDAQ)은 한국의 성장 가능성이 높은 벤처 기업이나 중소기업들의 주식 가격을 반영하는 지수랍니다.

15

환율이란 무엇일까?

원화의 강세와 약세

'오늘의 달러 대비 원화 환율은 1,300원으로~' 같은 말을 뉴스에서 들어 본 적이 있을 거예요. 원화를 통화로 쓰는 국가는 한국뿐이며, 미국에서는 '달러' EU에서는 '유로' 등 국가나 지역에 따라 사용하는 돈이 달라요. 이를 교환할 때 필요한 게 '환율'입니다. 이 비율에 따라 원화를 외국 통화와 교환하면 얼마가 될지가 결정됩니다. 이 비율은 항상 변해요.

'원화 강세(달러 약세)' '원화 약세(달러 강세)'라는 말을 들어 본 적 있나요? 1달러가 2,000원일 경우와 1달러가 1,000원일 경우 중 어느 쪽이 원화 약세이고 강세일까요? 1달러가 2,000원일 경우 1달러짜리 지폐 1장과 1,000원짜리 지폐 2장을 교환할 수 있습니다. 1달러가 1,000원일 경우 1달러짜리 지폐 1장과 1,000원짜리 지폐 1장을 교환할 수 있기 때문에 2,000원이 있으면 1달러짜리 지폐 2장과 교환할 수 있습니다. 그러므로 1달러가 1,000원일 경우 원화의 가치가 높아 원화 강세(달러 약세)가 됩니다. 1달러가 2,000원일 경우 원화의 가치가 낮아 원화 약세(달러 강세)가 됩니다.

원화가 강세인지 약세인지는 다른 나라와 무역할 때 중요해요. 원화 강세에는 수입품을 저렴하게 살 수 있지만, 수출품은 현지에서 비싸지기 때문에 좀처럼 팔리지 않습니다(현지 가격을 그대로 판다면 기업의 수익이 줄어들어요). 원화 약세에는 수입품이 비싸지지만 수출품은 현지에서 싸지기 때문에 잘 팔립니다(현지 가격을 그대로 판다면 기업의 수익이 늘어나요). 정리하면 **원화 강세에는 수입이 유리하고 수출은 불리합니다. 반대로 원화 약세에는 수입이 불리하고 수출은 유리합니다.**

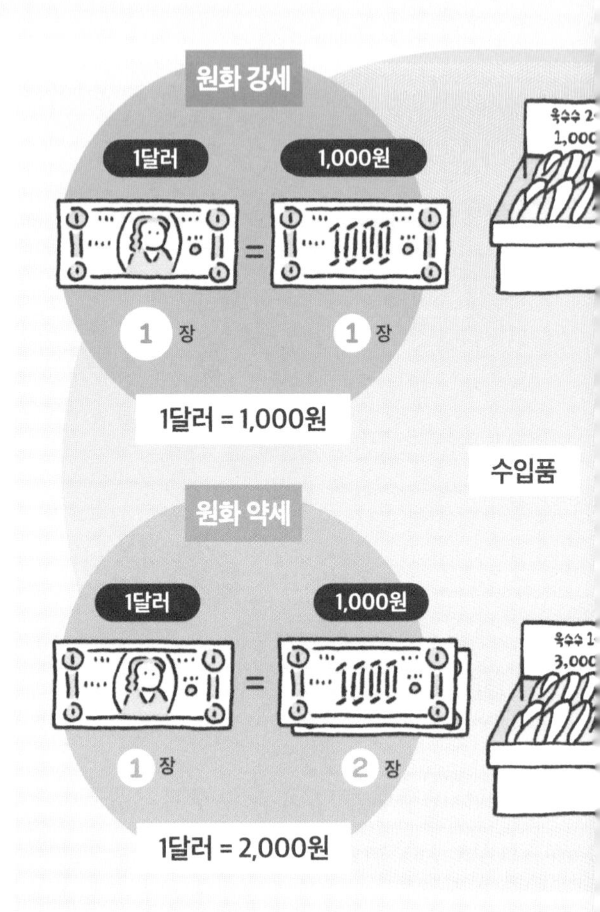

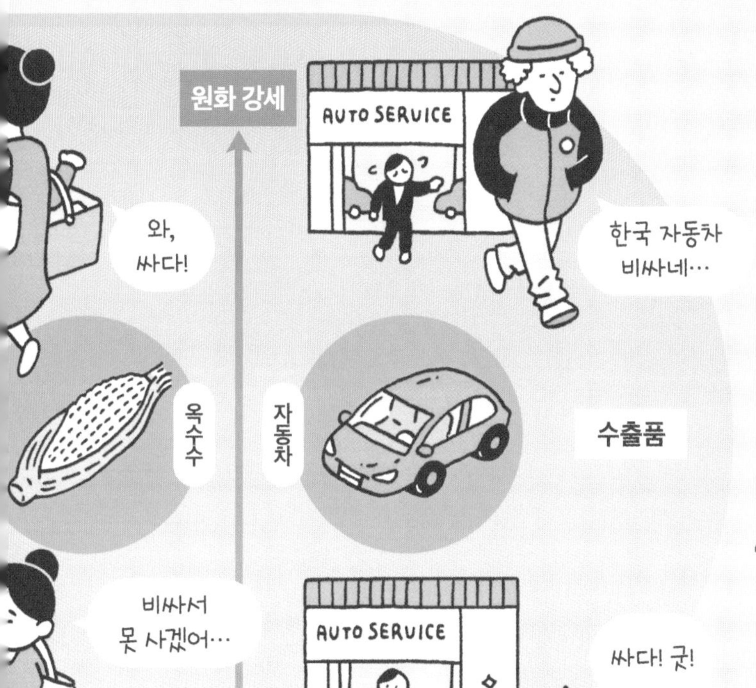

COLUMN

환율의 예시(2024년 1월)

1달러	1,332원
100엔	903원
1유로	1,444원
1위안	185원
1파운드	1,690원
1캐나다 달러	993원
1뉴질랜드 달러	816원
1스위스 프랑	1,545원

환율은 외환 시장에서 서로 다른 통화를 교환할 때의 교환 비율로, 시시각각 변합니다.

각국의 통화

주요 국가의 통화입니다. 세계의 기축 통화(국제 간의 결제나 금융 거래의 기본이 되는 화폐)로 거래량이 가장 많은 것은 미국의 달러입니다.

중국 ¥* 위안
EU € 유로
미국 $ 달러
일본 ¥ 엔

*'元'이라고 표기하는 경우도 있다.

캐나다 C$ 캐나다 달러

오스트레일리아 A$ 오스트레일리아 달러

한국 ₩ 원

스위스 sFr 스위스 프랑

영국 £ 파운드

16 통화의 가치가 변하는 이유

달러를
한국에서 쓰려면
원화
가 필요
수출이
늘어나면
원화 강세

무역

한국 기업이 자동차를 수출해 미국의 무역업자가 구매한 경우를 생각해 봅시다. 자동차와 돈(달러)을 교환하며, 한국 기업은 국내에서 활동하기 위해 달러를 원화로 교환합니다. 수출이 활발하면 달러를 많이 벌어들여 원화로 많이 교환하기 때문에 원화 강세가 됩니다. 반대로 수입이 활발하면 원화가 다른 통화로 교환되기 때문에 원화 약세가 됩니다.

통화의 가치는 원하는 사람들의 비율에 달렸다

외환 시장은 항상 변합니다. 어제는 1달러가 1,300원이었지만 오늘은 1달러가 1,350원이 되기도 해요. 그렇다면 왜 원화의 가치가 높아지기도 하고, 낮아지기도 할까요?

원화를 원하는 사람이 많아지면 원화 강세가 되고, 원화를 다른 통화로 바꾸려는 사람이 많아지면 원화 약세가 됩니다. 원화와 달러의 예로 설명하면, 달러를 가진 많은 사람들이 '달러보다 원화를 가지고 싶어' '원화로 바꾸지 않으면 안 돼'라는 상황이 되면 원화 강세(달러 약세)가 되고, 원화를 가진 많은 사람이 '원화보다 달러를 가지고 싶어' '달러로 바꾸지 않으면 안 돼'라는 상황이 되면 원화 약세(달러 강세)가 됩니다.

그렇다면 원화를 가지고 싶거나 원화로 바꾸지 않으면 안 되는 상황은 어떤 때일까요? 몇 가지 예를 그림과 함께 설명해 볼게요. 이렇게 국가를 초월한 돈의 거래가 발생해 다른 통화가 필요해지면 외환 시장의 변동성이 커집니다.

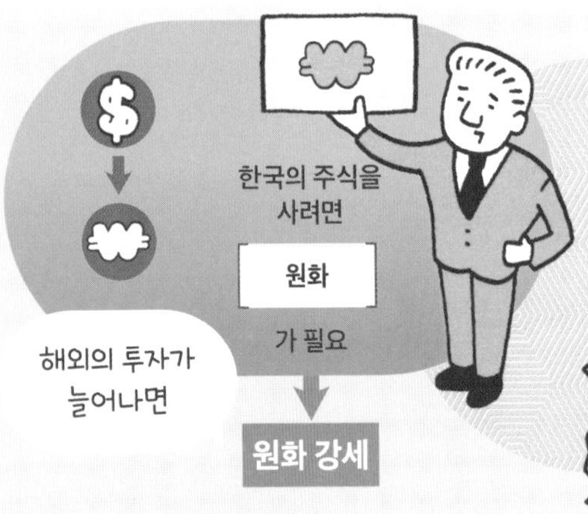

투자자의 매매

미국에 있는 투자자가 한국 기업의 주식을 사거나 한국의 국채를 사려면 달러로는 살 수 없습니다. 달러를 원화로 환전한 다음 구입해야 해요. 이런 사람이 많으면 원화 강세가 됩니다. 반대로 한국 기업의 주식이나 한국의 국채가 팔리면 원화 약세가 됩니다. 최근에는 무역보다 투자가 환율 변동에 끼치는 영향이 더 커지고 있어요.

기업의 글로벌화

해외 기업이 한국에 진출하기로 결정했습니다. 한국에서 토지를 사거나 빌딩을 짓거나 설비를 갖추려면 원화를 사용해야 해요. 이런 경우가 많아지면 해외의 통화를 원화로 교환하기 때문에 원화 강세가 됩니다. 반대로 한국 기업이 해외로 진출할 때는 원화를 그 국가의 통화로 바꿔야 하기 때문에 원화 약세가 됩니다. 이처럼 기업의 글로벌화도 환율 변동의 원인이 됩니다.

원유 가격의 변화

원유는 대부분 달러로만 구입해요. 원유 가격이 올라가면 그만큼 달러가 많이 필요하기 때문에 원화 약세가 됩니다. 원유 가격이 내려가면 반대로 원화 강세가 됩니다. 한국은 원유를 많이 수입하기 때문에 원유 가격의 변화는 환율에 큰 영향을 미칩니다.

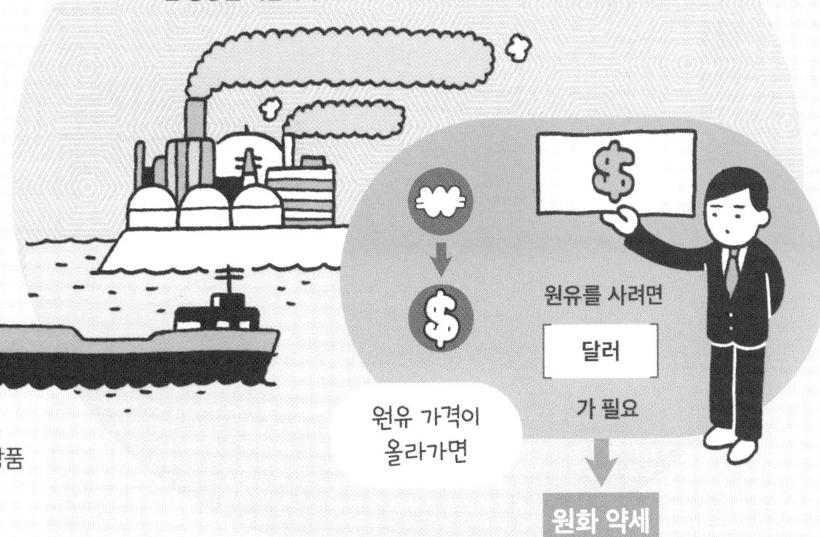

COLUMN

원유란?

땅속에서 뽑아 낸, 정제하지 않은 그대로의 기름을 원유라고 합니다. 원유는 석유와 가솔린 등의 원료가 됩니다. 석유는 플라스틱, 합성 고무, 나일론이나 폴리에스테르 같은 합성 섬유, 합성 세제 등의 원료이기도 해요. 원유 가격이 상승하면 전기 요금이 올라가는 것은 물론이고 다양한 제품을 만드는 데 필요한 원자재의 가격도 올라갑니다. 이것이 가격에 반영되면 상품의 가격도 올라갑니다.

17

통화 가치가 우리 생활에 끼치는 영향

원화 강세와 약세의 장단점

'무역이나 투자 같은 건 나랑은 상관없는 일이야. 원화 강세나 약세 같은 건 해외여행 갈 때나 보고 마는 거 아니야?'라고 생각하는 사람도 많을 거예요. 하지만 환율은 우리의 생활과 밀접한 관련이 있어요. 가전, 옷, 육류, 과일 등 우리 주변에는 해외에서 생산된 제품이 굉장히 많고, 국내에서 만든 물건이라도 재료나 부품을 해외에서 수입하기도 해요. **많은 것들이 우리 손으로 들어오는 과정에서 원화와 다른 통화 사이의 교환이 일어납니다.**

한국의 식량자급률은 45.8%(2021년)로 식량의 많은 부분

원화 약세가 미치는 영향

밀
옥수수
가축
우유
사료
요구르트
고기
밀가루
식용유
빵

한국의 식량자급률

국산 45.8%
수입 54.2%

국내에서 소비되는 식량 중 국산으로 해결 가능한 양을 나타낸 수치를 식량자급률이라고 합니다. 한국 정부는 국내 생산 감소로 하락 추세를 보이고 있는 식량자급률을 2027년까지 55.5%까지 끌어올리겠다고 발표했어요.

원화 강세가 미치는 영향

원화 강세가 되면 수출품의 가격이 올라 국외에서 판매량이 떨어집니다. 예를 들어 자동차가 잘 팔리지 않으면 부품을 납품하는 협력업체 직원들의 생활에도 큰 타격이 있습니다.

을 해외에서 수입합니다. 원화 약세가 되면 이 식량 가격이 상승해 생활이 어려워져요. 그렇다면 원화 강세가 무조건 좋은 걸까요? 그렇다고도 할 수 없습니다. 왜냐하면 한국에는 자동차 등을 수출해서 돈을 버는 기업이 있고, 원화 강세가 되면 이런 기업의 실적이 떨어지거든요. 대기업의 실적 악화는 관련된 많은 사람의 수입 감소로 이어지기 때문에 국가 전체의 경기가 나빠질 수 있습니다. 그러니 **원화 강세와 약세 중 어느 쪽이 좋은지는 단언할 수 없으며, 양쪽 모두 적당한 것이 바람직하다고 할 수 있어요.** 이처럼 원화 강세와 약세가 우리 생활에 미치는 영향을 통해 전 세계와 한국의 연결고리가 보입니다.

COLUMN

한국의 수출입 국가

한국이 수출하는 국가의 비율은 중국과 미국이 압도적으로 높지만 두 나라 외에도 여러 나라와 무역을 하고 있어요.

순위	국가	순위	국가
1위	중국	11위	독일
2위	미국	12위	인도네시아
3위	베트남	13위	폴란드
4위	일본	14위	튀르키예
5위	홍콩	15위	말레이시아
6위	대만	16위	필리핀
7위	인도	17위	캐나다
8위	호주	18위	태국
9위	싱가포르	19위	헝가리
10위	멕시코	20위	네덜란드

*출처: 한국무역협회 국가 수출입(2023년)

18

한국의 무역과 에너지 자급률

에너지를 수입에 의존하는 한국

2022년 한국의 수출입을 보면 수출은 약 915조 4,000억 원, 수입은 약 978조 5,000억 원으로 수출액보다 수입액이 큰 무역 적자입니다. 한국의 수출 주력 품목은 반도체, 자동차, 선박 등이고 수입 주요 품목은 원유, 천연가스 등이에요.

한국은 대부분의 에너지원을 해외에서 수입해요. 에너지 소비가 많은 중공업 등의 제조업이 경제에서 차지하는 비율이 높아 에너지 소비량도 상대적으로 큰 편입니다. 해외에서 수입하는 에너지원은 해당 국가 혹은 주변국의 상황이나 환경에 영향을 많이 받는데, 러시아-우크라이나 전쟁으로 에너지 가격이 오른 것을 예로 들 수 있어요. 이로 인해 한국은 2023년 4월부터 7월까지 4개월 연속으로 무역 적자를 기록했습니다.

이처럼 **우리의 일상은 에너지원을 해외에서 수입하는 것으로 유지돼요. 하지만 에너지를 다른 국가에 전적으로 의존하는 상황은 바람직하지 않아요. 에너지 자급률을 올리기 위한 고민이 필요합니다.**

COLUMN

에너지를 자급하는 마을이 있다고?

독일은 환경을 생각하는 국가로 알려져 있어요. 독일에는 재생 에너지 자급 마을이 많이 있습니다. 2016년 기준 100% 재생 에너지 자급 소도시 수가 74개에 달한다고 해요. 그중 독일의 펠트하임(Feldheim)은 독일 최초, 세계 최초의 전력·난방 재생 에너지 100% 자급마을입니다. 펠트하임은 작은 농촌마을입니다. 이 작은 마을에 무려 55개의 풍력발전기가 설치되어 전력을 생산하고 있어요. 독일의 소비자들은 민영 전력회사들의 발전 원가와 전기요금을 비교해 구매처를 선택할 수 있어요. 원자력보다 요금은 비싸지만 많은 독일 사람들은 더 비싼 요금을 지불하고 재생 에너지 전력을 구매하고 있다고 합니다.

충남 홍성군 앞바다에 있는 '죽도'는 과거에 사용했던 석유 원료의 디젤 발전 대신 태양광과 풍력 에너지를 기반한 마을로 다시 태어났습니다. 남은 전력을 저장하는 장치를 이용해 야간이나 악천후에도 안정적으로 전기를 공급받고 있습니다.

런던 남단에 세워진 에너지 효율 마을인 '베딩톤 제로 에너지 단지(베드제드, BedZED)'는 영국 최초의 성공적인 환경 친화적 주택 단지입니다. 베드제드의 최우선 목적은 소모되는 만큼의 에너지를 새롭게 다시 만들어 낼 수 있는 공간으로 설계되는 것이었습니다. 3중으로 된 지붕의 채광창을 통해 실내로 들어온 고에너지의 일광은 오랫동안 보존되어 에너지 효율을 높이는 역할을 합니다. 모든 주택에는 물과 쓰레기를 재활용할 수 있는 시설과 나뭇조각들을 태워 에너지를 공급할 수 있도록 열과 전력을 결합하는 시설도 함께 설치되어 있어요.

다른 국가에 에너지를 지나치게 의존하면…

물가가 안정되지 않는다

에너지 가격의 급등으로 다양한 재화의 가격이 올랐습니다. 제품을 만드는 비용이 상승해 재화와 서비스의 가격이 오르는 인플레이션은 소비자의 생활을 압박하기 때문에 그다지 바람직하지 않습니다.

에너지 자급률을 올리려면 어떻게 해야 할까?

재생 에너지를 늘린다?

태양광이나 풍력 등의 재생 에너지는 오염 물질이 잘 발생하지 않는 청정 에너지이지만 설비를 설치하는 초기 비용과 운영 비용이 많이 든다는 단점이 있습니다.

원자력 발전소를 재가동·신설한다?

원자력 발전소는 원자핵이 핵반응을 일으킬 때 방출되는 에너지로 발전기를 돌려 전기를 일으키는 시설이에요. 원자력 발전은 에너지 효율이 좋을 뿐만 아니라 온실가스 같은 환경 오염 물질을 거의 배출하지 않는다는 장점이 있지만, 핵반응 후의 핵폐기물을 처리하는 데 비용이 많이 들고 방사능 유출 사고 위험 등의 단점이 있어요.

【한 줄 요약】

1
돈 공부는 사회를 이해하는 첫걸음이다.

2
은행은 돈을 맡긴 사람보다 빌려준 사람에게 이자를 높게 받아 이익을 남긴다.

3
은행은 세상의 돈을 원활하게 움직여 사회를 활성화시킨다.

4
은행이 파산해 예금자에게 예금을 지급하지 못할 경우 정부가 5,000만 원까지 보장해 주는 제도를 '예금자보호법'이라고 한다.

5
한국은행은 대한민국의 중앙은행으로 지폐를 발행하는 '발권 은행', 정부의 돈을 관리하는 '정부 예금', 은행의 돈을 관리하는 '은행의 은행' 역할을 한다.

6
정부는 1년치 세입을 기준으로 다음 해에 실시해야 할 정책과 설립해야 할 시설 등을 논의해 국가 예산을 결정한다.

7
사회 보장 제도는 사회가 어려움에 처한 사람을 도와주는 시스템이다.

8
국채는 국가의 빚으로, 정부는 미래의 재산이기도 한 도로나 다리 등의 공공 설비 비용을 국채를 통해 마련한다.

9
국채는 통화량을 늘리고 은행에 잠들어 있던 돈을 움직이게 한다.

10
국가와 중앙은행은 경기가 나빠졌을 경우 회복을 위해 공공 사업을 확대하거나 기준 금리를 조절하는 등 경기 대책을 마련한다.

11
기업은 가치 창출, 고용, 세금 납부를 통해 사회를 풍요롭게 한다.

12
주식회사는 주식을 발행해 여러 사람에게 자금을 조달받는 회사이다.

13
주식의 가격은 수요와 공급으로 결정된다.

14
주식회사는 자금을 조달하기 쉽지만 인수될 위험성이 있기 때문에 주가를 신경 써야 한다.

15
다른 나라 통화와의 교환 비율을 환율이라고 하며, 이 비율은 항상 변한다.

16
원화를 원하는 사람이 많아지면 원화 강세가 되고, 원화를 다른 통화로 바꾸려는 사람이 많아지면 원화 약세가 된다.

17
사회가 글로벌화되면서, 일상생활에서 사용하는 대부분의 것이 우리 손으로 들어오는 과정에서 원화와 다른 통화로의 교환이 일어난다.

18
에너지원을 수입에 많이 의존하게 되면 수입국 혹은 주변국의 상황에 영향을 많이 받기 때문에 에너지 자급률을 높이는 것이 중요하다.

제 3 장

우리의 생활과 돈

← 오른쪽에서 왼쪽으로 읽어 주세요.
토요일 점심은 이모네 집에서 먹었다.
이날 저녁에 세 번째 수업이 있어서 이모네 집에서 바로 대학교로 가기로 했다.
3화
주어진 카드

뭘 그렇게 심각하게 읽는 거야?

대학교 수업 교재요.
대학교? 아아, 전에 말했던 돈 그거?
나의 첫 돈 공부
히구치 아야카 편집
메이오대학교

어디 보자. 국채, 주가, 사회 보장….
이야, 어렵네.
저도 처음엔 겁 먹었는데 수업을 들으니까 조금씩 이해가 돼요.

지난번에 뉴스에서 노후에 연 2,000만 원이 넘게 필요하다는 내용이 나와서 화제가 됐잖아.
오늘의 주제는 '노후의 돈' 이래요.

13:30
그렇구나.
힐끗
네, 이모부. 그런 뉴스도 이 수업 듣고 나서부터 이해하기 쉬워졌어요.

그렇게 작았던 미호가 언제 어른이 돼서….
얼른 다녀올게요!
그럼그럼.
수업까지 시간 좀 남았는데 하나 산책시키고 와도 돼요?

천천히 가!
하나!
어?
미호 아냐?
하나는 나를
자기보다 아래로
생각하는 게
분명하다….
너 강아지
키웠어?
아, 우리 이모네
강아지야.
산책시키고
있었어
이 친구는
우라타 유키노.
중학교 때 같은
농구부였다.
아, 유키노!
오랜만이야!
알바
끝나고 집에
가는 중. 저기
편의점에서
알바하고
있어.
넌
뭐 하고
있었어?
아~

졸업식 이후로
처음이지?
오랜만에 이야기나
좀 할까?
좋아!
그렇구나.
농구,
그만뒀구나.
가와야마 공원
다리를 다쳐서
한동안 쉬었더니
안 나가게 되더라고.
나도 지금은
동아리 안 해.
재능도 없었고.
농구는
중학교까지만!
넌 아직
하는 중?
무슨 소리야,
나보다
잘했는데….

여름 방학 끝나면
진로 희망 조사서도
내야 하고.
시간 정말 빨라.
얼마 전까지
중학생이었는데
벌써 고등학교
2학년이잖아.
맞아.
넌
진로 정했어?
…
음…
고민 중이야.
응?

우리 집은 엄마만 계시니까 가능한 한 빨리 자립해야 할 것 같아서.
그래서 고등학교 졸업하고 바로 일을 할까 생각 중이야.
대학에 간다고 해도 장학금 못 받으면… 동생도 있고….

그런 사정이 있었구나…. 아무것도 모르고 가볍게 진로 이야기를 해 버렸네….
좀 우울했나?
끼익

끼익
뭐, 그렇게 비관적인 건 아냐.

주어진 카드로 승부를 내야 해. 그게 어떤 카드든.
어때!
스누피가 말한 거야.
좋은 말이지?
사람마다 성장 배경도 환경도 다르지만 원망하거나 부러워한다고 해서 바뀌는 건 없으니까.
끄덕
취직을 할지 대학 진학을 할지 적극적으로 생각해 보려고.

슬슬 돌아갈까?
오케이.

또 연락할게.
응, 나도 연락할게!
진로에 대해 너무 쉽게 생각해 왔다는 사실을 깨달았다.
그 후 참석한 세 번째 수업의 주제는 개인의 삶의 방식과 돈에 관한 것이었다.

주어진 카드라….

1

생활비 계산하기

휴일에는 집에서 영화 감상

온라인 동영상 서비스(OTT)를 구독해 휴일에는 영화를 즐겨요. 매월 정해진 금액을 결제하면 무한정 볼 수 있기 때문에 하루에 3편을 보기도 합니다.

친구 만나기

친구들과 술집에 가기도 합니다. 다 함께 재미있게 노는 게 목적이라 저렴한 곳을 찾습니다.

편의점에서 장보기

편의점에서 물건을 사는 경우가 많습니다. 더 저렴하게 살 수 있는 마트에 가고 싶지만, 일이 바빠서 좀처럼 갈 수가 없네요.

생활비는 사는 곳이나 생활 방식에 따라 달라진다

생활비란 생활하는 데 드는 돈을 말해요. 주거비, 식비, 전기세, 난방비, 의료비 등 생활하는 데 필요한 돈부터 취미에 들어가는 돈, 친구와 놀 때 들어가는 돈, 통신비 등 생활의 편리함이나 즐거움을 제공하는 돈도 있습니다. 여기서는 서울에 사는 A와 지방에 사는 B의 생활비를 비교해 볼게요. 두 사람은 같은 회사에 다니는 동기지만 A는 서울에 있는 본사, B는 지방에 있는 지사에서 근무합니다. 월급 실수령액은 두 사람 다 280만 원이지만, 생활비를 어디에 쓰는지는 굉장히 달라요. 가장 차이가 많이 나는 것은 주거비입니다. 도심의 원룸 오피스텔에 사는 A의 월세는 80만 원이고 지방의 빌라에 사는 B의 월세는 50만 원입니다. 30만 원이나 차이가 나지요. 장을 볼 때 쓰는 비용도 지방에 비해 도

서울에 사는 A

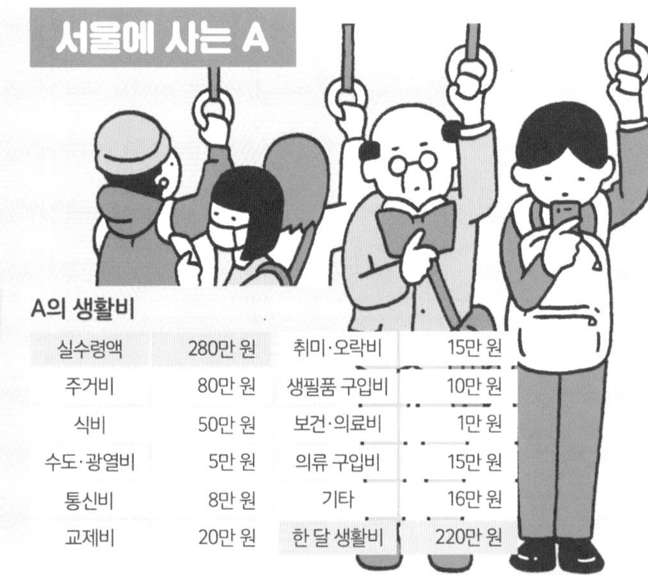

A의 생활비

항목	금액	항목	금액
실수령액	280만 원	취미·오락비	15만 원
주거비	80만 원	생필품 구입비	10만 원
식비	50만 원	보건·의료비	1만 원
수도·광열비	5만 원	의류 구입비	15만 원
통신비	8만 원	기타	16만 원
교제비	20만 원	한 달 생활비	220만 원

심의 물가가 비싸기 때문에 A의 지출이 B보다 더 많습니다. 사람을 만나거나 취미와 오락에 쓰는 돈에도 차이가 납니다. A는 가끔 학창 시절 친구와 만나 식사를 하고 휴일에는 주로 집에서 영화를 봅니다. B는 좋아하는 아이돌 그룹의 공연에 자주 다니는데, 가끔은 먼 지방까지 응원을 가기도 합니다. 또 자동차로 출퇴근하기 때문에 A보다 교통비가 더 많이 들죠. 전체적으로 보면 월세와 물가가 높은 서울에 사는 A보다 지방에 사는 B의 생활비가 더 많이 들어요.

이처럼 **생활비는 사는 지역에 따라, 또 어디에 돈을 쓰는지에 따라 크게 달라집니다.** 월세가 조금 저렴한 지역에 살면서 사람을 만나거나 취미생활을 하는 데 돈을 쓰지 않는다면 생활비를 줄여 저축도 할 수 있지만, 생활이 지루할 수도 있습니다. 그렇다고 해서 내가 받는 월급 이상으로 돈을 쓰는 건 좋지 않겠죠. 그러니 **자신의 수입 안에서 만족스러운 생활을 할 수 있도록 생활비 사용에 주의를 기울여야 합니다.**

지방에 사는 B

B의 생활비

항목	금액	항목	금액
		취미·오락비	30만 원
실수령액	280만 원	생필품 구입비	5만 원
주거비	50만 원	보건·의료비	1만 원
식비	60만 원	의류 구입비	10만 원
수도·광열비	4만 원	교통비	30만 원
통신비	10만 원	기타	15만 원
교제비	25만 원	한 달 생활비	240만 원

요리보다는 배달 음식

요리를 거의 하지 않고 식사는 배달 서비스를 주로 이용합니다. 그래서 식비는 A에 비해 꽤 많이 드는 편입니다.

아이돌 지방 공연 관람

아이돌 공연에 가는 것을 좋아해서 인근 지역에 스케줄이 잡히면 꼭 참여해요. 먼 지역에서 열리는 콘서트에 가기도 합니다.

자동차로 출퇴근

회사 출퇴근과 휴일 드라이브를 하기 위해 중고차를 샀습니다. 주차비와 기름값이 꽤 듭니다.

2

가구·세대별 생활비 계산하기

삶의 방식에 따라 변하는 생활비

앞 장에서 혼자 사는 A와 B의 생활비를 비교해 봤습니다. 그러면 두 사람 또는 그 이상이 같이 사는 가구의 생활비는 어느 정도일까요? 통계청 가계동향조사(2022년)에 따르면 1인 가구의 월평균 생활비는 약 155만 원이며, 2인 이상 가구의 월평균 생활비는 약 314만 원입니다. 1인 가구보다 2배 정도 더 들지만 사람이 더 많아진다고 해서 3배, 4배가 되지는 않아요. 서로 공유하며 살아서 한 사람이 부담해야 할 몫이 줄어들기 때문이지요. 이것은 어디까지나 평균이며, **생활비는 각 가구가 사는 지역과 수입, 생활 방식에 따라 늘어나거나 줄어듭니다.**

생활비는 연령에 따라서도 차이가 납니다. 20대는 월급이 그다지 많지 않기 때문에 돈을 많이 쓰기가 어려워요. 자녀가 없는 30대도 생활비가 많이 들지 않는 편이에요. 하지만 자녀가 있는 40대나 50대는 교육비가 많이 들기 때문에 대체로 생활비 평균이 높아집니다. 60대 이후는 자녀가 사회인이 되면서 교육비가 줄어들기 때문에 전체 생활비는 줄어들지만 의료비가 높아져 병원에 가거나 간병 서비스를 받는 부담이 커집니다.

생활비에서 큰 비중을 차지하는 건 식비와 주거비입니다. 주거비는 매월 반드시 내야 하는 고정비로 사는 지역에 따라 금액이 크게 달라요. 월세는 실수령액의 3분의 1을 넘지 않는 편이 적절합니다. 만약 실수령액이 200만 원이라면, 월세를 60~70만 원까지 줄이지 않으면 다른 지출에도 영향이 갑니다.

기타

음식·숙박

오락·문화

교육

교통

보건·의료

의류·신발

주거·수도·광열

식료품

1인 가구

월평균 생활비
155만 1,000원

항목	비율
음식·숙박 27만 6,000원	17.8%
주거·수도·광열 27만 3,000원	17.6%
식료품 19만 6,000원	12.6%
교통 17만 7,000원	11.4%
보건·의료 12만 9,000원	8.3%
오락·문화 10만 9,000원	7.0%
의류·신발 7만 8,000원	5.1%
교육 2만 7,000원	1.7%
기타 28만 6,000원	18.5%

*출처: 통계청 가계동향조사(2022년)

부부, 부모와 자녀, 형제, 친구 등 두 사람 이상이 같이 사는 가구에는 다양한 조합이 있습니다. 여러 명이 일을 한다면 생활비 부담을 줄일 수 있어요. 아이가 있는 가구는 교육비나 교통비, 보건의료비 등이 크게 늘어납니다.

2인 이상 가구

월평균 생활비
314만 6,000원

항목	비율
식료품 48만 원	15.2%
음식·숙박 45만 3,000원	14.4%
교통 38만 1,000원	12.1%
주거·수도·광열 31만 6,000원	10%
교육 28만 6,000원	9.1%
보건·의료 28만 원	8.9%
오락·문화 19만 7,000원	6.3%
의류·신발 16만 3,000원	5.2%
기타 59만 원	18.8%

COLUMN

연령별 생활비의 변화

국민연금연구원에서 전국 50세 이상 6,392명을 대상으로 노후 준비 실태를 조사했어요. 다음은 50대 이상에게 '특별한 질병이 없는 건강한 노년일 때 한 달에 얼마의 생활비가 필요할까요?'라고 물어본 결과입니다.

50대 이상이 생각하는 최소 노후 생활비는?

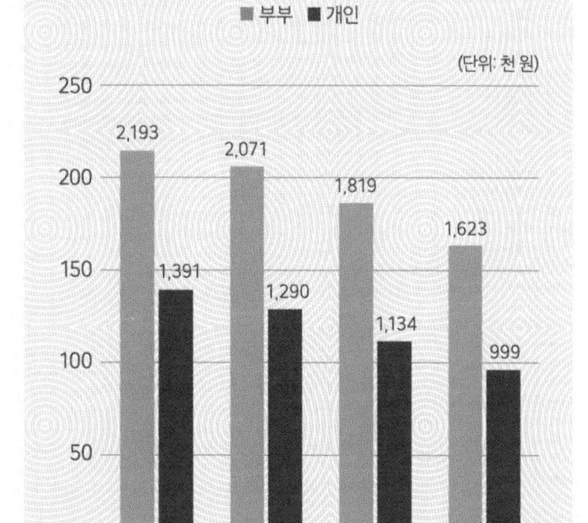

출처: 국민연금공단·국민연금연구원, 「제9차 중고령자의 경제 생활 및 노후 준비 실태」(2021년)

3 임금을 받는 세 가지 방법

월급, 시급, 성과급이란?

회사원, 교사, 음식점 직원, 유튜버, 연예인 등 세상에는 다양한 직업이 있어요. 이때 돈을 받는 형태는 크게 나눠서 '월급' '시급' '성과급' 세 가지로 볼 수 있답니다.

월급이란 1개월 단위로 정해진 임금입니다. 월급을 받고 일하는 유형은 기업에 고용된 정규직 사원과 계약직 사원, 국가나 지방공공단체에 고용된 공무원 등입니다. 연령이나 근무 기간을 기준으로 한 기본급에 자격 수당이나 직무 수당 같은 각종 수당이 더해지고 야간 수당이나 시간 외 근무 수당이 붙기도 해요. 업종에 따라서 상여금(보너스)을 받는 경우도 있습니다. 매달 월급이 정해져 있기 때문에 그 금액을 크게 웃도는 수입은 기대할 수 없지만, 유급 휴가 제도가 있다는 장점이 있습니다. 다만 일하는 시간이 긴 데다가 개인적인 시간보다 일하는 시간이 많아지기도 쉬워요.

시급이란 시간 단위로 받는 임금입

월급 1개월 단위로 정해진 임금. 정규직 노동자, 비정규직 노동자, 공무원 등

회사에서 받는 금액이 매월 정해져 있기 때문에 잘 꾸려 나가면 돈 때문에 곤란할 일은 없습니다. 며칠을 쉬더라도 유급 휴가를 쓰면 월급이 줄어들지 않아요.

일하는 시간이 정해져 있지만 잔업이나 휴일 출근 등을 하기도 해요. 개인 시간이 없어 취미 생활을 하거나 친구를 만나는 등 사적인 일을 소홀히 하는 사람도 있습니다.

회사에서 성과를 내도 임금이 바로 오르지 않고 1년에 한 번 정도 임금 인상 검토가 이루어져요. 성과를 내거나 업무 평가가 높으면 임금이 오르거나 상여금을 많이 받지만, 반대로 실적이 떨어지거나 업무에 문제가 생기면 수입이 줄어들 수도 있습니다.

시급 시간 단위로 지급되는 임금. 아르바이트생, 파견 사원 등

일한 시간만큼만 돈을 받습니다. 본업이 따로 있는 사람이나 단시간에 돈을 벌고자 하는 학생, 주부 등이 이렇게 일하는 경우가 많지만, 다양한 이유로 정규직 노동자가 되지 못한 사람이 시급을 받고 일하는 경우도 많아지고 있어요. 질병 등으로 쉬면 그만큼 수입이 줄어드는 단점이 있습니다.

성과급 (거래량제) 일한 만큼 받는 임금. 개인사업자 등

성과급으로 돈을 버는 사람은 한 일의 양에 따라 많이 벌 수 있지만, 시급을 받는 사람과 마찬가지로 쉬면 돈을 벌 수 없습니다. 열심히 일해서 능력을 높이고 일을 의뢰하는 사람과 좋은 관계를 유지해야 해요. 자신의 능력을 발휘할 수 있고, 돈을 버는 즐거움과 보람이 큽니다.

니다. 아르바이트생 등이 주로 시급으로 받습니다. 일하는 시간을 고를 수 있지만, 쉬면 돈을 받을 수 없어요. 근무지 상황에 따라 업무량이 적어지면 일하는 시간이 줄거나 계약이 연장되지 않기 때문에 불안정합니다.

성과급이란 작업의 성과를 기준으로 받는 임금입니다. 회사에 고용되지 않은 개인사업자, 프리랜서 등이 여기에 해당됩니다(개인사업자에는 작가, 만화가, 스포츠 선수, 변호사 등 취미나 특기가 수입을 얻을 정도로 실력이 향상돼 그 직업에 종사하는 경우와 기업 등에서 근무하다가 전문 지식이나 기술을 익혀 독립하는 경우가 있습니다). 한국에서는 업무의 성과를 기준으로 임금을 지급하는 방식(상여금과 비슷)을 성과급이라고 하는데 이 책에서는 일한 만큼, 거래한 양만큼 받는 임금을 뜻해요. 일본에서는 거래량제라고 부릅니다. 업무상 계약만 지킨다면 일에 걸리는 시간이나 경비를 본인이 관리할 수 있고 매출을 올리는 방법도 이것저것 시도할 수 있기 때문에 큰 보람을 느낄 수 있지요. 큰돈을 벌 수도 있지만, 일이 항상 있지 않기 때문에 수입이 고정적이지 않을 수도 있습니다. 이처럼 일하는 방식에 따라 안정성, 업무에 걸리는 시간, 지급되는 금액 등이 다르다는 점을 기억해 둡시다.

4

어떤 형태로 일해야 할까?

프리랜서

회사에 고용되지 않고 직접 독립적으로 돈을 버는 사람들입니다. 개인사업자로 일하는 사람 등이 해당됩니다.

[장점]

- 자신이 좋아하는 일을 하고 능력을 발휘할 수 있다.
- 자유롭게 일할 수 있다.
- 큰돈을 벌 가능성이 있다.

[단점]

- 수입이 보장되지 않는다.
- 일에 쓰는 경비나 사회보험료를 본인이 내야 한다.
- 자신이 책임을 지고 납세나 회계 업무를 해야 한다.

다양화된 고용의 형태

고용 계약이란 일을 공급하는 측(기업)과 일하는 사람 사이에 '이런 조건으로 일해 주세요'라고 맺는 약속입니다. **고용 형태로는 '프리랜서' '정규 고용' '비정규 고용' 세 가지를 기억합시다.**

프리랜서는 기업과 전속으로 고용 계약을 맺지 않고 일하는 방식입니다. 일의 건수별로 계약을 맺고 그 대가로 보수를 받아요. 기업에 고용돼 있지 않기 때문에 일의 내용이나 조건을 확인한 후 하고 싶은 일은 받고, 그렇지 않은 일은 거절할 수 있습니다.

정규 고용은 기업, 단체, 국가·지방공공단체와 전속으로 고용 계약을 맺는 방식입니다. 이른바 정규직 사원이라고 하는 사람들이지요. 하루에 8시간 정도 일하는 경우가 많아요. 장기간 안정된 수입이 보장되는 대신 일에 대한 책임이 무겁고 다른 지역으로 발령

정규 고용

오래 일할 수 있으며 승진이나 승급이 가능합니다.

* 최근에는 어린 자녀를 키우는 직원이나 노부모를 돌보는 직원을 위해 단축 근무 제도를 시행하는 곳도 있어요.

[장점]

- 오래 일할 수 있다.
- 수입이 안정적이다.
- 사회보험에 가입이 된다.

[단점]

- 부서 이동이나 전근이 있을 수 있다.
- 원하지 않는 일을 해야 할 수도 있다.
- 잔업이나 시간 외 근무를 해야 할 때가 있다.

이 날 수도 있습니다. 또한 하고 싶은 일을 할 수 없을 수도 있고, 하루 근무 시간이 길어질 수도 있습니다.

비정규 고용은 정규 고용보다 일에 대한 조건이 엄격하지 않습니다. '육아를 하면서 몇 시간만 일하고 싶어' '본업은 배우니까 시간을 조율할 수 있는 아르바이트를 하고 싶어' 등 본인의 상황에 맞게 일할 수 있습니다. 하지만 계약이 끝나면 일을 더 할 수 없거나 정규직보다 수입이 적은 경우도 있습니다.

어떤 방식이라도 장단점이 있어요. 최근에는 정규직으로 일해도 부업을 허용하는 기업이 생기는 등 일의 방식이 다양화되는 한편, 정규직으로 일하고 싶어도 비정규직으로 일하는 사람도 많기 때문에 고용과 관련된 사회 문제도 많습니다.

비정규 고용

촉탁직, 계약 직원

업무 내용과 기간을 정해 회사와 계약한 직원입니다. 촉탁직은 그 회사에서 정년을 맞은 이후 회사와 계약해서 일하는 경우가 많아요.

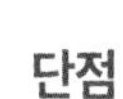

장점

- 업무 내용이나 고용 기간이 정해져 있다.
- 사회보험에 가입되는 경우가 있다.

단점

- 계약이 갱신되지 않으면 일이 없어진다.
- 정규직보다 임금이 낮은 경우가 많다.

파견 직원

고용주는 근무하는 회사가 아니라 파견 회사가 됩니다. 파견 회사에서 일할 회사를 소개받아요.

장점

- 파견 회사가 일을 찾아준다.
- 나에게 맞는 직종과 근무 시간 등 조건을 설정할 수 있다.
- 전문 기술을 살리거나 경험을 쌓을 수 있다.

단점

- 파견 기간이 정해져 있다.
- 계약 만료 시에 계약 연장이 어려울 수 있다.
- 희망하는 회사나 직종을 소개받지 못할 수 있다.

아르바이트생(파트타이머)

시급으로 계약하고 일하는 형태입니다. 일하는 시간이 짧은 경우가 많아요.

장점

- 정해진 시간 동안만 일하며, 일하는 시간대를 고를 수 있다.
- 다른 아르바이트와 같이 할 수 있다.

단점

- 시급 이상으로 돈을 더 벌 수 없다.
- 일하는 시간이 짧으면 사회보험에 가입할 수 없다.
- 회사의 상황으로 일이 없어질 수 있고, 수입이 불안정하다.

5

세금과 사회보험료를 내는 법

일하는 형태에 따라 납부 방법도 다르다

일을 해서 일정 소득을 얻는 사람은 세금을 내야 할 의무가 있습니다. 우리는 모두 상부상조하기 때문에 사회보험료도 납부해야 해요. **일하는 형태에 따라 세금과 사회보험료 납부 방법, 부담 비율, 가입하는 연금이 다릅니다.** 노후와도 관련된 중요한 이야기이기 때문에 여기서 확실히 이해하고 넘어갈게요.

먼저 납부 방법을 살펴봅시다. 월급을 받고 일하는 사람은 세금과 사회보험료가 매월 급여에서 공제(기업이 미리 차감)됩니다. 기업

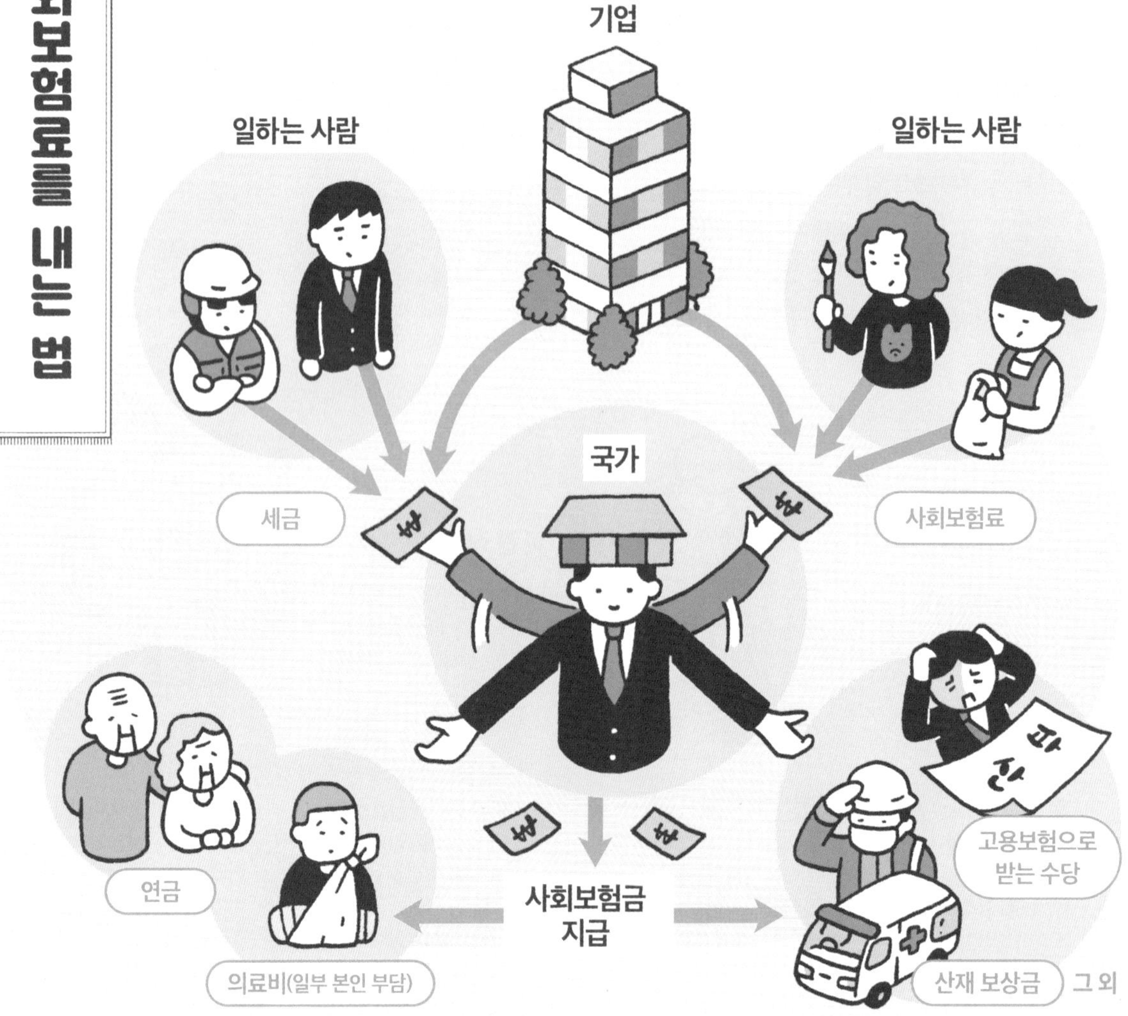

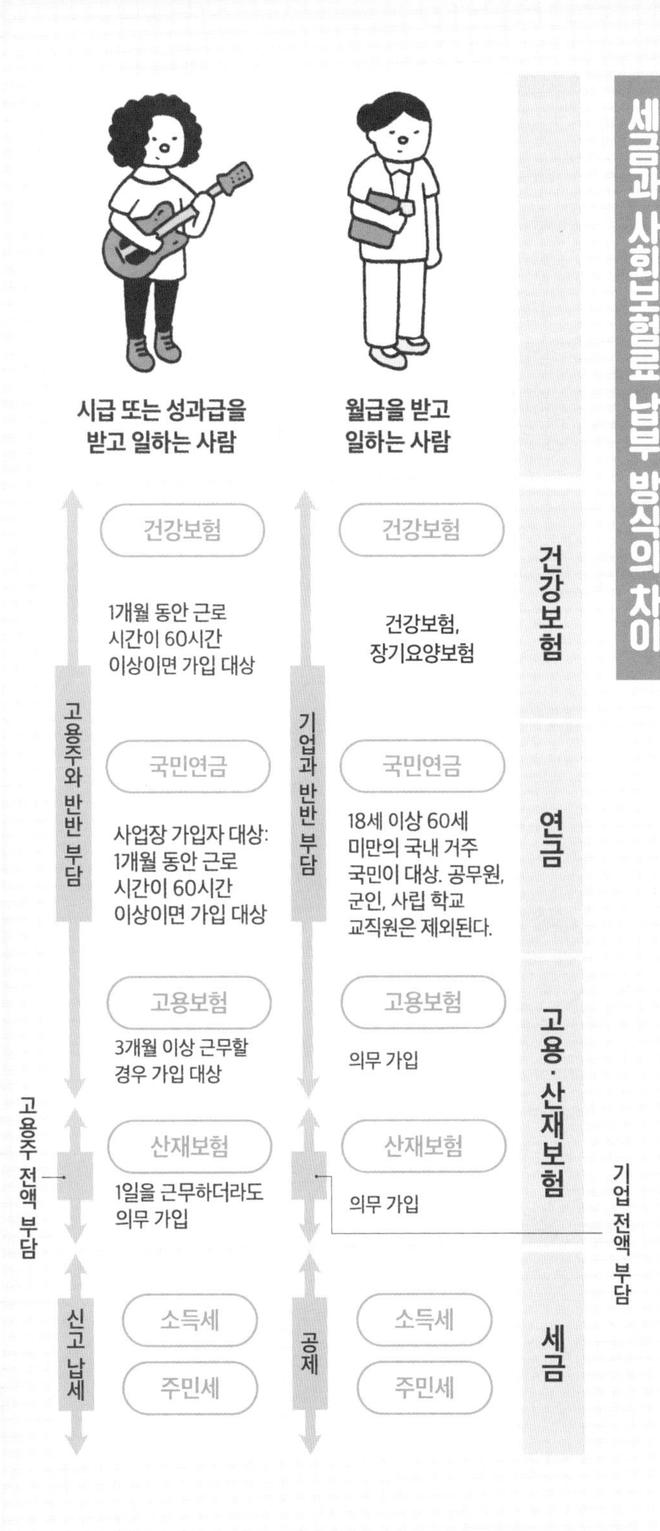

이 납부하기 때문에 직접 납부할 필요가 없어요. 반면 시급이나 성과급을 받고 일한다면 번 금액을 자신이 관리하고 파악한 뒤 직접 서류를 제출하고 납부액을 확정합니다(확정신고). 또한 사회보험료도 직접 내야 합니다.

다음으로 사회보험료의 부담 비율에 대해서 살펴보겠습니다. 월급을 받고 일하는 사람은 4대 보험(국민연금, 건강보험, 고용보험, 산재보험)을 기업과 반씩 나눠서 부담해요. 본인이 부담해야 하는 금액은 급여에서 공제됩니다. 시급이나 성과급을 받는 사람은 과거에는 4대 보험의 혜택을 받지 못했지만 이제는 일하는 시간과 기간에 따라 보험에 가입할 수 있으며, 고용주와 반씩 나눠서 부담합니다.

월급을 받고 일하는 사람은 회사의 지원을 받기 때문에 금전적인 부분에서 유리해 보이지만, 그렇다고 해서 시급이나 성과급을 받고 일하는 방식이 좋지 않다는 건 아니에요. 어떤 형태로 일할지는 그 사람의 라이프 스타일과 깊은 관련이 있습니다. 세금이나 보험료 납부 방식의 차이, 각각의 장단점을 이해한 다음 자신이 일하고 싶은 방식을 선택하면 됩니다.

6 인생의 3대 자금이란?

교육비, 주택 구입비, 노후 생활비

사람이 살아가려면 다양한 곳에 돈이 듭니다. 그중에서도 **큰돈이 필요한 세 가지가 있는데, 바로 '교육비' '주택비' '노후 생활비'입니다. 이것을 인생의 3대 자금이라고 불러요.** 한 번에 나가지 않고 장기적인 지출로 나가는 경우가 많기 때문에 생활 설계를 계획적으로 해야 합니다.

교육비는 유치원부터 대학교 졸업까지 사람마다 조금씩 차이가 있습니다. 초등학교와 중학교는 의무 교육이기 때문에 수업료는 무상이지만 방과 후 활동이나 체험 학습 등의 비용은 각 가정이 부담해야 합니다. 고등학교와 대학교는 의무 교육이 아니기 때문에 진학하려면 등록금을 내야 해요. 진학하려는 학교가 공립인지 사립인지에 따라 비용도

크게 달라지는데, 학자금 대출 등을 이용해 학비를 납부하고 사회인이 된 후에 갚는 방법도 있어요.

주거비는 단독 주택, 아파트, 빌라, 오피스텔 등 주거 형태에 따라 달라집니다. 또 집을 사지 않고 전세나 월세로 임대해서 생활하는 방법도 있어요. 매매나 전세로 거주할 경우 은행에서 대출을 받을 수 있는데, 소득에 따라 대출할 수 있는 금액이 달라져요.

노후 생활비에 대해서는 많은 사람이 불안함을 느낍니다. 연금으로 받는 돈만으로는 부족하기 때문에 노후 자금을 충분히 저축해 놓거나 노후에 일할 거리를 찾는 것도 좋은 방법이에요. 노후에 필요한 평균적인 금액이 있긴 하지만, 생활하는 데 드는 돈은 개인마다 다르기 때문에 자신의 상황과 형편에 맞춰서 준비하는 게 좋겠지요. 다음 장에서는 교육과 주택, 노후에 대해 조금 더 자세하게 설명해 볼게요.

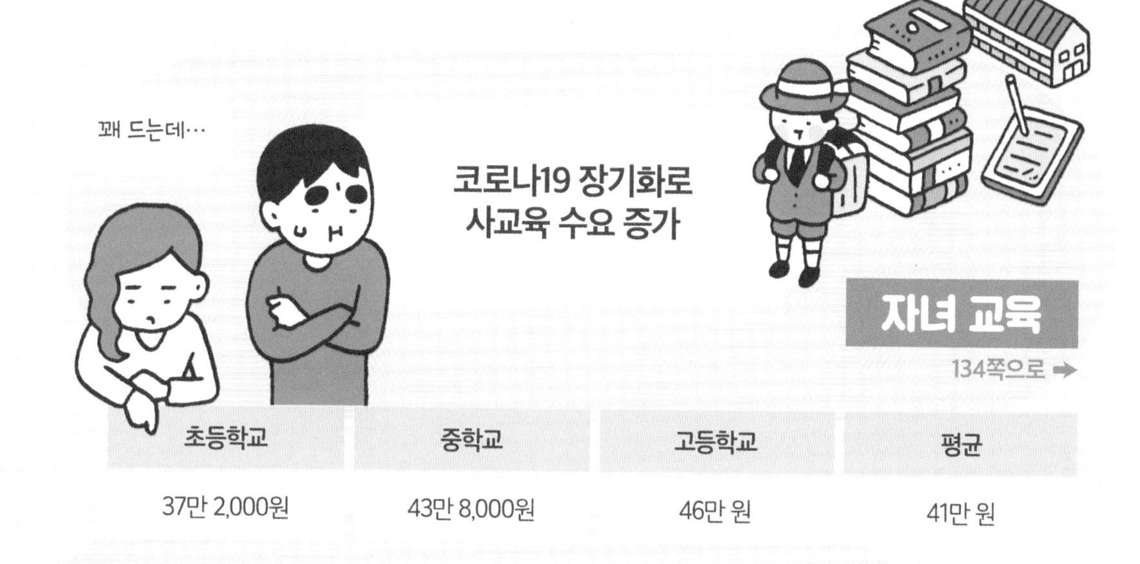

134쪽으로 ➡

초등학교	중학교	고등학교	평균
37만 2,000원	43만 8,000원	46만 원	41만 원

140쪽으로 ➡

2055년에
국민연금 고갈?!

7

교육에 드는 돈은 얼마일까?

지원 제도 적극적으로 활용하기

인생의 3대 자금 중 하나인 교육비를 살펴볼게요. 초등학교부터 고등학교까지 월평균 사교육비로 얼마가 들어가는지는 앞 장에서 확인했습니다. 이외에도 육아에는 식비, 의료비, 의류비 같은 생활비도 들어요.

여러 가지 숫자를 보고 있으니 어른이 됐을 때 자신의 아이에게 이 정도의 돈을 쓸 수 있을지 걱정이 되나요? 다행스럽게도 아이를 키우는 데 도움이 되는 여러 지원 제도가 마련돼 있답니다. **국가나 지자치단체 등에서 주는 아동 수당과 장학금, 학자금 대출같이 교육비 부담을 덜어 주는 다양한 제도가 있으니 잘 활용하면 도움이 돼요. 돈이 없다고 해서 진학을 포기할 필요는 없답니다.** 다만 학자금 대출 제도에는 여러 유형이 있으니 각각의 차이점을 잘 살펴보고 자신에게 잘 맞는 유형을 선택하는 게 좋습니다.

COLUMN

학자금 대출 제도 종류

• 취업 후 상환 학자금 대출

재학 기간 동안에는 원금 및 이자 상환의 부담 없이 학업에만 전념하고, 졸업 및 취업 후에 상환을 시작합니다. 연간 소득 금액이 상환 기준 소득을 초과한 경우, 상속이나 증여 재산이 발생한 경우 일정 금액을 의무적으로 상환합니다.

• 일반 상환 학자금 대출

거치 기간 동안 이자만 납부합니다. 상환 기간에 원리금(원금+이자)을 상환합니다.

• 농촌 출신 대학생 학자금 융자

농촌 출신 대학생을 위한 대출 제도로 등록금 전액을 무이자로 대출해 주며, 거치 기간이 지나면 원금을 매월 일정한 금액으로 균등하게 상환합니다.

부모가 기대하는 자녀의 교육 수준

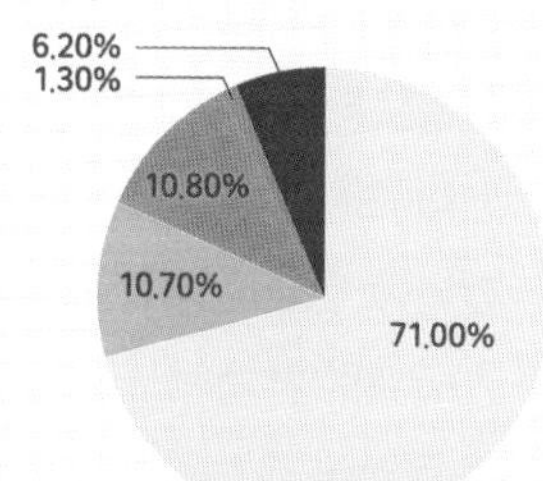

■ 고등학교 이하 ■ 대학교(4년제 미만) ■ 대학교(4년제 이상)
■ 대학원(석사) ■ 대학원(박사)

자녀가 대학 이상 교육받기를 바라는 이유

0.60%
0.60%
3.10%
3.90%
48.50%
43.20%

■ 인격과 교양을 쌓게 하기 위해
■ 좋은 직업을 얻게 하기 위해
■ 능력과 소질을 계발하게 하기 위해
■ 사회적 관계를 맺는 데 유리하게 하기 위해
■ 자신이 교육받지 못한 것을 자녀를 통해 보상받고 싶어서
■ 기타

*출처: 통계청, 「부모가 기대하는 자녀의 교육 수준 및 자녀가 대학 이상 교육받기를 바라는 이유(30세 이상)」(2022년)

15세

12세

6세

3세

0세

아동 수당

대학생의 학비 부담을 줄여 학업에 전념하도록 하기 위한 학자금 지원 정책

'꿈사다리 장학금' '드림 장학금' 등 국가나 재단 등에서 저소득층과 다자녀 가구, 성적 우수자 등에게 학비를 지원하는 제도

만 8세 미만 아이를 키우는 가정에 소득과 관계없이 매월 10만 원 지급

8

대학을 졸업하면 돈을 많이 벌 수 있다?!

학력과 연봉의 관계

학력이란 학교를 다닌 경력으로 중학교, 고등학교, 대학교 등 어느 교육 단계까지 수료했는지를 나타냅니다. 학력이 높으면 돈을 많이 벌 수 있다는 말을 들어 본 적이 있을지도 모릅니다. 반대로 사회에 나가면 학력은 상관없다고 말하는 사람도 있어요. 실제로는 어떨까요?

고용노동부 임금직무정보시스템에 따르면 남녀 모두 고졸보다 대졸이 연봉이 높다고 합니다. 한국의 대학 진학률은 2021년 기준 79.8%로 세계에서도 높은 수준이지요. 좋은 직장에 취업해 높은 연봉을 받기 위한 경쟁은 점점 더 치열해지고 있어요. 그런데 대

어느 쪽이 장래에 많은 돈을 벌게 될지는 알 수 없다!

A의 희망

고등학생인 A는 정치에 관심이 많아서 대학교에서 더 깊이 배우고 싶어 합니다. 대학 졸업 후의 일은 크게 생각하지 않고, 안정된 기업에 취직하거나 공무원이 되면 좋겠다고 생각하는 정도입니다. 돈을 많이 벌 수 있을지 없을지는 취직한 곳의 임금, 월급 인상의 기회, A의 업무 능력과 성과에 따라 달라져요.

B의 희망

고등학생인 B는 대학 진학에는 흥미가 없고 고등학교를 졸업하면 바로 부모님의 지인에게 소개받은 레스토랑에서 일하기로 했습니다. 장래에 자신의 가게를 여는 게 꿈이지만 창업에 필요한 자금과 요리 실력, 경영 센스에 따라 많은 돈을 벌 수 있을지 없을지 결정될 거예요.

학을 졸업한다고 해서 자연스럽게 높은 수입이 보장되는 건 아니에요. 고등학교 졸업 후 바로 일을 시작해 착실하게 경력을 쌓은 사람, 중학교 졸업 후 회사를 세워 성공한 사람 등 대학교를 졸업하지 않아도 생활하는 데 충분한 수입을 버는 경우도 있어요. 그러니 **학력이 반드시 자신의 수입을 결정하는 건 아니라는 사실을 기억하도록 합시다.**

연령별 평균 수입

	고졸	대졸
25~29세	3,244만 9,000원	3,937만 6,000원
30~34세	3,486만 3,000원	4,880만 9,000원
35~39세	3,873만 7,000원	5,993만 6,000원
40~44세	4,171만 2,000원	6,810만 원
45~49세	4,348만 6,000원	7,603만 2,000원
50~54세	4,392만 3,000원	8,172만 3,000원

*출처: 통계청 임금직무정보시스템, 2023년 기준

대졸

장점

- 선택할 수 있는 직업이 많아진다.
- 학업이나 미래에 대해서 생각할 시간이 있다.
- 대학에서 전문 분야에 관해 배울 수 있다.
- 의사 등 대졸만 할 수 있는 일이 있다.

단점

- 입시 준비와 학비의 부담이 크다.
- 목적 없이 학교 생활을 하며 시간을 낭비할 수 있다.
- 사회 진출이 늦어진다.

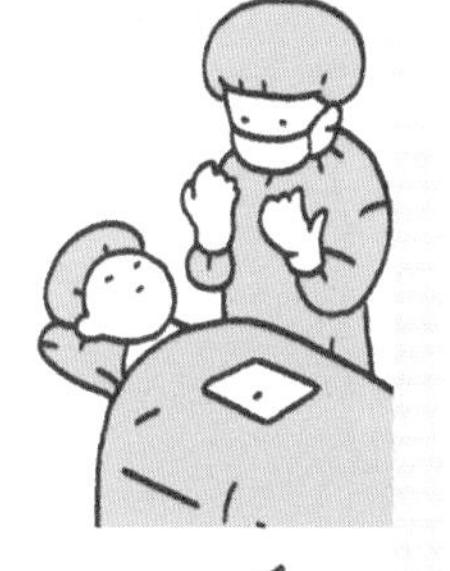

장점

- 사회에 일찍 나가 경험을 쌓는다.
- 10대 때부터 돈을 벌어 일찍 자립할 수 있다.
- 대학 진학 비용이 들지 않는다.

단점

- 대졸에 비해 선택할 수 있는 직종이 적다.
- 통계적으로 임금이 대졸보다 적다.
- 사회생활을 하느라 자유로운 시간이 줄어든다.

9 집을 꼭 사야 할까?

매매와 임대의 장단점

인생의 3대 자금 가운데 주택 구입비에 대해서 알아볼게요. 사회인이 돼 부모님과 함께 사는 집을 나와 독립하려면 살 집을 찾아야 합니다. 집세는 임금(실수령액)의 3분의 1이 적정선이라고 해요. 집을 임대해서 살 경우 월세로 매달 집세를 내거나 전세로 보증금을 냅니다. 그래서 돈이 어느 정도 모이거나 결혼을 하게 되면 계속 임대를 할지, 아니면 매매를 할지 생각하게 됩니다.

단독 주택이나 아파트 등을 산다면 지금까지 모은 돈으로 계약금 일부를 내고, 부족한 잔금은 은행에서 빌립니다. 빌린 돈은 일정 기간에 걸쳐 이자와 함께 상환해요. 이것을 주택담보대출이라고 합니다. **주택담보대출 상환이 끝나면 집은 자신의 자산이 돼 주거**

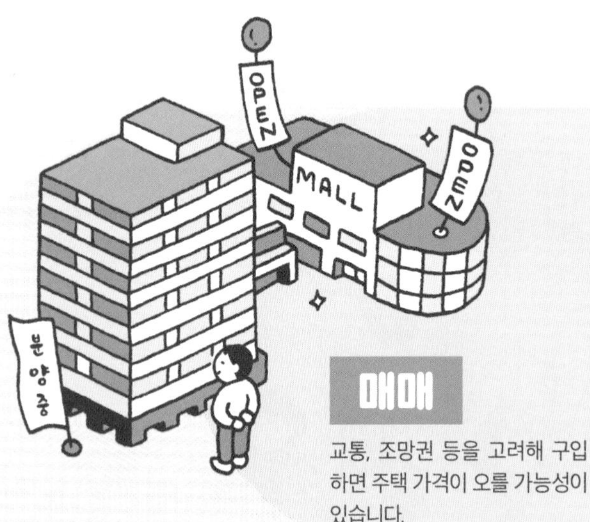

매매

교통, 조망권 등을 고려해 구입하면 주택 가격이 오를 가능성이 있습니다.

[장점]

- 자산이 된다.
- 정년퇴직 때까지 대출을 다 갚으면 노후의 주거 비용을 줄일 수 있다.
- 집을 팔면 현금을 확보할 수 있다.

[단점]

- 이사가 어렵다.
- 대출 상환 때문에 주거비를 줄이기 힘들다.
- 자산 가치가 떨어질 가능성이 있다.
- 각종 세금과 관리 비용이 든다.

비가 발생하지 않아요. 또한 집을 매각하면 노후에 고령자 시설 입주 비용으로 쓸 수도 있지요. 다만 집을 산 사람은 취득세와 재산세 등의 세금을 내야 하고 집의 유지 비용도 마련해야 합니다.

임대는 수입이나 가족의 상황에 맞춰 쉽게 이사할 수 있는 장점이 있습니다. 또 소유하는 게 아니기 때문에 취득세 같은 세금이 발생하지 않고, 집의 관리 비용을 직접 내지 않아도 돼요. 하지만 집세를 계속 내야 하는 데다가 자신의 소유가 아니기 때문에 팔아서 이익을 얻을 수 없어요.

매매와 임대는 각각 장단점이 있어요. 어떤 집에 살고 싶은지는 사람마다 다르기 때문에 자신의 상황과 니즈에 맞게 결정을 하게 될 거예요. 다만 주택 구입비는 노후 생활과도 밀접하게 연관돼 있기 때문에 이 비용은 젊은 시절부터 고민해서 준비하는 게 좋습니다.

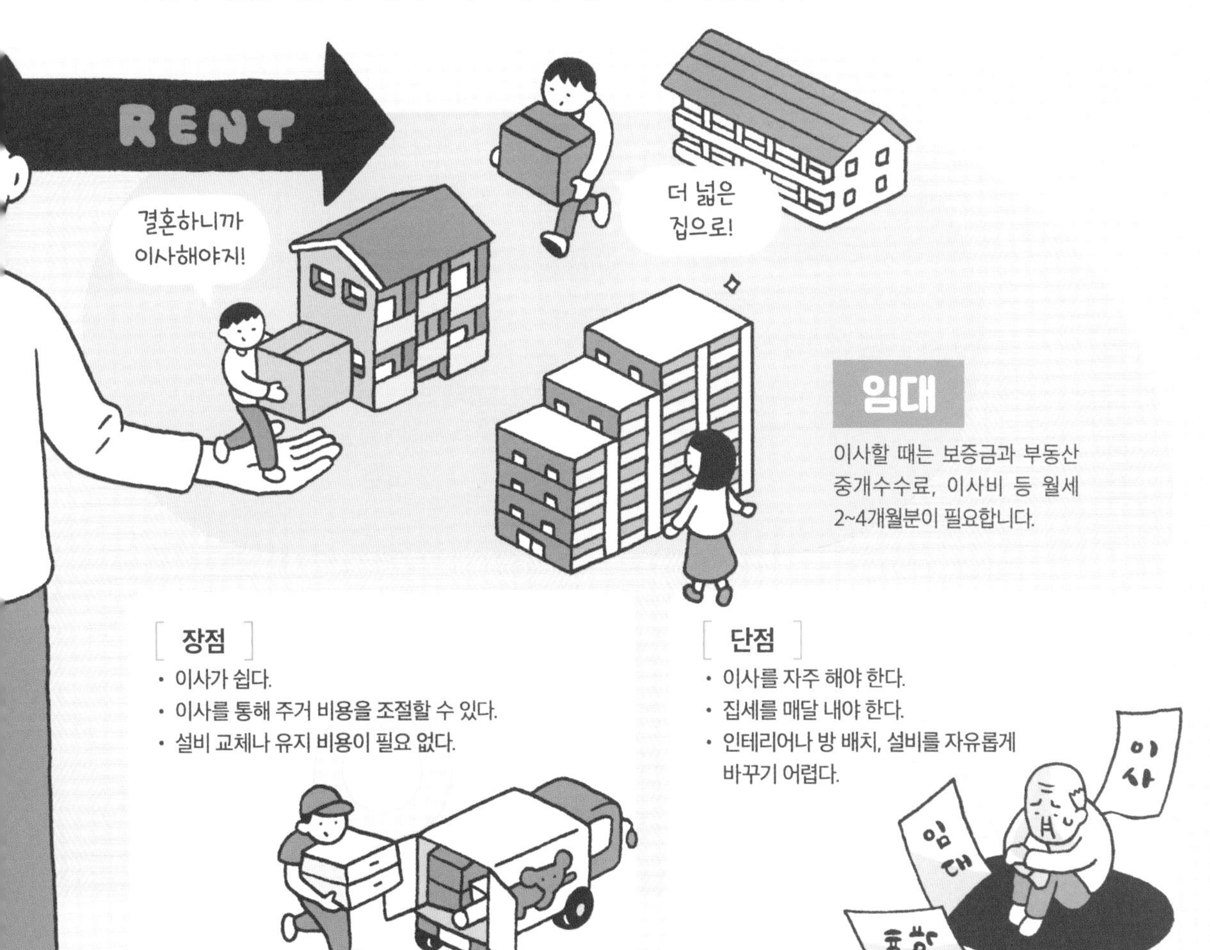

임대

이사할 때는 보증금과 부동산 중개수수료, 이사비 등 월세 2~4개월분이 필요합니다.

[장점]

- 이사가 쉽다.
- 이사를 통해 주거 비용을 조절할 수 있다.
- 설비 교체나 유지 비용이 필요 없다.

[단점]

- 이사를 자주 해야 한다.
- 집세를 매달 내야 한다.
- 인테리어나 방 배치, 설비를 자유롭게 바꾸기 어렵다.

10

노후에는 얼마만큼의 돈이 필요할까?

노후 자금 준비는 각자의

편안한 노후를 위한 징검다리 만들기

저출산으로 미래 세대 인구가 부족하다는 이야기를 들어 본 적이 있나요? 이 문제와 함께 떠오르는 이슈가 국민연금인데, 전문가들은 2057년이면 국민연금 적립금이 고갈될 것이라고 예측하고 있습니다. '열심히 납부했는데, 은퇴하고 연금을 못 받으면 내 노후는 어떡하지?'라고 걱정하는 사람도 있을 거예요.

그런데 그전에 짚고 넘어가야 할 것이, 국민연금만으로는 노후 생활을 안정적으로 꾸려 나가기가 어렵다는 점이에요. 2023년 기준 국민연금 월평균 수령액은 103만 5,205원으로, 20년 이상 가입한 사람 가운데 월 100만 원 이상 받지 못하는 수급자가 약 52%라고 합니다. 〈가구·세대별 생활비 계산하기〉(125쪽) 칼럼에서 50대 이상이 생각하는 최소 노후 생활비가 200만 원 전후였다는 점을 떠올린다면 다른 여러 방법을 생각해 봐야 합니다. **은퇴 시기를 고려해 월급의 일부분을 은퇴 자금으로 따로 모아 두거나 65세가 넘어서도 일할 수 있는 새로운 직업을 찾아 도전하는 등 방법은 다양합니다.**

A(남성, 60세)의 경우

A는 대기업 직원으로 근무하다가 60세에 정년퇴직했습니다. 자녀는 둘이고, 아내와 이혼 후 지금은 임대 주택에 혼자 살고 있습니다. 연금이 나오기 시작하는 65세까지는 퇴직금으로 생활할 생각입니다. 65세부터는 연금을 받고 부족한 금액은 모아 둔 돈을 조금씩 찾아서 생활하려고 합니다. 저축한 돈은 1억 5,000만 원 정도인데, 이것만으로 충분할지 예측이 어렵습니다.

B(여성, 58세)의 경우

B는 지역의 급식 센터에서 파트 타임으로 일하고 있습니다. 남편은 60세로 정년퇴직했지만, 집 대출금이 남아 있어 촉탁직으로 계속 일하려고 합니다. 저축한 돈은 부부 합산 8,000만 원 정도 있습니다. 노후에 대한 불안도 있지만, 일하는 게 즐겁기 때문에 건강이 허락하는 한 오래 일하며 돈을 벌고 싶습니다.

상황에 따라 다르다!

C(남성, 60세)의 경우

C는 디저트 가게를 운영하고 있습니다. 아내와 자녀 한 명과 살고 있습니다. 자녀는 사회인으로 일하고 있으며 매월 30만 원씩 생활비를 냅니다. 본인 소유의 집에 살고 있으며 앞으로 2년이면 대출을 다 갚을 수 있습니다. 저축한 돈은 2억 5,000만 원 정도이며, 15년 전부터 시작한 매월 20만 원의 적립식 투자가 5,000만 원 정도 됐고 앞으로도 계속할 예정입니다. 가능한 한 오래 일할 생각이지만, 최종적으로는 집을 팔고 고령자를 위한 주택으로 이사할 생각도 하고 있습니다.

COLUMN

간병에 드는 비용은?

고령화 사회로 접어들면서 간병비가 크게 늘어나고 있어요. 환자 하루 간병비는 12~17만 원으로 한 달에 400만 원 수준입니다. 2023년 간병시민연대의 조사에 따르면 간병 문화 가운데 필요한 개선 사항 1위는 간병 비용(44.2%)이며, 간병 서비스의 질(27.3%)이 뒤를 이었습니다. 또한 조사에 응한 간병 경험자 1,000명 중 59.5%가 간병비가 매우 부담스러우며, 36.5%는 약간 부담스럽다고 답했습니다. 응답자의 96%가 부담스럽다고 답한 것이지요.

간병은 언제 누구에게 닥칠지 모르는 일이에요. 우리 가족에게도 충분히 일어날 수 있는 일이라는 점을 생각하면서 간병 보험 등의 가입도 검토해야 합니다.

11

연금의 종류

직업에 따라 다른 연금

노후에 국가에서 지급하는 연금에 대해서 설명해 볼게요. 〈세금과 사회보험료를 내는 법〉(130쪽)에서 설명한 것처럼 일하는 형태에 따라 가입하는 연금 제도가 달라지는데요. **국민연금은 국내에 거주하고 있는 60세 미만의 전국민이 대상이지만 예외도 있어요. 바로 공무원과 군인, 교사인데요. 국가 또는 지방 공공 기관에서 근무하는 공무원과 교사는 공무원연금, 군인은 국방부군인연금, 사립학교에 근무하는 교직원은 사학연금에 가입합니다.** 수령액은 연금마다 다른데 2022년 기준 공무원연금 월평균 수령액은 268만 원, 군인연금은 289만 원, 사학연금은 302만 원이라고 합니다.

액수만 놓고 보면 '공무원, 군인, 선생님은 안정적으로 노후 생활을 할 수 있겠네?'라고 생각할 수 있어요. 하지만 이 직업군에도 연금 고갈 문제가 있고, 여러 사유로 은퇴 시기를 앞당기는 등 정년퇴직도 빨라지고 있어 노후를 대비할 수 있는 다른 방법을 생각해 봐야 합니다.

국민연금의 수급 자격과 급여 기준

구분			내용
연금 급여	노령연금	노령연금	국민연금 가입기간이 10년 이상일 때 본인의 가입기간 및 가입기간 중 소득 수준에 따라 결정되는 연금액을 본인의 지급 개시 연령이 된 때부터 평생 동안 지급받을 수 있는 연금
		조기노령연금	가입기간이 10년 이상이고, 소득이 있는 업무에 종사하지 않을 경우 본인의 수급개시연령보다 최대 5년 일찍 청구할 수 있는 연금(단, 1년마다 6%, 최대 5년 일찍 수급 시 30% 감액된 지급률 적용)
	분할연금		혼인 기간 동안 배우자의 정신적·물질적 기여를 인정하고 그 기여분을 분할하여 지급함으로써 이혼한 배우자의 안정적인 노후생활을 보장하기 위한 제도
	장애연금		국민연금의 가입자나 가입자였던 자가 질병이나 부상으로 신체적 또는 정신적 장애가 남았을 때 장애 정도에 따라 일정한 급여를 지급(단 1~3급은 매월 연금으로, 4급의 경우 일시보상금으로 지급함)
	유족연금		연금보험료를 일정 기간 이상 납부한 가입자(가입자였던 자), 노령연금을 받고 있는 자, 장애등급 2급 이상의 장애연금을 받고 있는 자가 사망한 경우, 그에 의해 생계를 유지하고 있던 일정 범위의 유족에게 지급하는 급여
일시금 급여	반환일시금		① 노령연금을 지급받기 위한 최소가입기간(10년)을 충족하지 못하고 지급 연령에 도달한 경우 ② 가입자(가입자였던 자)가 사망하였으나 유족연금을 지급받을 수 없는 경우 ③ 가입자(가입자였던 자)가 국적을 상실하거나 국외 이주한 경우에 일시금 형태로 지급
	사망일시금		가입자(가입자였던 자)의 사망 시 유족연금 또는 반환일시금을 지급받을 수 있는 유족이 없는 경우, 배우자, 자녀, 부모, 손자녀, 조부모, 형제자매, 생계를 유지한 4촌 이내의 방계혈족 중 최우선 순위자에게 지급

* 노령연금은 출생연도에 따라 수급 시기에 차이가 있습니다.
* 반환일시금도 출생연도에 따라 수급 시기가 다르나, 만 60세가 된 이후에는 해당 수급 시기가 도달하기 전이라도 본인이 희망하면 수급할 수 있습니다.

NEWS

2030세대 "우리는 국민연금을 받을 수 있을까요?"

국민연금은 시행 초기에 10년 이상 보험료를 내면 만 62세부터 연금을 받을 수 있었다. 하지만 수급 연령이 점차 높아져서 지금의 젊은 세대는 만 65세가 돼야 연금을 받을 수 있다. 보험료는 월 소득의 9%로, 직장 가입자라면 회사와 반반 납입하고, 소득대체율은 40%로 맞춰져 있다. 소득대체율은 생애 평균 소득대비 노후 국민연금의 비율을 의미한다.

문제는 덜 내고 더 많이 받는 구조로 운영되고 있다는 것이다. 이로 인해 기금 고갈은 당연한 것으로 받아들여지는 분위기다. 국회 예산정책처와 기획재정부, 보건복지부 등은 지금 920조 원까지 쌓인 적립금이 오는 2040년이 되면 1000조 원 이상으로 늘었다가 이후 빠르게 소진돼 2055년 정도면 고갈될 것으로 예상하고 있다.

이에 한국경제연구원은 "현재의 국민연금 체계를 유지할 경우 2055년에 국민연금 수령자격이 생기는 1990년생 이후부터는 국민연금을 한 푼도 받지 못하게 될 수 있다"고 이야기하면서 "만일 국민연금을 계속 지급하려면 보험료율이 치솟아 미래 세대가 과도한 부담을 떠안아야 한다"고 우려의 목소리를 냈다.

그러면 우려대로 2030세대는 연금이 고갈되면 국민연금을 못 받게 되는 걸까. 이와 관련해 복지부 관계자는 "국민연금법 제3조의2에 국가는 연금 급여가 안정 ·지속적으로 지급되도록 필요한 시책을 수립·시행해야 한다"면서 "연금 지급은 국가의 생존이 달린 문제로 기금 소진의 가장 큰 이유인 저출생 현상이 계속되더라도 국가가 반드시 책임질 것"이라고 말했다. 기금이 고갈되면 국민연금은 '적립방식'에서 '부과방식'으로 바뀔 가능성이 높다. 지금의 적립방식이 과거에 낸 돈을 모아 해당 연도의 연금을 지급하는 식이라면 부과방식은 그해 낸 돈으로 그해 연금 지출을 하는 형태다. 독일, 스웨덴 등도 초기에는 우리나라와 같이 적립방식으로 운영했지만 연금 수급자 규모 증가와 급속한 노령화 등의 영향으로 부과방식으로 변경했다.

COLUMN

국민연금 개혁

위의 신문 기사처럼 연금 고갈 시기가 구체적으로 논의되면서 많은 전문가들이 대안을 이야기하고 있어요. 현재 우리나라 연금은 매년 쌓아 둔 기금을 지급하는 적립식으로 운영되고 있는데, 기금이 고갈되면 사회적 합의를 통해 그 해 기금을 걷어 그 해에 지급하는 부과식으로 전환할 수 있다고 해요. 부과식에는 크게 세 가지 방식이 있는데, 미래 세대가 지게 될 비용 부담보다 노령 세대 부양에 무게 중심을 두는 '부과 방식', 기존 세대에게도 비용을 부담시켜 미래 세대의 부담을 줄이고 그들이 납부한 만큼 돌려받을 수 있도록 하는 '완전 적립 방식', 이 두 방식을 절충하는 '부분 적립 방식'입니다.

12

결혼하려면 얼마가 필요할까?

결혼과 돈

여기서는 '결혼'을 주제로 이야기해 봅시다. 금전적인 면에서 보면 따로 사는 것보다 같이 사는 게 생활비가 덜 들어요. 두 사람이 같이 살면 주거비, 식비, 수도·광열비 등이 줄어들겠죠. 하지만 결혼은 금전적인 면보다 서로의 마음이 중요해요. 같이 있으면 행복하고, 가족이 되고 싶은 사람을 만난다면 결혼을 생각해 보는 것도 좋아요. 그러나 2022년 혼인 건수가 통계 작성이 시작된 1970년 이래로 가장 적은 수치를 기록하면서 결혼이 더는 당연한 시대가 아니게 됐어요.

결혼은 개성과 라이프 스타일이 다른 타인이 같이 사는 거예요. 그래서 어떻게 살아갈지, 미래 설계(자녀 계획, 내 집 마련 등)는 어떻게 할지 배우자와 잘 상의해야 합니다. 결혼 예물이나 결혼식, 신혼 여행 등의 이벤트도 부부의 생각에 따라 달라집니다. 이와 더불어 중요한 게 외벌이 또는 맞벌이를 결정하는 것입니다. 맞벌이를 할지, 한쪽이 전업으로 집안일을 할지, 만약 맞벌이라면 각각 어떤 형태로 일할지(노후 준비와도 관련이 있습니다)…. 외벌이보다는 맞벌이가 수입

평균 결혼 비용
5,073만 원

* 출처: 듀오, 「2023 결혼 비용 보고서」

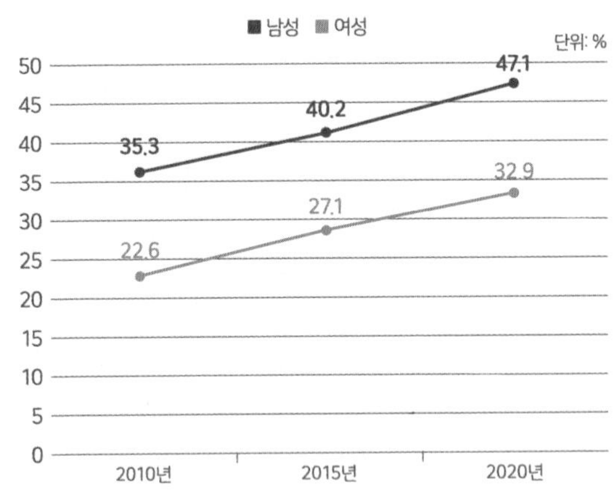

*출처: 통계청, 「저출산과 우리 사회의 변화」(2023)

비혼 비율은 계속 증가하고 있으며, 2050년에는 60세 이상 비혼 가구가 29.6%에 이를 전망입니다.

도 높고 저축도 많이 할 수 있습니다. 하지만 사회에 나가 활동하고 싶은지, 가정을 우선순위에 둘 것인지 각자의 생각이 있을 거예요. **어떤 형태로 일하고 어떻게 시간을 쓸지에 대해서는 정답이 없습니다. 서로 맞춰 나가는 게 중요하죠. 아이가 태어나거나, 어느 한쪽이 아프거나, 생활에 변화가 생겼을 때 이에 대응할 수 있도록 업무 형태를 바꿔야 할지도 모릅니다. 서로를 생각하고 상의하고 도와야 해요. 돈도 중요하지만 같이 생활하려면 돈 이외의 부분이 굉장히 중요합니다.**

출산

평균 출산 비용

56만 7,142원

*출처: 모두닥, 2023년 11월 기준 모두닥 회원 리뷰를 기반으로 대한민국 산부인과 315개를 조사한 결과

정부에서는 출생 아동에게 200만 원을 지급하는 '첫만남이용권' 제도를 운영하고 있어요.

부부의 업무 형태와 생활

A 부부

A는 공무원으로 시청에서 근무합니다. 남편은 기업 경영지원팀에서 일합니다. 두 사람 모두 일하기 때문에 가사를 분담하고, 식사는 외식이나 배달 음식을 시켜 먹는 경우가 많아 식비가 많이 듭니다. 현재 자녀 계획은 없어요. 휴일에 드라이브를 가거나 장기 휴가를 사용해 해외여행을 하기 때문에 여가 생활비가 많이 들지만 두 사람은 인생을 즐기는 게 중요하다고 생각합니다.

B 부부

B는 대형 광고 대행사에서 근무합니다. 아내는 보험 회사에서 파견 사원으로 일합니다. 지금은 맞벌이로 부부 모두 바쁘게 생활하지만, 30대가 되면 아이를 가지기로 계획하고 그때는 아내가 휴직을 하려고 합니다. B도 아이가 태어나면 육아 휴직을 사용해 아내와 함께 육아를 할 계획입니다.

COLUMN

피부양자

국민건강보험법 제5조에 따르면 피부양자는 직장에 다니는 배우자나 자녀, 다른 가족에게 주로 생계를 의존하는 사람을 뜻해요. 영어로는 dependent예요. 이러한 피부양자의 경우 보험료를 내지 않아도 보험 혜택을 받을 수 있습니다.

13 돈보다 중요한 것

돈은 어디까지나 수단이다

3장에서는 우리가 살아가는 데 필요한 돈과 인생의 선택에 따른 비용에 대해 설명했습니다. 이제 마지막으로 중요한 것 두 가지를 이야기해 볼게요.

첫 번째는 여기서 언급한 데이터는 평균을 낸 것이라는 사실입니다. 우리는 여러 뉴스에서 이야기하는 평균값을 자신과 자주 비교하지만, 평균이라는 건 사실 굉장히 위험할 수 있어요. 예를 들어 100명의 평균 연봉을 조사하는데 90명은 연봉이 5,000만 원이고 나머지 10명은 연봉이 10억 원이라면 평균 연봉은 1억 4,500만 원이 됩니다. 이것은 현실을 반영한다고 볼 수 없어요. 큰 숫자가 평균을 끌어올리기 때문에 지나치게 평균을 의식한다면 다시 한번 충분히 생각해 볼 필요가 있습니다.

두 번째는 인생을 살면서 어떤 선택을 할 때

A와 B의 경우

같은 기업에서 근무하는 30대 A와 B는 연봉이 3,800만 원으로 동일합니다. A에게는 파트 타임으로 일하는 아내와 어린 자녀가 하나 있어요. A는 집에 돌아오면 가사와 육아로 시간에 쫓기는 일상을 살고 있습니다. 교육비를 모으기 때문에 자유롭게 쓸 수 있는 돈은 별로 없습니다. 가족과 함께하는 생활에서 행복을 느끼기 때문에 힘들지만 둘째를 낳고 싶어요. 반면 B는 비혼으로, 자신의 취미에 시간과 돈을 쓸 수 있습니다. 연봉이 그다지 높지 않아 연애는 피해 왔어요. 현재의 생활에 불편함은 느끼지 않지만 아이를 좋아하기 때문에 만약 결혼해서 아이가 있다면 어떤 인생을 살게 될지 궁금하기도 합니다.

돈을 첫 번째 조건으로 삼지 않았으면 좋겠다는 것입니다. 하고 싶은 일, 결혼, 내 집 마련 등 자신의 인생에서 꼭 하고 싶은 일이나 원하는 것이 있다면 그 마음을 중요하게 여겼으면 좋겠어요. 돈이 들지 않는 쪽이나 불안이 적은 쪽을 선택하는 삶의 방식은 만족감을 얻기 어렵고, 가장 중요한 인생의 풍요로움을 누리기 어렵습니다.

돈을 버는 건 목적이 될 수 없어요. 돈은 자신의 인생을 만족스럽게 살기 위한 수단입니다. 어떻게 살아야 만족할 수 있을지 생각하는 게 중요하지, 다른 사람과 비교하거나 평균을 신경 쓰는 건 의미가 없어요. 돈에 대해서 알고 어떻게 준비해야 할지 생각하는 건 중요하지만, 불안한 마음에 사로잡혀 원하는 것이나 하고 싶은 일을 필요 이상으로 참는 것은 좋지 않아요.

COLUMN

효용과 기회비용

우리는 돈으로 물건을 사거나 서비스를 이용하면서 자신의 욕망을 채웁니다. 이때 느끼는 만족도를 경제학적으로 '효용'이라고 합니다. 이 효용은 개인에 따라 달라요. 돈을 써서 느끼는 만족도가 높다면 그 돈의 쓰임이 올바르다는 것입니다.

또 한 가지 알아 두면 좋을 경제 개념으로 '기회비용'이 있어요. 기회비용이란 어떤 행동을 함으로써 다른 행동을 포기하는 것입니다. 예를 들어, 학원 수업에 출석하면 친구와 노는 기회를 포기하게 되지요. 어떤 물건을 사면 다른 물건을 살 수 없게 되는 것도 마찬가지입니다. 이렇게 생각해 보니 우리의 평소 행동이나 돈의 쓰임이 굉장히 중요한 것 같지 않나요? 그러니 만족도(효용)가 높은 좋은 선택을 해 봅시다.

C와 D의 경우

프리랜서로 무대 장치 제작 일을 하는 C는 연봉이 3,000만 원 정도지만, 정말 좋아하는 연극과 관련된 일을 하고 있어 행복을 느낍니다. 친구인 D도 예전에는 C와 같은 일을 했지만, 더 안정적으로 수입을 올리고 싶어 IT 회사로 이직해 연봉 5,000만 원을 받게 됐어요. D는 이제 저축도 할 수 있다며 기뻐했지만, 그다지 좋아하지 않는 IT 업무가 점점 버겁게 느껴집니다. 사는 게 쉽지 않다고 말하면서도 항상 활기차게 일하는 C의 모습을 보며 자신의 선택이 옳았는지 생각해 보게 됩니다.

【 한 줄 요약 】

1
생활비는 사는 곳이나 생활 방식에 따라 크게 달라지며, 자신의 수입 안에서 만족스럽게 생활할 수 있도록 주의를 기울여야 한다.

2
생활비는 같이 사는 사람의 수와 연령에 따라 달라진다.

3
임금은 크게 월급과 시급, 성과급 세 가지로 나뉘며 저마다 장단점이 있다.

4
고용은 크게 프리랜서, 정규 고용, 비정규 고용 세 가지로 나눌 수 있다.

5
일하는 형태에 따라 세금과 사회보험료를 납부하는 방법, 부담 비율, 가입할 수 있는 연금에 차이가 있다.

6
인생의 3대 자금은 교육비, 주택 구입비, 노후 생활비이다.

7
국가와 지자치단체 등에서 다양한 학비 지원 제도를 운영하고 있기 때문에 미래 계획에 맞춰 지원을 받을 수 있다.

8
통계상으로 고졸보다 대졸이 수입이 많지만, 대학에 진학한다고 해서 돈을 많이 번다는 보장은 없다.

9
주거 방식으로 매매와 임대가 있으며, 수입이나 가족의 상황에 맞는 방식을 선택해야 한다.

10
노후 자금은 지출을 줄이고 저축을 늘리거나 노후에도 할 수 있는 일을 찾는 방법으로 준비해 나갈 수 있기 때문에 지나치게 불안해할 필요는 없다.

11
직업에 따라 국민연금, 공무원연금, 군인연금, 사학연금에 가입할 수 있으며 수령액은 연금마다 다르다.

12
결혼은 개성과 라이프 스타일이 다른 타인과 같이 사는 것으로 서로 배려하고 맞춰 나가는 것이 중요하다.

13
돈은 인생의 목적이 아닌 인생을 만족스럽게 살기 위한 수단이다.

제 4 장

돈과 잘 사귀는 법

← 오른쪽에서 왼쪽으로 읽어 주세요.
4화
돈과 마음의 상관관계
서점엔 다 가자고 하고, 웬일이래. 무슨 일 있어?

오늘은 아빠와 옆 동네 쇼핑몰에 새로 생긴 서점에 가기로 했다.

저번에 아빠가 새로 생긴 서점에 가고 싶다고 했잖아요? 그래서 같이 가 줄까 해서요.
뭐야, 가 준다니.
후후

사실은 오늘 숙제가 있어요. 참고서도 사야 하고요.
숙제? 수업 전까지 할 수 있겠어?

어려운 숙제는 아니고. 서점에 가서 돈과 관련된 책이 어떤 게 있는지 보고 오면 돼요.
그렇구나.
서점 옆에 카페도 있다고 하니까 거기도 가요!
수업 전까지 시간도 좀 남고
최근에 카페를 같이 하는 서점이 많이 생기네.
케이크 10% 할인 쿠폰도 있어요!
COUPON
10%
오, 야무지네. 우리 딸.
그럼 미호, 네가 사는 거지?
엑.

학문당
꽤 넓네.
그러네요.
A
B

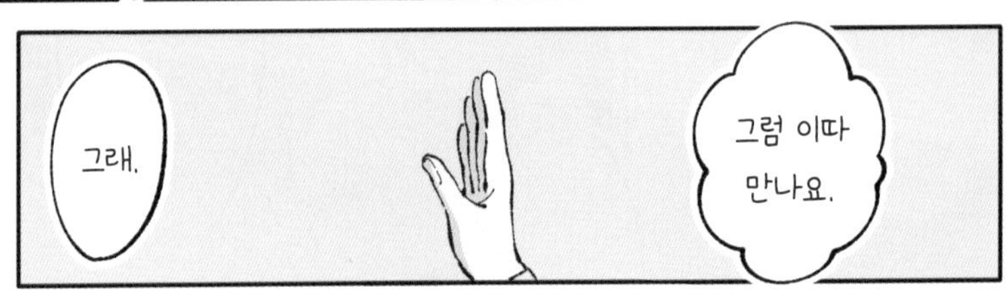
그럼 이따 만나요.
그래.

점장님!
자, 다음은 돈에 관련된 책을 찾아볼까…
참고서
보자… 있다! 이걸로 내일부터 열심히 공부해야지.

점장님, 8번 카운터 고객님 응대 부탁드립니다.
네, 갑니다!

어디 보자,
돈에 관련된
책은….

바빠
보이네.
힘들겠다

엄청 많네.
시작하는
투자
ISA
연금
야무지지 못한 내가
1억 원을
모은 저축법
제대로 알고 싶은
연금
FX
필승법
당신은 어느 쪽?
저축
or
투자

저축, 투자, 보험, 연금… 여러 종류가 있구나.
서서 읽는 사람도 꽤 있네.

다들 돈에 대해서 알고 싶어 하는구나.

20대에
알아 두면 좋은
돈의
중요성

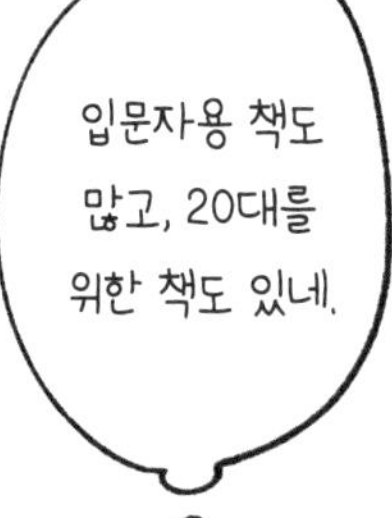
입문자용 책도 많고, 20대를 위한 책도 있네.

아빠다.
어?
50 대부터
회하지 않는
인생
그럼 이제
갈까?
아빠!
어, 볼일은
다 봤어?
탁
네. 참고서도
골랐고 돈에
관련된 책도
찾아봤어요.

CAFE

B

다행이네.
케이크
맛있다~

오늘 서점 와서
보니까 돈에
관련된 책이
많아서 놀랐어요.
그랬구나.

수업이
3시부터
랬나?
네. 여기서
걸어서 15분 정도
걸려요.

그런 건
보통 몇 살부터
공부하는 거예요?
잘그락
흠…
그건 사람에 따라
다르지.

난 20대 땐
잘 몰랐어.
급여명세서 보는 법도
잘 몰랐고….
회사원은 매년
연말 정산이라는 걸
하는데, 왜 하는지도
모르고 회사의
지시대로만 했지.

아빠,
그 정도였어요?
음,
젊은 사람들
대부분이 그럴 거야.
아빠의 명예를 위해서
말해 두지만 아빠만
그랬던 게 아니야

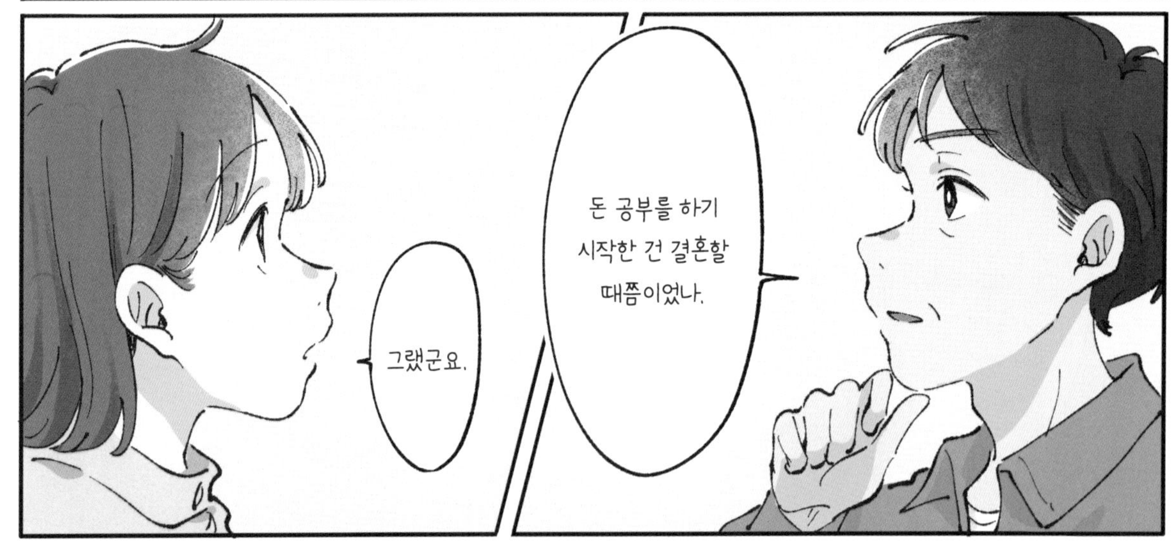
돈 공부를 하기
시작한 건 결혼할
때쯤이었나.
그랬군요.

집을 살 때 돈이 얼마나 필요한지 알아보고 결혼 전까지 얼마를 저축하고
대출금은 매월 얼마를 상환해야 하는지 계산도 해 보고.

네가 태어나고 나서도 여러 가지를 공부했어.

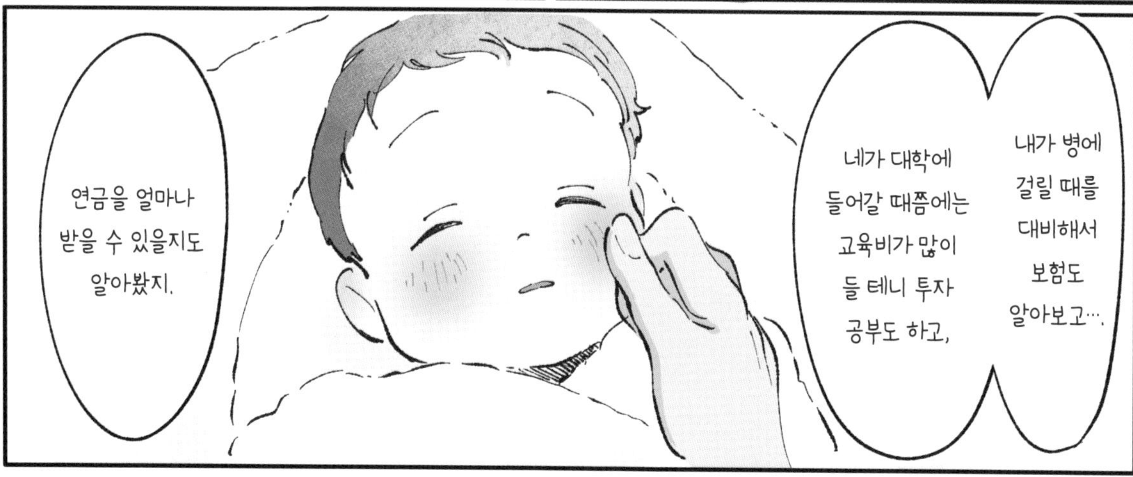
내가 병에 걸릴 때를 대비해서 보험도 알아보고….
네가 대학에 들어갈 때쯤에는 교육비가 많이 들 테니 투자 공부도 하고,
연금을 얼마나 받을 수 있을지도 알아봤지.

응. 다양한 시스템과 제도를 알고 돈과 현명하게 사귀게 되면 불안한 마음이 사라지고 삶이 편해져.
보험이나 투자나 사회 보장 같은 거
교육비, 주택 구입비, 노후 생활비 말이죠?
인생의 3대 자금이라는 걸 직접 준비하고 생각해 보면서 자세히 알게 됐지.

아빠….
그러니까 지금 대학에서 듣는 수업이 중요한 거야.
열심히 들어
네!

아니에요.
왜?
…
아니…

아직은
말할
타이밍이
아니라는
생각이
들어서….
고맙다는
말이
목 끝까지
올라왔지만
그냥 삼켜
버렸다.
저 이제
슬슬 갈게요.
아빠, 참고서만
좀 부탁해요.
그래,
알았어.
내가 아무런
불편함 없이
생활하고
학교에 다니며
웃을 수 있는 건
아빠와 엄마가
열심히 일하고
돈에 대해서
고민한
덕분이다.
하지만
언제까지
어리광만
부릴 수는
없다.
제대로
자립해서
멋진 어른이
되고 싶다.
이런 결심을
마음에 새기게
된 시간이었다.

1

돈의 여섯 가지 기능

돈을 제대로 다루기 위해 필요한 것

돈은 우리 삶에 꼭 필요한 도구입니다. 도구는 그 기능을 잘 이해하면 잘 다룰 수 있어요. 돈을 제대로 다루기 위해서 돈의 여섯 가지 기능에 대해서 알아 둡시다.

먼저 기본적인 세 가지 기능으로 '벌기' '쓰기' '모으기'가 있습니다. 아직 사회에 나가지 않았더라도 이 세 가지에 관해서는 대충이라도 이미지를 떠올릴 수 있겠죠. 아래의 그림처럼 물의 이미지를 떠올려 보세요. 수도꼭지에서 나오는 물은 버는 '수입', 넘치는 물은 쓰는 '지출', 컵에 모인 물은 모으는 '저축'입니다. 여기에서 **무엇보다도 중요한 것은 버는 거예요. 수도꼭지에서 물이 나오지 않으면 모을 수도 없고 쓸 수도 없으니까요. 다음으로 중요한 것은 쓰는 것입니다.** 돈은 가지고 있는 것만으로는 의미가 없고, 써서 다른 것과 교환

해야 의미가 생겨요. 모으는 것은 번 돈과 쓴 돈의 차액을 생각하면 됩니다.

나머지 세 가지 기능은 세금 등을 '내기', 보험에 가입해 만약의 경우를 '대비하기', 투자로 '불리기'입니다. 이 세 가지에 대해서는 어른이라도 잘 모르는 사람이 많지만, 몰라도 사는 데 큰 지장은 없어요. 하지만 제대로 알아 두면 지혜롭게 살 수 있어요. **흘러가는 대로 살다가 나이가 들어 '젊었을 때 보험이나 투자에 대해서 알았다면 좋았을걸'이라고 후회하는 일은 없어야 합니다.**

4장에서는 이 여섯 가지 기능 중 '모으기' '내기' '대비하기' '불리기'에 대해서 자세하게 살펴보겠습니다(나머지 기능은 6장에서 설명할게요). 자신의 인생 설계에 도움이 되도록 각각의 기능에 대해 잘 이해해 두도록 합시다.

2

돈을 얼마나 모아야 할까?

목적에 맞게 저축하기

이 장에서는 돈을 모으는 것에 대해서 이야기하겠지만, 돈을 쓰면서 느끼는 만족감을 잊어서는 안 돼요. 돈을 모으기만 하면 인생이 즐겁지 않거든요. 그러니 무엇에 쓰기 위해 얼마나 저축할지 목표를 세우도록 합시다.

일을 시작하고 수입이 생기면 돈을 자유롭게 쓸 수 있습니다. 매일 건강하게 일할 수 있다면 좋겠지만 사고나 질병 등으로 일을 못 하게 될 가능성도 있어요. 이런 경우에 대비하기 위해 **자신의 1년치 연봉 정도를 저축해 두면 좋아요. 월급(실수령액)의 약 20%를 저축하면 5년 후 1년치 연봉을 모을 수 있습니다.**

결혼, 출산, 육아, 내 집 마련 등 인생의 중요한 이벤트에는 돈이 필요해요.

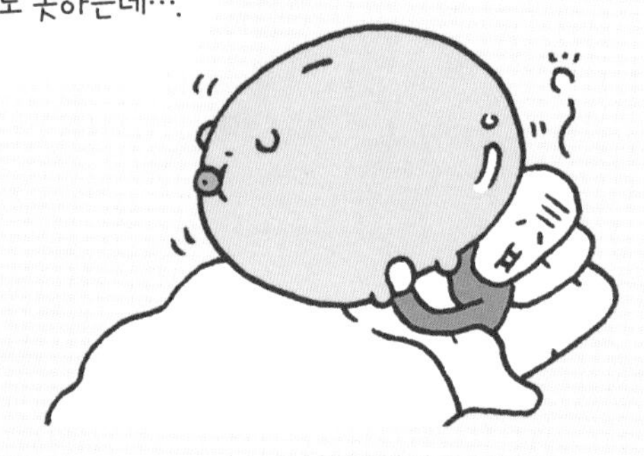

1년치 연봉을 모으려면…

예를 들어

1년치 연봉을 5년 안에 모은다

월급이 200만 원인 사람이 1년치 연봉인 2,400만 원을 5년 안에 모은다고 해 봅시다.

월급		연봉
200만 원	=	2,400만 원

매월 40만 원씩 모으면 5년 안에 1년치 연봉을 모을 수 있다

40 만 원 × 12 개월 × 5 년 = 2,400 만 원

10년 동안 계속하면…

매매 계약금 4,800만 원이 모인다

자동차 구입비 2,400만 원이 모인다

저축은

월급의 20%가 적정선입니다

목적 없이 막연하게 저축만 하거나 돈을 쓰지 않는 게 목적이 되면 인생이 지루해져요. 돈을 많이 모아도 죽은 후에는 쓸 수 없다는 사실을 기억합시다.

가계의 변화에 따라 저축도 변한다

일을 막 시작했을 때는 수입은 낮지만 오락이나 레저 비용 등의 지출이 많아 저축액이 적은 경향이 있습니다.

육아를 하는 세대로 교육비나 주거비 부담이 큰 시기입니다. 나이가 들면서 수입이 늘어도 저축액이 늘어나기 어렵습니다.

60대가 저축액이 가장 높습니다. 육아가 일단락돼 가계에 여유가 생기는 데다 60대에 퇴직금을 받는 것도 저축액이 많은 이유 중 하나입니다.

이런 계획이 있다면 1년치 연봉보다 조금 더 저축하거나 투자로 돈을 불릴 필요가 있겠네요. 아래 그래프는 세대별 금융자산을 나타낸 것입니다.

이 결과는 어디까지나 평균값으로, 이 액수보다 많다고 해서 준비가 완벽한 것도 아니고 적다고 해서 준비가 부족한 것도 아니에요. 중요한 건 자신의 생활 수준에 맞게 앞으로 필요한 자금 목표를 세우고 그 목표를 이루기 위해 저축하는 습관을 기르는 거랍니다.

한국 가구 경제 상황

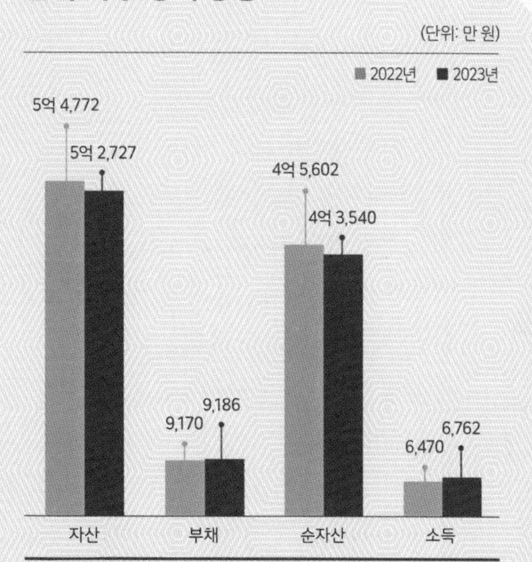

* 출처: 통계청

3

돈을 모으려면 어떻게 해야 할까?

가계 수지 점검하기

돈을 모으려면 일단 가계 수지(일정 기간 한 가정의 수입과 지출을 집계한 것)부터 파악해야 해요. 수입과 지출을 확실하게 파악한 다음 매월 버는 돈에서 얼마나 남길 수 있을지 아는 것부터 시작합니다.

오른쪽 그래프는 일하는 1인 이상 가구의 월평균 가계 수지입니다. 수입이 있으면 세금이나 사회보험료 등 국가에 납부해야 하는 돈이 생기죠. 이러한 돈은 자유롭게 쓸 수 없기 때문에 '비소비 지출'이라고 합니다. 수입에서 이것을 뺀 돈이 '처분 가능 소득'입니다. 이 돈으로 생활해야 하는데, 그래프를 보면 소비 지출 내역에 식료품이나 주거, 교통 등 다양한 항목이 있어요.

그래프에서는 약 155만 원이 흑자로 돼 있지만 이 데이터는 어디까지나 평균이기 때문에 이 정도로 흑자가 발생하지 않는 사람도 많아요. **좀처럼 돈이 모이지 않는 사람은 매월 필요한 비용을 점검하는 게 좋습니다.**

주거비, 통신비, 수도·광열비 등 매월 거의 비슷한 지출 항목을 '고정비'라고 해요. 집세가 저렴한 곳에

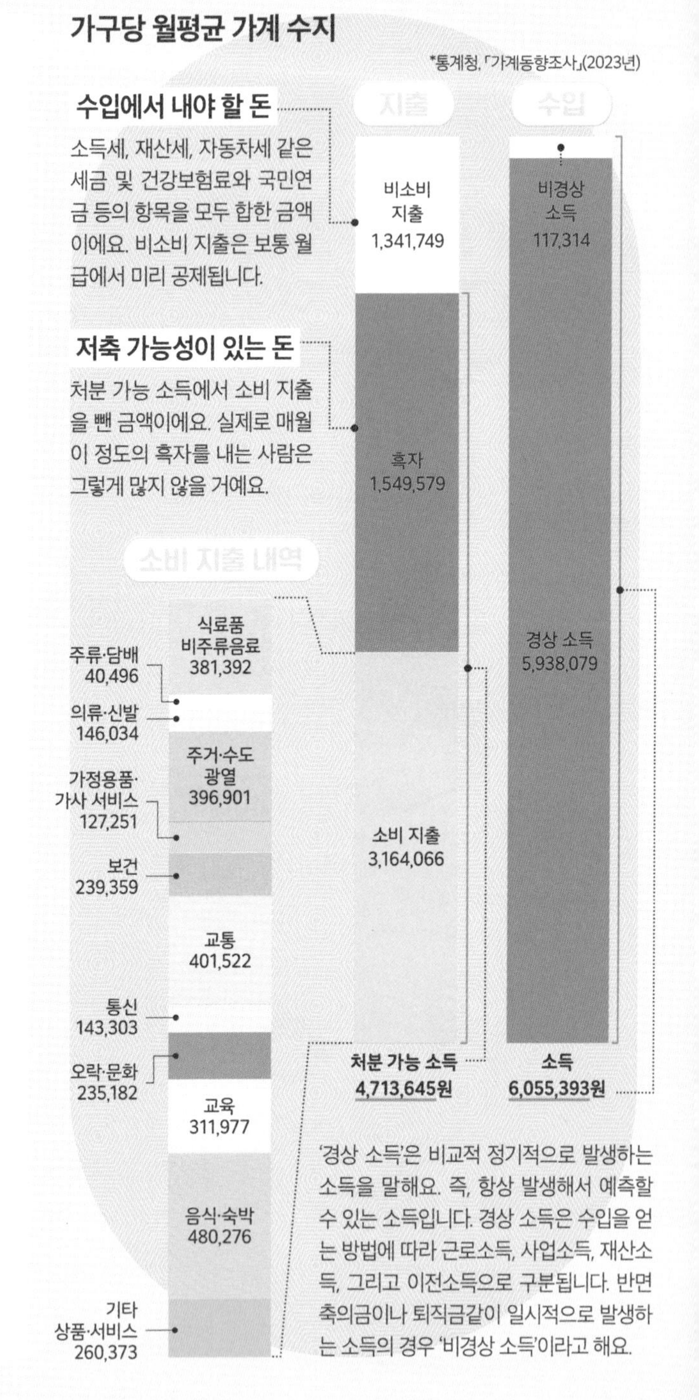

수입과 지출 파악하기

직장인이라면 수입은 급여명세서를 보면 알 수 있어요. 그 이외의 사람은 연간 수입을 12로 나눠서 월별 수입을 파악합니다. 지출의 일반적인 사용처는 다음과 같습니다.

고정비	매월 정기적으로 드는 비용
주거비	월세, 주택담보대출 상환금 등
수도·광열비	수도, 전기, 가스 요금 등
통신비	휴대폰 요금, 인터넷 요금 등
보험료	생명보험, 실손의료보험 등
자동차 관련 비용	자동차 할부금 등

변동비	매월 생활에 따라 변동하는 비용
식비	식재료비, 외식비 등
생필품비	치약, 샴푸, 화장지 구입비 등
의류비	옷, 신발, 액세서리 구입비 등
미용비	이발비, 화장품 구입비 등
교제비	친목 활동비, 생일 선물비 등
취미비	도서 구입비, 영화 티켓 구입비 등
교통비	지하철·버스 요금, 주유비 등
교육비	자녀 학원비·교재비 등
의료비	통원비, 입원비, 약제비 등
기타	위 항목에 해당되지 않는 비용

수입과 지출 점검하고 개선하기

물건 구매 내역 확인

지나치게 절약할 필요는 없지만 불필요한 물건을 사지 않았는지, 충동 구매를 하지 않았는지 확인합니다.

고정비 확인

월세나 주택담보대출은 큰 지출인데, 월급의 3분의 1 이하가 이상적이에요. 통신비 등은 계약 조건이나 사용 내역을 다시 살펴보고 합리적인 요금을 선택합니다.

저축 방법 고민

월급이 입금되면 제일 먼저 저축을 합니다. 그러면 일정 금액을 안정적으로 모을 수 있어요. 남은 돈으로 생활한다고 정해 버리면 마음이 편해집니다.

살거나 요금제가 저렴한 통신 서비스를 이용하면 고정비를 줄일 수 있어요. 일상생활에서 나가는 지출을 확인하고 싶다면 가계부를 쓰는 게 좋아요. 영수증을 받아 월말에 자신이 사용한 돈을 확인하고 가계부에 적습니다. 스마트폰에서 간편하게 관리할 수 있는 앱도 있으니 사용해 보세요.

무조건 절약해서 돈을 모으는 것만이 답은 아니에요. 자신이 어디에 얼마나 쓰고 있는지 파악해 무의식적인 낭비를 줄인다면 무리 없이 돈을 모을 수 있습니다.

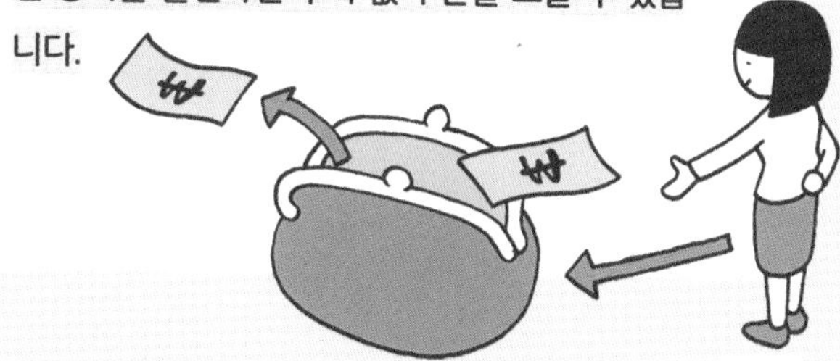

4

돈이 모이지 않는 사람의 특징

일상생활을 돌아보자

수입이 많지 않으면 돈을 모을 수 없다고 생각하는 사람이 많습니다. 물론 수입을 늘리는 게 돈을 모으는 하나의 방법인 건 맞아요. 그런데 수입이 괜찮은데도 저축을 하나도 못 하는 사람이 있어요. 이런 사람들은 어떤 사람일까요? 이들의 특징에 대해서 살펴볼게요.

아래의 5가지 유형에 속하는 사람들의 공통점은 **지출을 신경 쓰지 않는다는 거예요.** 세상의 돈을 순환시킨다는 점에서는 고마운 일이지만 나중에 수중에 돈 없어서 난감한 상황은 만들지 말아야겠지요.

신용카드는 수중에 현금이 없어도 지출을

낭비벽이 있는 사람

쇼핑으로 스트레스를 해소하는 사람입니다. 쇼핑이 목적이기 때문에 비슷한 걸 가지고 있어도 또 삽니다. 필요한 소비는 해야 하지만, 낭비가 버릇이 되면 안 됩니다.

호화로운 생활을 추구하는 사람

많이 벌지만 번 만큼 쓰면서 생활 수준을 점점 올리는 사람입니다. 비싼 월세를 내고 살거나 고가의 귀금속을 사는 등 생활 수준을 한 번 올리면 다시 내리기가 어려워요. 씀씀이가 헤퍼지면 되돌리기 힘들고 돈에 휘둘리게 됩니다.

씀씀이를 체크하지 않는 사람

돈이 모이지 않는다고 느끼지만 귀찮아서 자신의 씀씀이를 되돌아보지 않는 사람입니다. 이렇게 되면 아무리 시간이 지나도 돈이 모이지 않아요. 어디에 돈을 썼는지 확인하고 반성하는 것도 중요합니다.

구독 10개

배달 20건

할 수 있기 때문에 편리합니다. 사용하면 포인트가 쌓이는 등 혜택도 다양하죠. 하지만 신용카드 결제 금액은 미래의 나의 빚입니다. 카드 값을 여러 번에 나누어 결제하는 리볼빙 방식은 이자가 붙기 때문에 불필요한 비용이 나가게 돼요. 그러니 이자가 붙지 않는 일시불로 결제하려면 예금 계좌에 어느 정도 돈을 모아 둘 필요가 있습니다.

현금 서비스나 카드론은 은행이나 금융 회사가 제공하는 서비스인데, 이것을 이용하면 확실하게 빚을 지고 말아요. 금리도 높기 때문에 손을 대지 않는 편이 좋습니다. 금리가 높은 대출이 생기면 이제까지의 노력과 고생이 헛수고가 될 수 있으니까요.

열심히 번 돈은 자신을 위해 의미 있게 사용해야 합니다. 그러니 낭비하거나 나중에 자신을 궁지에 몰아넣을 지출을 절대 하지 맙시다.

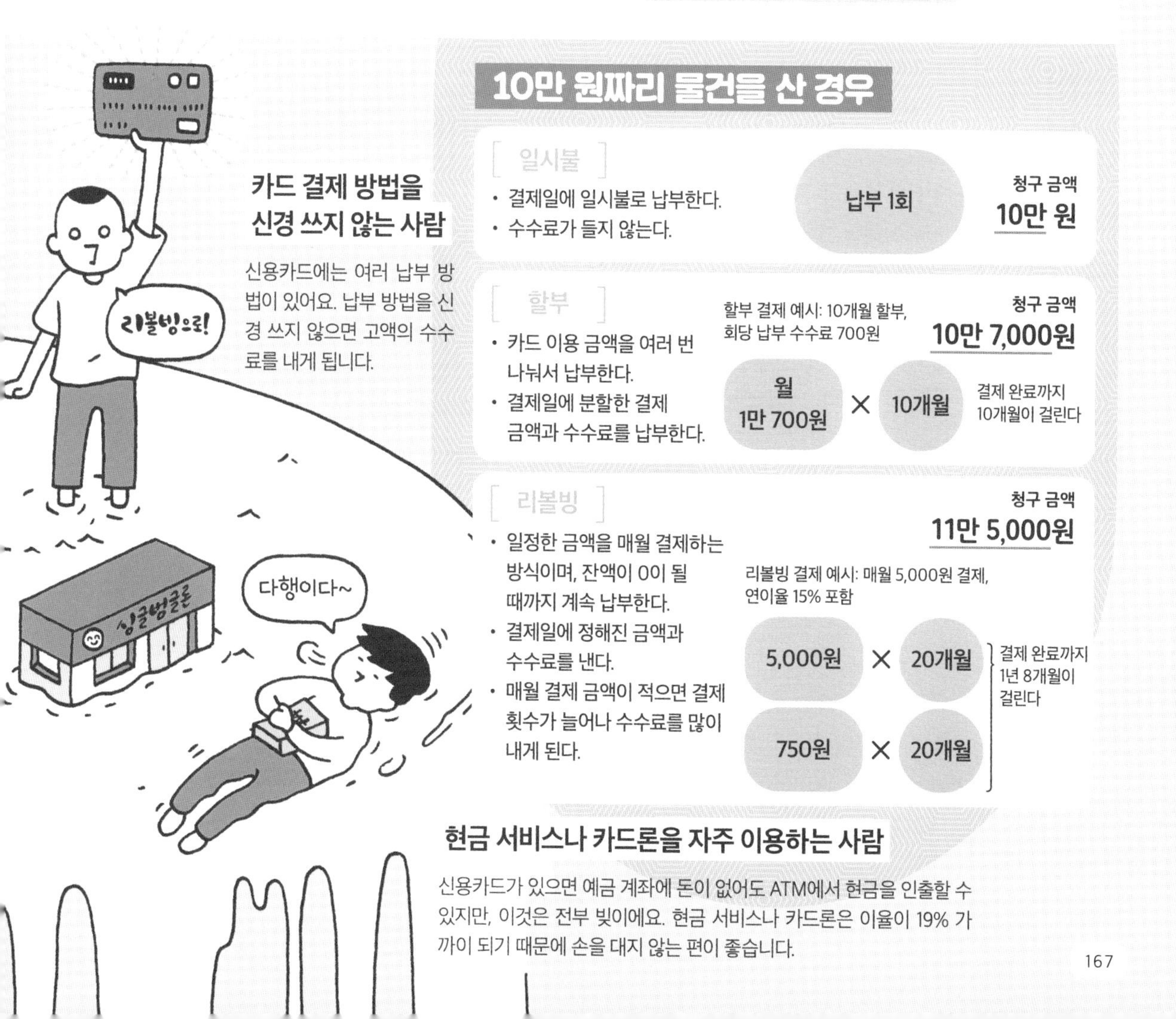

카드 결제 방법을 신경 쓰지 않는 사람

신용카드에는 여러 납부 방법이 있어요. 납부 방법을 신경 쓰지 않으면 고액의 수수료를 내게 됩니다.

현금 서비스나 카드론을 자주 이용하는 사람

신용카드가 있으면 예금 계좌에 돈이 없어도 ATM에서 현금을 인출할 수 있지만, 이것은 전부 빚이에요. 현금 서비스나 카드론은 이율이 19% 가까이 되기 때문에 손을 대지 않는 편이 좋습니다.

5

돈의 무서움을 알자

쉽고 재미있는 것을 경계하기

콘텐츠분쟁조정위원회가 발표한 사례집에 따르면 청소년의 콘텐츠 결제로 인한 분쟁 조정 신청 건수는 2018년 727건에서 2020년 2,152건으로 크게 증가했다고 합니다.

부모의 스마트폰이나 신용카드로 게임 아이템을 100만 원 넘게 결제해 환불 논란이 일어난 것을 뉴스에서 본 적이 있을 거예요. 아이템과 게임에 대한 자신의 욕망을 제어하지 못해 일어난 문제입니다. 인간은 욕망에 사로잡혀 허우적대기 쉬운 존재입니다.

이것은 어쩌면 도박에 빠지는 것과 비슷할지도 몰라요. '다음에는 이길 것 같아' '크게 이겨서 한몫 챙겨야지'라는 마음에 사로잡혀 큰 손해를 입고 후회하게 되죠. 과도한 게임 결제도, 도박도 '설레는 마음'을 위해 돈을 쓰는 것입니다. 하지만 얻는 것보다 잃는 게 더 많아요. 그러니 게임에 돈을 지나치게 쓰지 않도록 합시다. 복권도 마찬가지예요. 사면 마음이 설레지만, 당첨될 가능성은 도박보다 더 낮기 때문에 소소하게 재미로 사는 것이 좋아요.

무조건 돈을 벌 수 있다는 달콤한 이야기에 넘어가는 것도 인간이 약하기 때문입니다. 편하게 돈을 벌 수 있는 일은 세상에 없습니다. 그런데 세상에는 이런 마음을 이용하려는 사람들이 정말 많아요.

복권 당첨금은 수익의 약 절반

복권 당첨자에게 주는 당첨금은 수익의 약 절반으로 나머지는 복권 사업의 기금으로 쓰입니다.

고액의 당첨자 대부분은 파산?!

당첨자가 모두 그렇게 되는 건 아니지만 거액의 돈을 한 번에 받으면 일하는 게 바보같이 느껴지기도 합니다. 그래서 일을 그만두고 돈을 마구 쓰다가 얼마 지나지 않아 빚을 지게 되는 경우도 있습니다.

과도한 게임 결제는 NG

게임을 다운로드해서 즐기는 건 무료여도 일정한 횟수를 넘어서 계속하거나 좋은 아이템을 가지려면 유료인 경우가 대부분입니다. 이런 결제는 신용카드나 스마트폰으로 간편하게 진행할 수 있기 때문에 절제가 필요합니다.

도박은 오락으로 즐기는 것

한국에는 경마와 같이 법으로 허락된 도박이 있어요. 돈을 걸고 경기를 관전하며 당첨될지도 모른다는 설렘을 즐기는 건 좋지만, 이런 경기는 주최자가 반드시 돈을 벌게 되는 시스템입니다. 도박 중독에 빠지면, 돈을 벌 거라고 기대해 큰돈을 쏟아부어 파산하거나 가정이 붕괴될 수도 있습니다.

쉽게 돈을 벌 수 있다는 달콤한 이야기는 확실하게 거절하기

이율이 높다며 투자를 권유하거나 다른 사람을 소개해 주면 보수를 지급해 준다며 무조건 돈을 벌 수 있다는 달콤한 이야기로 유혹하는 사람들이 있습니다. 좋은 기회라고 믿고 사람을 소개하다가는 피해자에서 가해자가 되기도 해요. 명심하세요. 세상에 쉽게 돈을 벌 수 있는 일 같은 것은 없습니다.

6

사기, 어떻게 대처해야 할까?

사람들에게 큰 피해를 입히는 사기

앞에서 쉽고 재미있는 것에 빠졌을 때 발생할 수 있는 돈 문제를 소개했는데, **평범하게 살아도 돈 문제에 휘말리는 경우가 있어요.** 이번에는 그 예시와 대처법을 설명해 볼게요.

스미싱(결제 사기)

문자 메시지(SMS)와 개인정보 탈취(Phishing)의 합성어로, 문자 메시지나 이메일 등으로 온 웹 사이트 주소를 클릭하면 악성 코드가 자동으로 깔리며 결제가 발생하는 사기 수법입니다.

카드 분실

신용카드를 분실하면 다른 사람이 사용할 가능성이 있어요. 바로 카드 회사에 연락해 분실 신고를 접수합니다.

불법 카드 복제

불법 카드 복제기로 카드 정보를 빼내 복제 카드를 만드는 범죄입니다. 카드 자체를 훔치는 게 아니기 때문에 피해를 알아채기 어려워요. 그러니 카드 이용 내역을 잘 체크해야 합니다.

연대보증

채무자가 빚을 갚지 못할 경우 대신 갚겠다고 약속하는 것을 뜻해요. 가족이나 친구에게 부탁을 받아도 자신에게 갚을 능력이 없을 경우 연대보증인이 되는 것은 피해야 합니다.

피싱 사기

개인정보(Private Data)와 낚시(fishing)의 합성어(Phishing)로, 금융 기관 등에서 불법적으로 알아낸 개인 정보를 이용한 사기 수법이에요.

악덕 상술·사기

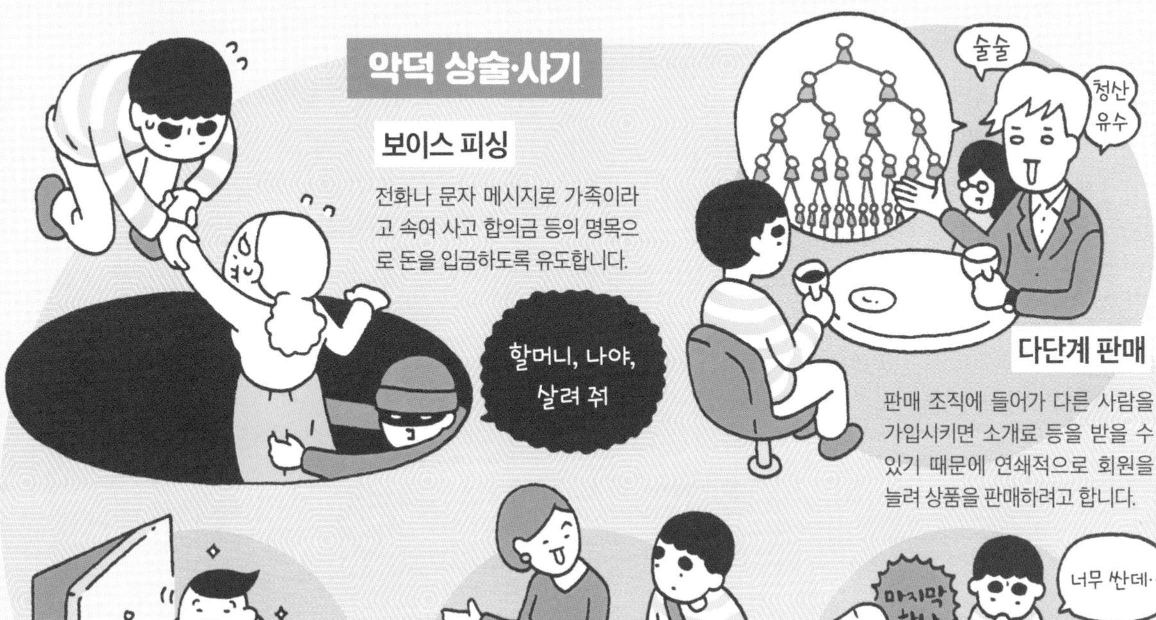

보이스 피싱

전화나 문자 메시지로 가족이라고 속여 사고 합의금 등의 명목으로 돈을 입금하도록 유도합니다.

다단계 판매

판매 조직에 들어가 다른 사람을 가입시키면 소개료 등을 받을 수 있기 때문에 연쇄적으로 회원을 늘려 상품을 판매하려고 합니다.

방문 판매

판매원이 가정이나 직장 등을 돌아다니며 상품을 판매합니다. 모든 방문 판매가 사기인 것은 아니지만, 많은 사기업체들이 이런 방식으로 소비자를 현혹합니다.

캐치 세일즈

판매 목적을 숨기고 설문 조사나 사은품 제공 등을 빙자해 사람들의 관심과 흥미를 불러일으켜 상품을 파는 방식입니다.

인터넷 쇼핑 사기

돈만 입금받고 상품을 보내지 않는 사기입니다. 상품이 다른 곳보다 매우 저렴하고 현금 결제를 유도하는 사이트는 사기일 가능성이 높습니다.

혹시 피해를 입었다면

한국소비자원(kca.go.kr)은 소비자들의 권익을 보호하기 위해 설립된 공정거래위원회 소속 기관이에요. 피해 구제를 신청하거나 상담을 요청할 수 있습니다.

보이스 피싱 신고하기

보이스 피싱을 당했을 때 경찰에 신고해야 할지 은행에 신고해야 할지 몰라 우왕좌왕하기도 하는데요. 2023년부터는 112에 신고만 하면 사건 접수뿐만 아니라 악성 앱 차단과 피해 구제 등을 한 번에 해결할 수 있어요.

7 세금의 종류

국민은 세금을 납부하고, 세금은 국민을 위해서 쓴다

세금을 납부하는 것, 즉 납세는 국민의 3대 의무 중 하나입니다. 우리가 살아가는 데는 경찰이나 소방 또는 학교, 공원, 도로 등 이익 창출이 목적이 아닌 다양한 일과 시설이 필요합니다. 그 비용을 마련하기 위해 우리는 국가나 지방자치단체에 세금을 납부합니다.

세금에는 여러 종류가 있어요. 납부하는 곳을 기준으로 분류하면 국가에 납부하는 세금을 '국세' 지방자치단체에 납부하는 세금을 '지방세'라고 하며, 지방세는 '도세'와 '시군세'로 나눌 수 있답니다. 납부 방법은 크게 두 가지예요. **국가가 납세 의무자에게 세금**

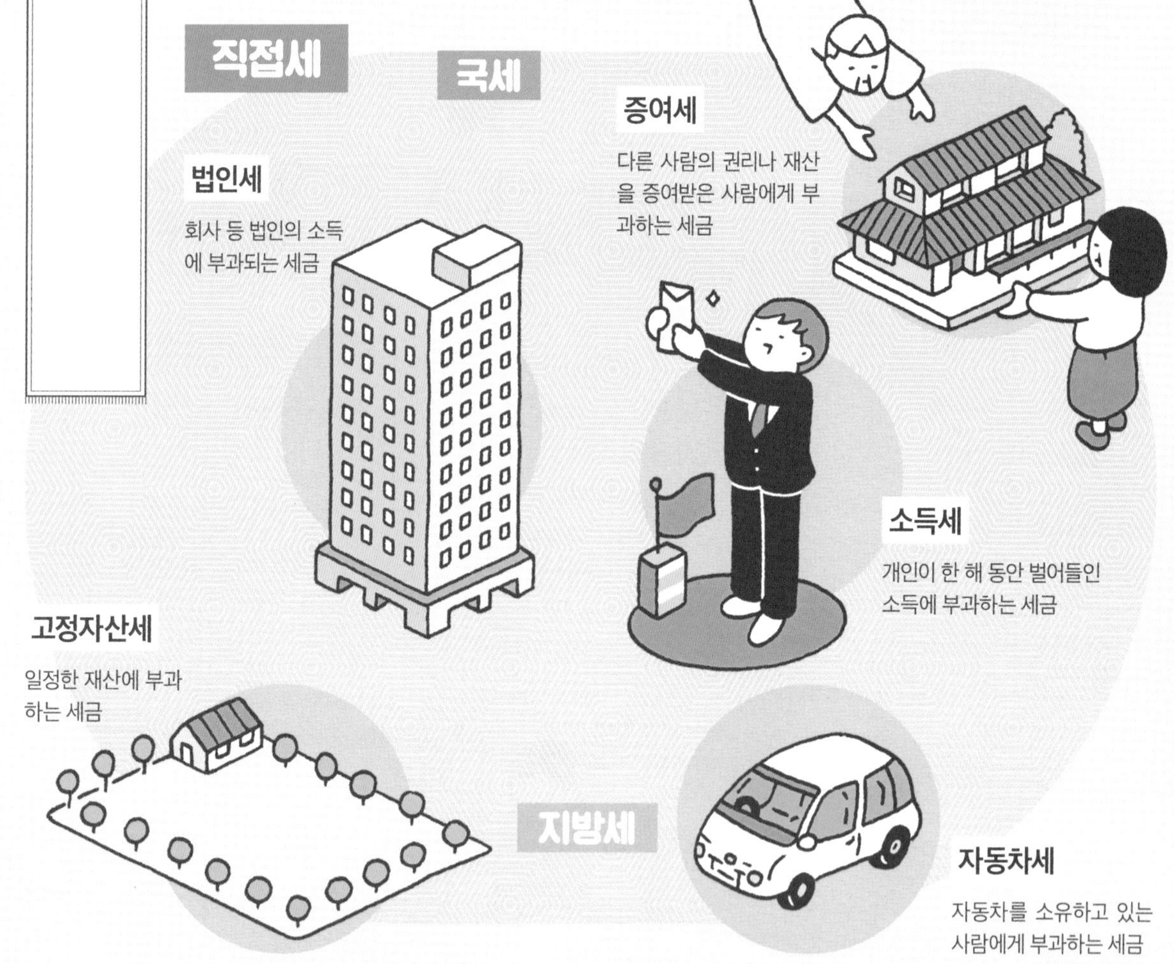

을 직접 부여하는 '직접세'와 세금을 납부하는 사람과 실제로 부담하는 사람이 다른 '간접세'가 있어요.

대표적인 직접세로 '소득세'가 있는데, 개인이 한 해 동안 벌어들인 돈에 매기는 세금이에요. 소득이 많을수록 세금 비율이 높은 누진세를 적용합니다. **납부한 세금은 공공서비스나 사회 보장 제도 등에 사용되기 때문에 경제적으로 부유한 사람이나 기업이 빈곤한 사람들의 생활을 지원하는 '소득의 재분배'가 이루어져요.** 간접세의 대표적인 예로 '소비세'가 있는데, 재화나 서비스를 소비한 소비자에게 부여하는 세금이에요. 소득의 높고 낮음에 관계없이 같은 소비를 했다면 동일한 비율의 세금을 부담합니다.

8

급여명세서 보는 방법

급여명세서에는 여러 정보가 들어 있다

수입이 생기면 소득세와 주민세 등을 납부해야 해요. 회사원일 경우 내야 할 세금과 사회보험료가 급여에서 미리 차감되는데요. 회사가 대신 납부해 주기 때문이에요. 개인 사업자나 프리랜서 등의 경우 매년 5월까지 국세청 홈택스에서 종합 소득세 확정 신고를 해야 해요. 세금과 사회보험료는 신고 내용을 바탕으로 계산된답니다. 지금부터는 회사원이 매월 받는 급여명세서 예시를 보면서 어느 정도의 돈을 납부하는지 살펴볼게요.

급여명세서에는 지급 내역과 공제 내역이 쓰여 있습니다. 명세서에

지급되는 임금

기본급

급여의 기본이 되는 임금. 회사가 정한 기준으로 지급됩니다.

시간 외 수당 · 야간 근로 수당 · 휴일 근로 수당

시간 외 수당은 이른바 잔업비로 근로 시간 이외의 근로에 대한 할증 임금입니다. 야간이나 휴일 근로의 경우도 마찬가지지만, 할증률이 달라요.

지급: 회사에서 지급하는 돈입니다. 기본급과 함께 시간 외 수당이나 회사에 따라 정해진 수당의 상세 내역이 쓰여 있어요.

공제: 급여에서 공제되는 돈입니다. 공제되는 세금과 사회보험료의 상세 내역이 쓰여 있어요.

지급	기본급	시간 외 수당	야간 근로 수당	휴일 근로 수당
	2,510,550	200,000	100,000	
공제	국민연금	건강보험	고용보험	장기 요양보험
	130,450	103,170	24,110	13,210

공제되는 4대 보험료

국민연금

정부가 직접 운영하는 공적 연금 제도로, 18세 이상 60세 미만 국내 거주 국민이 대상입니다.

건강보험

질병이나 부상 등에 대비하는 사회 보장 제도예요.

고용보험

실직했을 경우 생활의 안정을 위해 일정 기간 동안 급여를 지급하는 실업 급여 사업과 함께 재취업과 직업 능력 개발 등을 돕는 것을 목적으로 하는 사회보험이에요.

장기요양보험

노인성 질병으로 거동이 많이 불편해 요양 보호가 필요하게 됐을 때 장기 요양 서비스를 제공하는 사회 보장 제도예요.

안내된 대로 지급 총액에서 각종 세금과 보험 등의 공제 총액을 뺀 차인지급액이 계좌로 입금돼요. 급여명세서 발급은 회사의 의무이기도 합니다. 그리고 1년에 몇 회 혹은 회사의 실적이나 사원의 근무 성과에 따라 상여금을 지급하는 경우도 있어요. 이 상여금에서도 세금과 사회보험료가 공제됩니다.

이외에도 급여명세서에는 급여 계산의 기준이 되는 근로일 수, 야간 근로 시간 등을 기록하는 '근태'라는 칸도 있어요. **급여를 받게 되면 계좌를 확인하는 것을 넘어 시간 외 근무 시간 등이 제대로 계산됐는지, 자신이 얼마를 받고 세금을 어느 정도 내는지 급여명세서를 확인하는 습관을 길러야 합니다.**

지급되는 수당

주택비를 보조해 주는 '주택 수당', 가족이 있는 경우에 지급되는 '가족 수당', 통근에 드는 교통비를 보조해 주는 '통근 수당' 등 회사에 따라 정해진 수당이 지급되는 경우도 있어요.

주택 수당	가족 수당	통근 수당	지급 총액	
150,000	0	100,000	3,060,550	
소득세	지방소득세		공제 총액	차인지급액
6,620	660		278,220	2,782,330

지급 총액에서 공제 총액을 뺀 차인지급액이 계좌로 들어오는 돈이에요. 이것이 이른바 '실수령액'입니다.

공제되는 세금

소득세

1년간 받은 급여 액수에 따라 내는 금액이 결정됩니다. 회사원의 매월 급여명세서에 찍히는 소득세는 회사가 대략적인 액수를 계산해 공제한 거예요. 이를 '원천 징수'라고 합니다.

지방소득세

납세 의무가 있는 개인과 법인이 소득에 따라 납부해야 하는 지방세예요.

9

세금의 규칙

세금은 모두가 평등하게 부담하도록 설정돼 있다

납세는 수입이 있는 사람의 의무이기 때문에 노동자라면 모두 이해하고 있어야 해요. 하지만 계산 방법이 복잡하고 '공제'나 '원천 징수' 등 익숙하지 않은 용어가 사용되기 때문에 어른도 제대로 알지 못하는 경우가 많답니다. 여기서는 회사원으로 일하는 경우의 세금 규칙을 중심으로 설명해 볼게요. 나중에 사회에 나가서 곤란한 일이 없도록 대략적인 계산 방법과 용어를 이해해 둡시다.

세액은 세금의 액수로, 과세 표준(세금을 부과하는 기준)에 따라 세율로 계산합니다. 수입이란 회사에서 지급하는 수당을 포함한 급여를 말해요. 상여금을 포함한 1년간의 수입을 '총급여액'이라고 합니다. 이 총급여액에서 근로 소득 공제를 뺀 금액이 소득이 돼요. 급여 외에 다른 소득이 없다면 여기에서 소득 공제액을 뺀 게 과세 소득이 되는데, 이는 세금 징수의 대상이 되는 금액이에요.

'공제'라는 말이 자주 등장하는데, 이것은 뺀다는 뜻입니다. 자신의 수중에 남은 돈이 줄어드는 공제는 반갑지 않지만, 과세 소득을 줄이는 공제는 고맙게 느껴진답니다. 뺀다는 의미는 같지만 어디에서 빼느냐에 따라 개념이 달라져요.

공제는 손해일까? 이득일까?

공제는 뺀다는 뜻이에요. 소득에서 빼는지 과세 소득에서 빼는지에 따라 같은 말이라도 이익이 되기도 하고 손해가 되기도 합니다.

급여명세서의 공제

회사에서 지급하는 돈에서 제하는 사회보험료와 세금 등의 금액입니다.

세금 계산의 공제

세금을 계산할 때 제하는 금액으로, 공제되면 부과되는 세금이 줄어들어요.

세액은 납세자들이 가능한 한 평등하게 부담하도록 세액 계산이 세세하게 설정돼 있어요. 그래서 어려운 부분이 많지만 여기에서 설명한 내용은 되도록 사회에 나가기 전까지 이해해 둡시다.

세금 계산에서는 수입과 소득을 구별해서 쓴다

근로 소득 공제

노동자에게 적용되는 공제로, 단계에 따라 일정액을 공제해요.

소득 공제

총소득액에서 일정 금액을 공제해요. 소득이 줄어드니 소득세도 줄어듭니다. 이외에도 여러 공제가 있으며, 특정 상황이 적용되는 사람은 연말 정산을 할 때 신고합니다. 평소에 지출하는 비용이 많은 사람의 과세를 줄이기 위한 시스템이랍니다.

소득에서 소득 공제액을 뺀 금액이에요. 과세 소득이 높으면 세금도 높아집니다.

총급여액에서 근로 소득 공제를 뺀 금액이에요.

수입(총급여액)

회사에서 지급하는 각종 수당이 포함된 지급의 총액이에요. 세금과 4대 보험 등이 공제되기 전의 금액입니다.

연말 정산

소득세는 매월 원천 징수(회사에서 공제)되지만, 이것은 대략적인 금액이에요. 정확한 소득세를 계산하기 위해 개개인마다 소득 공제를 신고하는 게 바로 연말 정산입니다. 신용카드 및 체크카드 사용 금액, 의료비, 월세액 등의 항목이 있으며, 해당 항목이 있다면 신고합니다.

원천 징수 영수증

연말 정산이 끝나면 회사에서 원천 징수 영수증을 발급합니다. 이 서류에는 총급여액, 비과세 및 감면 소득 명세, 세액 명세 등이 자세하게 쓰여 있어요.

소득세 계산식

과세 소득 금액에 따라 세율과 공제액이 단계별로 정해져 있어요.

과세 표준 × 해당 세율 − 누진 공제액

과세 표준 구간	세율	누진 공제
1,400만 원 이하	6%	-
1,400만 원 초과 5,000만 원 이하	15%	126만 원
5,000만 원 초과 8,800만 원 이하	24%	576만 원
8,800만 원 초과 1억 5,000만 원 이하	35%	1,544만 원
1억 5,000만 원 초과 3억 원 이하	38%	1,994만 원
3억 원 초과 5억 원 이하	40%	2,594만 원
5억 원 초과 10억 원 이하	42%	3,594만 원
10억 원 초과	45%	6,594만 원

10

보험의 구조

보험은 서로를 지원하는 커다란 원

TV에서 암 보험이나 입원 보험 광고를 본 적이 있을 거예요. 보험은 많은 사람에게 보험료를 받아 그 일부를 필요한 사람에게 보험료로 건네 지원하는 구조로 돼 있어요. 이렇게 서로 돕는 원 안으로 들어가기 위해 사람들은 매달 보험료를 보험 회사에 냅니다.

보험과 저축을 비교하는 말로 '저축은 삼각, 보험은 사각'이 있어요. 179쪽의 그림처럼 세로축을 금액, 가로축을 시간이라고 하면 저축은 조금씩 적립돼 삼각형 모양이 되는 데 비해 보험은 계약과 동시에 필요한 돈이 준비되기 때문에 사각형이 됩니다. **저축은 스스로 조**

보험의 구조

가입자가 보험료를 낸다

가입자가 낸 보험료는 사고 등을 당해서 돈이 필요한 사람에게 지급되는 보험금의 자금이 됩니다.

많음
사람 수

적음
사람 수

보험료

운용

보험금

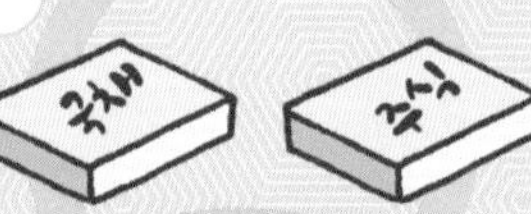

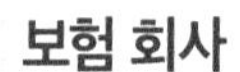

보험 회사

보험 회사는 모은 보험료를 은행에 맡기기만 하지 않아요. 국채나 주식 등에 투자하고 운용해서 이자나 배당 등의 이익을 얻어 돈을 불립니다.

보험금 수령

만일의 경우가 실제로 발생한 사람에게 보험금을 지급합니다. 많은 사람에게서 모은 보험료로 고액의 보험금도 지급할 수 있어요.

금씩 하는 것이지만 보험은 많은 사람이 함께 돈을 모으기 때문에 가입돼 있으면 필요할 때 필요한 금액을 바로 받을 수 있는 이점이 있어요.

보험 회사는 금융 기관이기 때문에 모은 돈을 운용해 불립니다. 보험에 가입한 사람들 가운데 사고를 당하거나 아픈 사람 등의 비율은 아주 낮기 때문에 필요로 하는 사람에게 비교적 많은 돈을 줄 수 있답니다.

보험에는 돈을 돌려받을 수 없는 '순수보장형'과 만기가 되면 돈을 돌려받을 수 있는 '만기환급형'이 있습니다. **보험의 본질은 만일의 경우에 대비해 '안심'을 사는 것**이기 때문에 순수보장형 보험은 본질에 가까워요. 만기환급형 보험은 저축이나 투자에 더 가깝지요. 돈을 돌려받을 걸 기대하는 사람에게는 만기환급형 보험도 괜찮지만, 보험은 손실과 이득을 따지는 게 우선이 아니에요. '무엇에 대비하고 싶은가?' '매월 보험료가 부담되지는 않는가?' 등을 보험의 첫 번째 선택 기준으로 생각해야 합니다.

만일의 경우에 대비하려면…

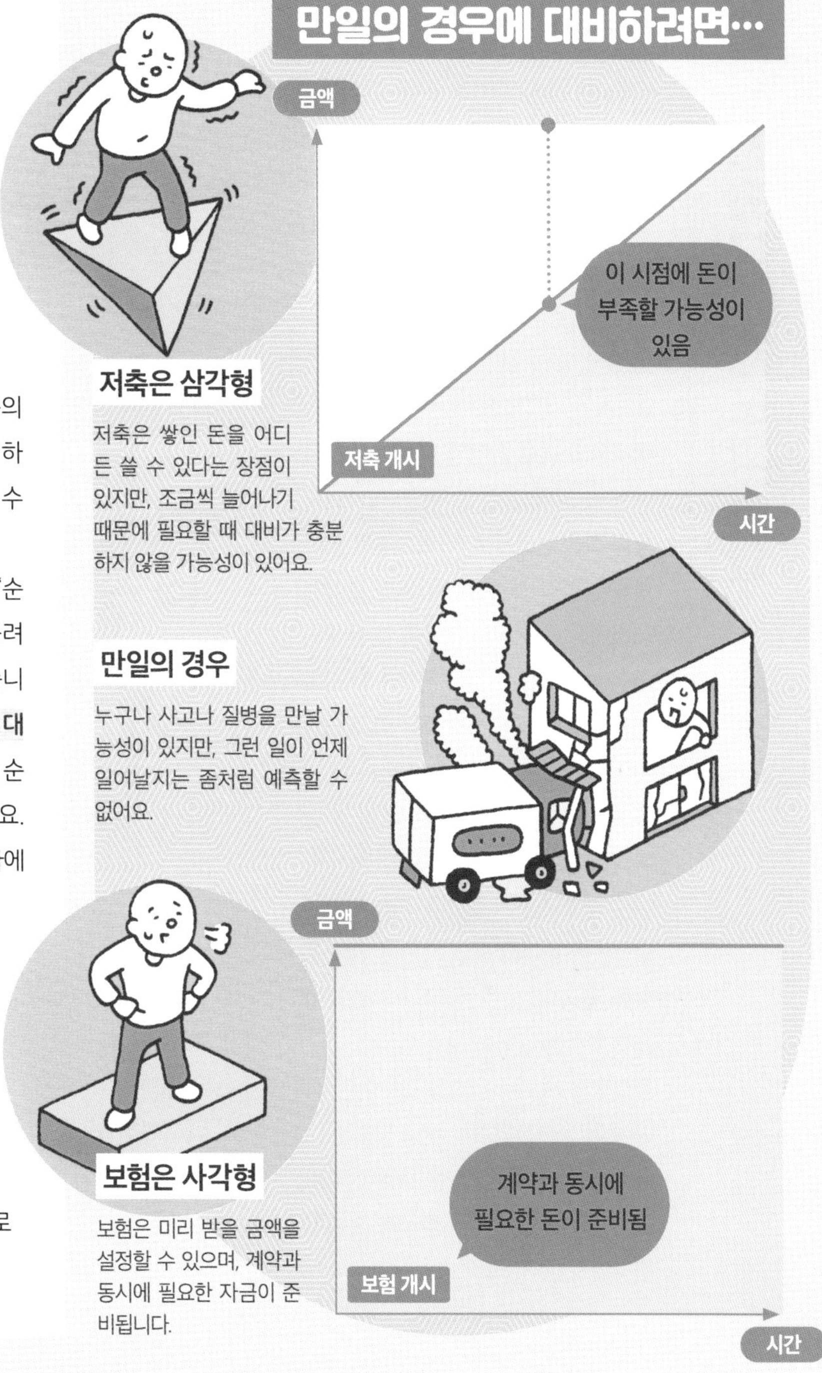

저축은 삼각형

저축은 쌓인 돈을 어디든 쓸 수 있다는 장점이 있지만, 조금씩 늘어나기 때문에 필요할 때 대비가 충분하지 않을 가능성이 있어요.

만일의 경우

누구나 사고나 질병을 만날 가능성이 있지만, 그런 일이 언제 일어날지는 좀처럼 예측할 수 없어요.

보험은 사각형

보험은 미리 받을 금액을 설정할 수 있으며, 계약과 동시에 필요한 자금이 준비됩니다.

11

사회보험 제도의 역할

사회보험은 어떤 위험을 대비할까?

한국에는 국민 모두가 돈을 모아 서로 돕는 사회보험 제도라는 공적인 시스템이 마련돼 있어요. 한국에 사는 사람이라면 반드시 가입해야 하는 보험이라고 생각하면 됩니다. 당연한 이야기지만 보험료를 내지 않으면 받을 권리도 없어요. 〈급여명세서 보는 법〉(174쪽)에서 본 것처럼 사회보험료는 회사원의 경우 세금과 마찬가지로 급여에서 공제되며, 그 외 개인사업자 등은 확정 신고를 하고 납부해요.

그렇다면 이 사회보험은 어떤 위험에 대비하는 걸까요? 한국은 출산율의 급격한 감소로 초고령 사회로의 진입이 빠른 속도로 이루어지고 있기 때문에 특히 질병과 부상, 출산과 육아, 노후 리스크를 잘 대비하려고 하고 있어요. **고령자의 생활을 지원하면서 아이를 낳고 키우기 좋은 환경을 만들어 출산율을 높여야 하기 때문에 이런 정책을 펍니다.** 오른쪽 파란색 별표가 붙은 제도를 주목해 주세요.

사회보험 제도는 사회가 돌아가는 상황에 따라 개정되거나 새로 생기는 경우가 많아요. 또한 거주 지역에 따라서도 달라요. 그러니 앞날에 대비해 주의해서 살펴보도록 합시다.

질병 부상

의사에게 진료를 받을 때 의료비 본인 부담은 20% 정도예요. 더불어 중증질환자나 희귀질환자, 중증난치질환자의 부담을 덜어 주는 산정특례 제도도 있습니다.

국민건강보험 환급금이란

건강보험 심사평가원에서 심사한 결과 본인 부담금을 과다하게 납부한 사실이 확인됐을 경우 또는 보건복지부에서 병원을 조사한 결과 본인 부담금을 과다하게 수납한 사실이 확인됐을 경우 그 금액을 공제한 후 돌려주는 제도예요.

- **국민건강보험**… 본인 부담 약 20%
- **국민건강보험 환급금 제도**
- ★ **상병 수당**… 질병이나 부상으로 노동자가 소득을 얻기 어려운 경우 생계를 위해 일부 지급
- ★ **산재보험**… 노동자의 작업 혹은 업무 중의 질병, 부상, 장애, 사망 등에 대해 본인이나 유족에게 보험금 지급

출산 육아

재직자가 출산을 하면 출산 휴가 급여가 지급돼요.

[출산시에는…]

- ★ **첫만남이용권**… 출생 아동에게 바우처(국민행복카드)로 200만 원 지급
- **부모 급여**… 자녀가 태어나 23개월까지 양육하는 부모에게 매월 지급하는 수당. 0세는 100만 원, 만 1세는 50만 원 지급

[육아 중에는…]

- **영유아의 입원 진료비**… 2024년부터 2세 미만 영유아의 입원 진료비 본인 부담금 면제
- **아동 수당**… 만 8세 미만의 아동에게 매월 10만 원 지급
- ★ **육아 휴직 수당**… 육아 휴직은 자녀 1명당 최대 1년까지 사용할 수 있으며 월급의 80%(최대 150만 원)를 지급

장애

생활이나 일에 지장을 초래하는 장애가 생길 경우 연금이 지급됩니다. 장애 등급과 나이 등에 따라 금액이 달라져요.

● 장애연금(국민연금) ● 장애인연금(보건복지부)

사망

국민연금 가입자나 수령자가 사망했을 때 유족의 생활 안정을 위해 연금이 지급돼요.

● 유족연금

실업

고용보험 가입 노동자가 실직하여 재취업 활동을 하는 기간에 일정 금액의 급여를 지급합니다.

★ 고용보험

기초생활수급자

소득이 최저 생계비에 못 미치는 사람으로 생계 급여, 의료 급여, 주거 급여, 교육 급여 네 분야로 나눠서 생활비를 지원해요.

요양

고령이나 노인성 질병 등으로 혼자서 일상 생활을 하기 어려운 노인에게 신체 활동 또는 가사 지원 서비스 등을 제공해요.

● 장기요양보험

노후

국민연금에 가입하고 일정 기간 이상 납부한 사람이 60세 이상이 되었을 때, 즉 노령 연령에 도달했을 때 노령연금을 받을 수 있어요. 그리고 국민연금 가입과 관계없이 65세 이상이 된 노령층 중 생활이 어려운 계층에게 매월 일정액을 지급하는 기초노령연금 제도도 있습니다.

● 노령연금

12

민영보험의 종류

공적 사회보험을 보완해 주는 민영보험

앞에서 본 것처럼 사회보험 제도는 다양한 리스크에 대비하고 있어요. 다만 공적 사회보험은 최저 한도의 생활 수준을 보장하는 보험입니다. 예를 들어 병에 걸려 입원한 경우 건강보험에 가입돼 있다면 검사나 수술 같은 의료비 부담을 어느 정도 덜 수 있어요. 하지만 병실을 다인실에서 1인실로 변경하는 비용 등은 공적 사회보험으로는 보장되지 않습니다.

대비해야 할 위험이나 어려울 때 필요한 돈은 가족 구성, 라이프 스타일, 사고 방식에 따라 다릅니다. 예를 들어 혼자 살 때는 민영보험에 가입할 필요가 없더라도 결혼하고 아이가 태어나 가장이 됐다면 사망보험 가입을 고민하게 될지도 몰라요. 만약 내가 사망한다면 가족이 보험금을 받을 테니 공적인 유족연금 이상의 도움을 받을 수 있겠지요. **공적 사회보험으로 보장받을 수 있는 내용을 확인하고 부족하다고 생각되는 부**

사회보험을 보완하는 민영보험

사회보험의 보장 내용을 잘 이해하고 민영보험을 잘 조합해서 가입하는 게 중요합니다.

치매간병보험

치매를 진단받았을 때 생활비나 간병인 지원을 보장하는 보험이에요.

사망보험

사망했을 때 유가족에게 보험금이 지급되는 보험이에요.

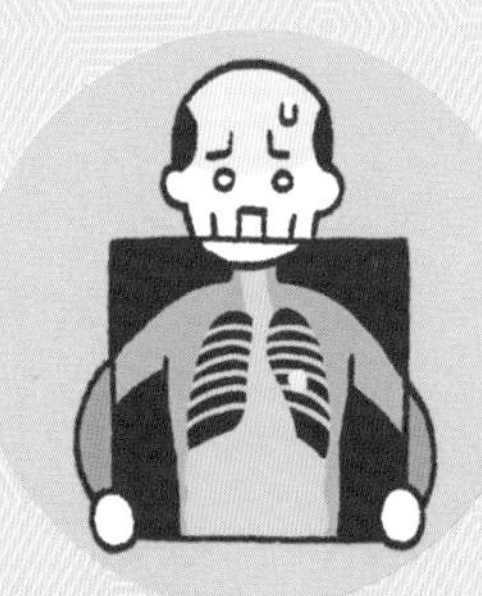

암보험

암 진단 시 진단금이나 입원비, 치료비 등을 보장하는 보험이에요.

분은 민영보험을 활용하는 게 올바른 대비 방식입니다.

민영보험에는 아래와 같이 다양한 종류가 있습니다. 특히 사회보험에는 없는 화재나 자동차 사고 등 불의의 사고로 발생한 손해를 보상하는 '손해보험'이라는 것이 있어요. 이러한 보험에 가입하면 정해진 보험료를 내야 해요. 많은 보험에 가입하면 매달 지출하는 비용이 늘어나기 때문에 대비가 필요한 위험은 보험을 가입하고, 나머지는 저축을 하는 것을 추천합니다.

COLUMN

빚 대물림을 막는 신용생명보험

대출을 받은 채무자가 상해나 질병으로 사망하거나 장기 입원으로 대출금을 상환할 능력이 없는 경우 보험 회사가 채무자를 대신해 채무 잔액을 상환하는 보험이에요. 한국에는 아직 생소한 보험이지만 이미 대중화된 나라도 많답니다.

사회보험에는 없는 민영보험

사회보험으로 보장되지 않는 보험이에요. 자신의 자산이나 라이프 스타일에 맞춰 필요한 보험에 가입합니다.

화재보험

건물, 재산, 삼림 등의 화재로 인한 손해를 보상하는 보험이에요.

어린이보험

어린이에게 일어날 수 있는 각종 사고에 대비하기 위한 보험이에요.

운전자보험

교통사고로 상대방에게 피해를 입힌 경우 사고 처리 지원금, 벌금, 위로금 등을 보상하는 보험이에요. 자동차 소유자가 의무적으로 가입해야 하는 자동차보험과는 다른 보험입니다.

자동차보험

자동차를 소유하고 있는 사람이라면 매년 자동차보험에 의무적으로 가입해야 해요. 교통사고로 상대방에게 피해를 준 경우 상대방의 피해만 보상하며, 운전자의 과실에 따라 보상 금액이 달라집니다.

13

투자의 기본

미래의 자본을 늘리기 위해 현재의 자본을 쓰는 것

지금부터는 돈을 불리는 것, 즉 투자에 대해서 이야기해 볼게요. 투자란 미래의 자본(돈)을 늘리기 위해 현재의 자본(돈)을 쓰는 거예요. 특정 회사의 주식을 구입했다고 가정해 봅시다. 가치가 올라갔을 때 그 주식을 팔면 이익이 생깁니다. 이런 주식 매매도 투자입니다.

투자에 대해 '무서워' '도박이야' '위험해'라고 인식하는 사람도 있을 거예요. 주식 등에 빠져 호되게 당하는 사람도 분명 있겠지만 투자 자체가 나쁜 것은 아닙니다.

<주식회사란 무엇일까?>(98쪽)에서 주주가 돈을 투자하기 때문에 주식회사가 운영될 수 있고 그 덕분에 세상이 발전한다고 설명했어요. 주주는 주식을 산 사람, 즉 투자를 한 사람으로 이들 덕분에 세상이 발전해 왔다고 할 수 있지요. 또 앞에서 소비는 투표와 비슷하다고 설명했는데, 투자도 투표와 비슷해요. 내가 좋아하는 회사의 주식이나 채권을 구입해서 그 회사를 응원할 수 있답니다.

투자의 기본은 여윳돈이 있는 사람이 현재 돈이 필요한 사람에게 돈을 투여하는 것입니다. 새로운 일이나 회사에 도움이 되는 일을 하려는 사람에게 돈을 건네(주식 등을 사서) 응원하는 것이죠. 새로운 도전이 잘 풀리면 보답으로 더 많은 돈을 돌려받을 수 있습니다. 이런 점을 잘 이해해 두면 투자가 무섭다거나 도박 같다는 생각이 들지 않을 거예요. 다음 장부터 자산을 늘리는 방법에 대해 자세하게 설명하겠지만, 이러한 투자의 사회적 의의를 잊지 말기를 바랍니다.

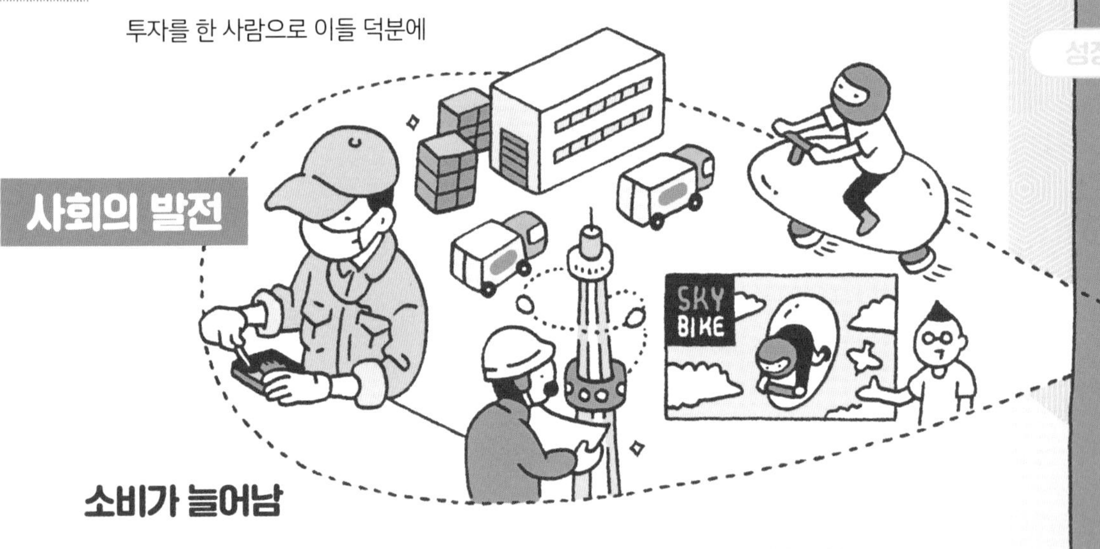

'투자'와 '투기'의 차이점

투기는 투자와 비슷한 말처럼 보이지만, 의미가 달라요. 이익을 얻기 위해 어떤 일이나 사업에 자본을 대는 것이 투자입니다. 이익이나 성장은 오랜 기간에 걸쳐 차차 발생하는 것으로 투자는 장기적인 시점에서 바라보는 태도가 필요합니다. 반면 투기는 장기적인 성장에 주목하지 않고 기회를 틈타 단기간에 큰 이익을 보려고 합니다. 싸게 사서 비싸게 파는 것을 반복해 돈을 불리는 것만이 목적이에요. 투기는 도박에 가까운 성질이 있기 때문에 추천하지 않습니다.

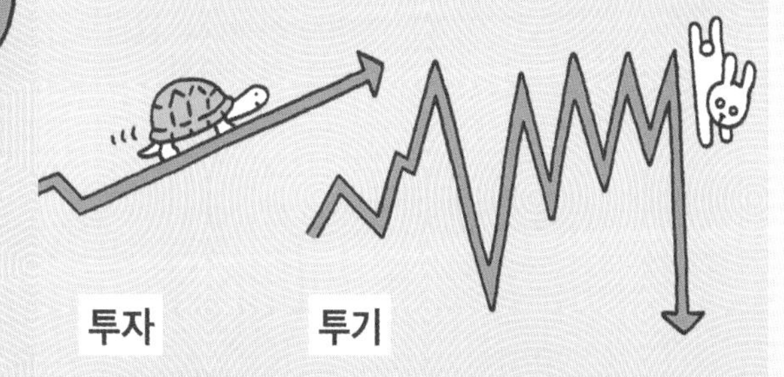

보답

투자자

투자처

투자

관련 기업의 일이 늘어남

14

투자할 때 주의할 점

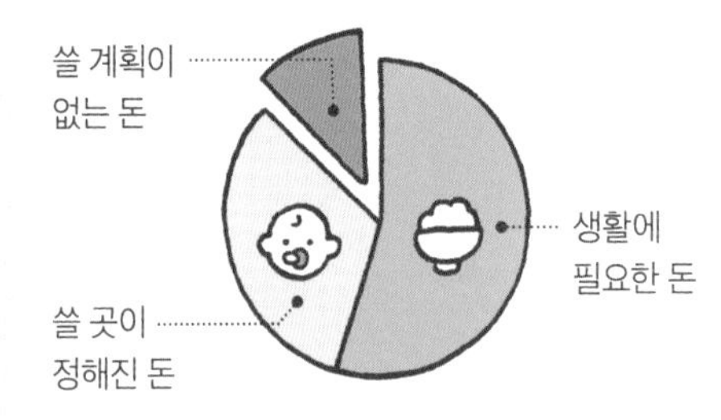

투자는, 잃어도 생활에 지장이 없는 돈으로

자신의 돈을 굴려서 늘리는 것을 '자산 운용'이라고 해요. 은행에 돈을 맡기는 예금도 자산 운용의 한 종류예요. 하지만 금리가 그다지 높지 않기 때문에 예금은 돈을 불린다기보다는 모으기 위한 것입니다.

투자한 금액이 1년 동안 얼마나 늘어나는지 나타낸 것을 '연이율'이라고 해요. 해외 주식 투자에서는 5%의 이율도 드문 일이 아니에요. 1,000만 원을 투자하면 1년 후에는 1,050만 원이 됩니다. 만약 5%의 이율이 지속된다면 1,050만 원은 다음 해 1,102만 5,000원이 되고, 그다음 해에는 1,157만 6,250원이 되고, 20년 후에는 2,653만 2,970원까지 불어납니다. 이처럼 장기적으로 투자를 하면 복리의 힘을 얻어 큰 위력을 발휘하게 됩니다.

이렇게 돈을 많이 벌 수 있다니, 꼭 투자를 해야겠다는 생각이 드나요? 하지만 투자는 예금과 달리 손해를 볼 가능성이 있어요. 열심히 일해서 번 돈

예금

이율이 1.5%인 경우

많이 늘지 않는다…
그래도 줄어들지 않으니 안심?

예금도 위험하다?!

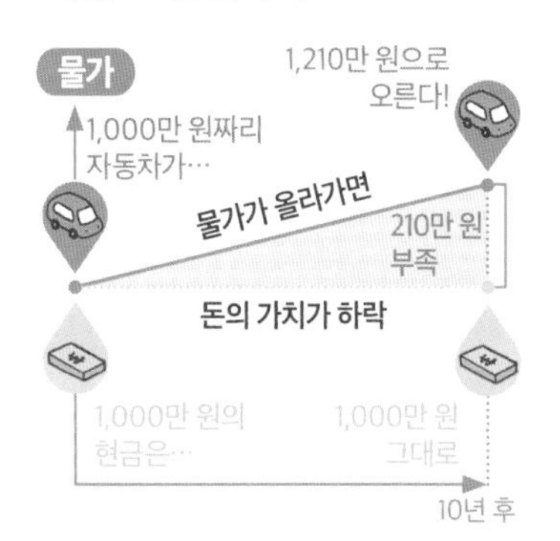

물가가 올라가면(인플레이션) 같은 금액으로 살 수 있는 물품이 줄어들어요. 돈의 가치가 하락하지요. 은행 예금은 금리가 낮아 돈이 거의 늘어나지 않기 때문에 물가가 올라가면 상대적으로 수중의 돈이 줄어드는 셈이 됩니다. 연 2%의 인플레이션이 10년 동안 계속되면 10년 후에는 물가가 21% 정도 올라갑니다. 하지만 예금 금리가 물가 이상으로 올라간 적은 역사상 없었습니다. 예금을 한다고 해서 안심할 수 있는 건 아니라는 사실을 기억해 둡시다.

COLUMN

72의 법칙

금융의 세계에는 '72의 법칙'이라는 게 있어요. 72를 연간 복리수익률로 나누면 원금이 2배가 되는 기간과 같아진다는 법칙이에요. 예를 들어 100만 원을 연간 복리수익률 3%로 투자했다고 하면 100만 원이 200만 원이 되는 데 걸리는 기간은 24년(72÷3)이 나옵니다. 이 수식은 알베르트 아인슈타인이 제시했답니다.

이 줄어들 수도 있으니 투자를 할 때는 다음의 두 가지 규칙을 지켜야 합니다. 첫째, **투자는 잃어도 생활에 지장이 없는 돈으로 해야 합니다.** 수입이 끊겨도 일정 기간 생활이 가능한 만큼의 돈을 모으고, 매달 생활에 필요한 만큼의 돈을 확보해야 합니다. 그리고 바로 쓸 일이 없는 돈을 투자에 쓰는 게 기본이에요. 생활에 필요한 돈까지 손을 대서는 절대로 안 됩니다.

둘째, **투자는 분산해야 합니다.** 내 돈을 전부 쏟아부어 한 회사의 주식을 샀다고 가정해 봅시다. 그 회사가 망하면 투자한 돈은 전부 사라져요. 투자의 세계에는 '달걀을 한 바구니에 담지 말라'라는 교훈이 있어요. 달걀을 하나의 바구니에 넣으면 떨어뜨렸을 때 전부 깨져 버리니 여러 바구니에 나눠 담아야 합니다. 이처럼 내 돈도 한곳에 쏟아붓지 말고 여러 곳에 분산해서 투자하면 위험을 피할 수 있답니다.

15

투자의 종류

다양한 금융 상품을 알아보자

투자의 종류는 크게 주식 투자, 채권 투자, 투자 신탁으로 나눌 수 있는데 지금부터 자세히 알아봅시다. 이 외에도 부동산 투자, 금 투자, 외화 예금, FX마진거래(외화를 이용한 금융 거래 상품) 등 다양한 방법이 있으니 자세히 알고 싶다면 각각의 전문 서적을 읽거나 포털사이트에서 검색해 보세요.

위와 같은 것들을 '금융 상품'이라고 합니다. 투자를 하려면 증권 회사 등에서 투자를 위한 전용 계좌를 만들어야 해요. 계좌를 개설하면 금융 상품을 매매할 수 있지만, 매매 거

다양한 투자의 종류

채권 투자

채권을 매입해 정기적으로 이자를 받고 만기가 되면 원금이 돌아오는 투자입니다. 공채, 국채, 회사채, 지방채 등이 있어요.

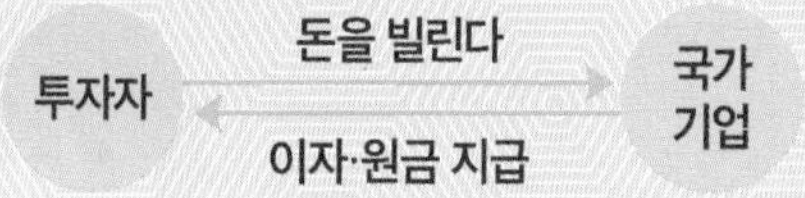

투자자 → 돈을 빌린다 → 국가 기업
국가 기업 → 이자·원금 지급 → 투자자

[단점]

- 회사채의 경우, 발행한 기업이 파산할 가능성이 있다.
- 도중에 매각할 경우 가격 변동으로 가치가 떨어질 수 있다.

주식 투자

주식회사가 자금을 조달하기 위해 발행하는 주식을 매매해서 그 차액으로 이익을 기대하는 투자입니다. 주식을 구입한 사람은 주주가 돼 주주총회에 출석할 권리를 얻거나 배당금을 받을 수 있어요.

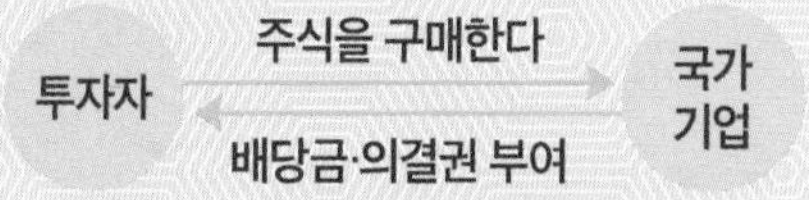

투자자 → 주식을 구매한다 → 국가 기업
국가 기업 → 배당금·의결권 부여 → 투자자

[단점]

- 주가가 떨어질 수 있다.
- 투자처가 망할 수 있다.
- 주식 종목이 지나치게 많아 선택하는데 시간과 지식이 필요하다.

투자 신탁

투자하고 싶은 사람들에게서 모은 자금을 투자 전문가(펀드매니저)가 운용하는 시스템의 투자입니다. 전문가가 대신 주식이나 채권 등의 상품에 투자하기 때문에 수수료가 들지만, 전문적인 지식이 없어도 분산 투자가 가능해요. 소액의 자금으로 시작할 수 있어서 다양한 선택지가 존재하죠. 주식 입문자에게 추천합니다.

투자자 ↔ 투자 신탁 구입 / 배당금·상환금 지급 ↔ 펀드 매니저 ↔ 분산 투자 / 성과 ↔ 주식, 채권, 부동산 등

[단점]

- 투자한 상품의 가격이 떨어질 수 있다.
- 투자를 맡기는 만큼 수수료 등의 비용이 든다.

래를 할 때는 일반적으로 수수료가 듭니다. 또한 이익이 발생하면 급여 등의 수입과 마찬가지로 세금을 내야 합니다.

투자를 할 때는 앞에서 설명한 것처럼 다양한 상품에 분산해서 하는 게 중요해요. 주식이나 채권 등 하나에만 집중하지 말고 나눠서 구매하며, 투자의 대상으로 다른 나라도 살펴봅시다. 한국의 경제 상황이 좋지 않아 보유한 한국 주식이나 채권 종목의 가격이 떨어져도 해외의 주식이나 채권 가격이 오른다면 손해를 만회할 수 있기 때문이죠.

투자 수익이 비과세인 금융 상품

ISA 개인종합자산관리계좌

의무 계약 기간 3년

다양한 금융 상품을 한 계좌에서 운용할 수 있는 만능 통장입니다. 소득에 따라 서민형(노동자의 경우 소득 5,000만 원 이하)과 일반형으로 구분돼요. 서민형의 경우 400만 원까지 비과세되며, 일반형의 경우 200만 원까지 비과세 혜택을 누릴 수 있어요.

비과세 한도
200~400만 원

* 비과세: 세금을 매기지 않음

IRP 개인형 퇴직연금

만 55세 이후

이직을 하는 경우에도 퇴직연금을 유지할 수 있도록 퇴직금을 적립할 수 있는 상품이에요. 연간 1,800만 원까지 납입이 가능하고 최대 900만 원까지 세액 공제를 받을 수 있어요.

일시금 또는
연금 형태로
지급

COLUMN

인덱스 펀드

코스피 또는 S&P500(미국의 주가 지수) 등의 정해진 지수의 수익률과 유사한 수익을 낼 수 있도록 운용되는 펀드예요. 주가 지수의 수익률만큼 수익을 추구하는 마음 편한 상품이지요. 펀드를 이해하기 쉽고 코스피 수익률과 비슷하기 때문에 변동성이 적고 관리가 쉬워요. 인덱스 펀드 역시 3년 이상 투자하면 소득 공제 및 비과세 혜택을 받을 수 있어서 일반 투자자뿐만 아니라 투자에 입문하고 싶은 초보자들에게 주목을 받고 있어요.

16

투자할 때 꼭 알아야 할 것

장기적인 안목과 튼튼한 마음가짐

투자는 금융 상품을 가격이 낮을 때 사서 높을 때 팔아 이익을 남깁니다. 하지만 그 타이밍을 좀처럼 알 수 없죠. 투자 전문가도 알아내기 어려워요. 타이밍을 잘 보고 매매해서 돈을 벌어도 계속 이익을 내는 사람은 없어요. 이익에만 연연하면 하루 종일 컴퓨터 화면만 보고 밤에도 편하게 잘 수 없습니다. 돈에 마음이 지배당하는 인생을 살고 싶나요? 그렇지는 않을 거예요.

다만 효과적인 투자 방법이라는 건 있어요. 바로 정해진 금액을 정해진 타이밍에 사는 '달러 비용 평균법'입니다. 예를 들어 한 회사의 주식을 사려고 정했다면 한 번에 많이 사는 게 아니라 매월 초에 10만 원씩 산다는 식으로 정하는 거예요. 중요한 건 주가를 신경 쓰지 않고 정해 놓은 타이밍에 사는 거죠. '지난달 초에는 그 회사의 주가가 1만 원이어서 10주를 샀어' '이달 초에는 주가가 5,000원이길래 20주를 샀어' 같은 식으로

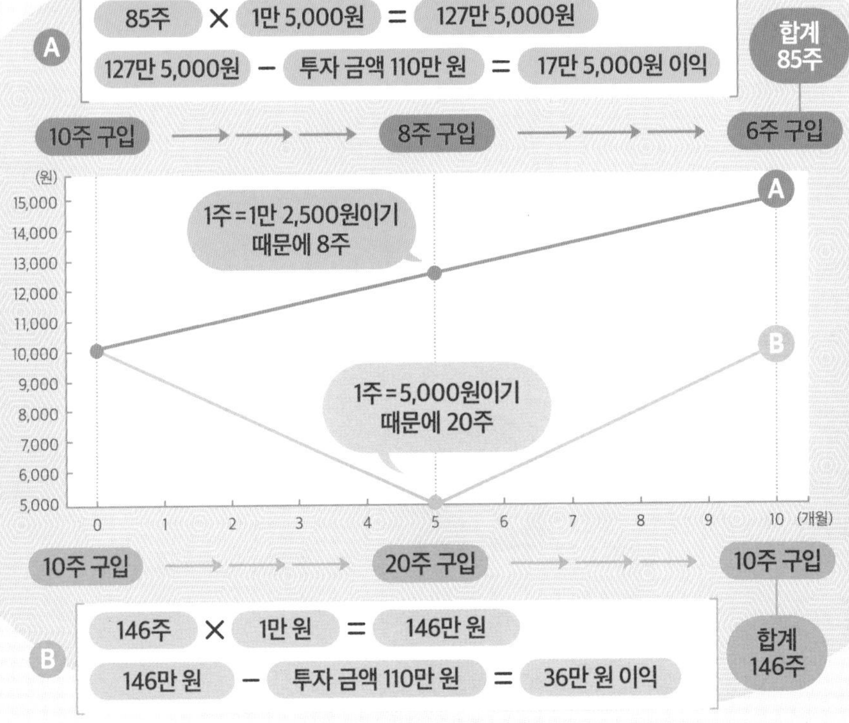

A보다 B가 도중에 가격이 떨어졌을 때 주식을 많이 구입할 수 있기 때문에, 가격이 원래대로 돌아왔을 때 가진 총 주식 개수가 많아져 이익도 많아집니다(구입 개수는 소수점 이하 버림).

기계적으로 삽니다.

예를 들어 왼쪽 그래프처럼 A와 B라는 금융 상품이 있고, 상품의 가격이 변한다고 해 봅시다. 각각 매달 10만 원씩 투자한다면 10개월 후에는 어느 쪽의 돈이 늘까요? 언뜻 봐서는 A가 더 좋아 보이지만, 결과적으로는 B의 돈이 더 늘어납니다. A는 안정적으로 가격이 오르는 반면 B는 가격이 내려갔다가 원래대로 돌아오는 것뿐인데 왜 그럴까요? 가격이 내려갔을 때 더 많이 살 수 있으니, 원래 가격으로 돌아왔을 때 돈이 더 많이 늘어나게 되는 것입니다.

자신이 산 금융 상품의 가격이 떨어지면 당장 팔고 싶은 마음이 들지만 가격이 떨어졌을 때 살 것인지 말 것인지가 투자의 포인트이기도 합니다. **가격이 떨어져도 팔지 않고 계속 사려면 여윳돈으로 하는 투자와 그 회사를 응원하는 것이 사회에 도움이 된다고 믿는 마음이 있어야 합니다. 장기적인 안목을 가지고 돈에 휘둘리지 않으며 사회적인 의의를 잊지 않고 조금씩 투자하는 것이 건강하게 돈을 불리는 사람의 특징입니다.**

투자할 때의 마음가짐

하나,
없어져도 생활이 곤란하지 않은 돈으로 투자한다

둘,
그 회사를 응원하는 게
사회에 도움이 된다고 믿는다

【 한 줄 요약 】

1

돈에는 벌기, 쓰기, 모으기, 내기, 대비하기, 불리기
여섯 가지의 기능이 있다.

2

돈은 무작정 모으는 것보다는 어디에 쓰기 위해
얼마나 모아야 할지 목적 의식을 가지는 게 중요하다.

3

돈을 모으기 전에, 가계 수지를 점검해
불필요한 지출은 없는지 파악한다.

4

돈이 모이지 않는 사람의 특징은
지출을 신경 쓰지 않는다는 것이다.

5

세상에 편하게 돈을 벌 수 있는 일은 없다.

6

스미싱, 불법 카드 복제, 보이스 피싱 등 돈을 둘러싼
여러 가지 사기 수법에 대한 대처법을 알아 두자.

7

세금은 크게 직접세와 간접세로 나눌 수 있다.

8

급여명세서에는 근태와 세금, 사회보험료 등의 내역이
나와 있기 때문에 확인하는 습관을 들여야 한다.

9

세금은 모두가 평등하게 부담하도록 설정돼 있다.

10

보험은 많은 사람으로부터 보험료를 받아
그 일부를 필요한 사람에게 보험금으로 지급하는
'서로 도와주는 구조'로 설계돼 있다.

11

국민 모두가 돈을 모아 서로 돕는 사회보험 제도는 특히
질병과 부상, 출산과 육아, 노후 등의 리스크에 대비한다.

12

민영보험은 공적인 사회보험으로 보장받을 수 없는 것을
보완하기 위한 보험이다.

13

투자의 기본은 미래의 자본을 늘리기 위해
현재의 자본을 쓰는 것이다.

14

투자는 여러 곳에 나누어서 하되
잃어도 생활에 지장이 없는 돈으로 해야 한다.

15

투자의 종류에는 크게 주식 투자, 채권 투자, 투자 신탁
세 가지가 있다.

16

투자할 때 중요한 것은 장기적인 안목과
튼튼한 마음이다.

제 5 장

부의 불평등

← 오른쪽에서 왼쪽으로 읽어 주세요.

5화
마음에 품은 이상

주식회사 워크위즈의 하야토입니다.
입사 3년 차로 여러분과 나이 차이도 얼마 나지 않으니 편하게 대해 주세요.
여러분은 아야카 교수님의 수업을 듣는 학생들이고, 오늘은 저희가 하는 일에 대해서 이야기를 들으러 온 거죠?
네!
그럼 저희가 하는 일에 대해서 간단하게 설명할게요.

워크위즈는 www홀딩스의 계열사로
장애인에게 취업을 지원하고 기업에 인재를 소개하는 두 가지 서비스를 제공합니다.

현재 우리나라의 장애 인구가 얼마라고 생각해요?
가와노 군, 얼마일 것 같아요?
어, 한 50만 명 정도일까요?
땡! 정답은 964만 7,000명입니다.
와, 그렇게 많아요?
많다는 생각이 들죠? 전체 인구의 약 7.6%에 해당합니다.
*한국은 265만 2,860명이다(2022년).
2018년에 발표된 자료를 보면 18~64세 장애가 있는 사람 중 집에서 생활하는 사람은 약 362만 명인데
59.6만 명
362만 명
같은 해에 발표된 장애인 고용자 수는 민간 기업과 공공 기관 등을 합쳐서 약 59.6만 명, 단순하게 계산하면 362만 명 중 16%밖에 되지 않습니다.
*한국은 125만 명 중 36.4%이다.
저, 적다….

*한국 장애인고용법상 장애인 의무 고용률은 국가 및 공공 기관 3.6%, 민간 기업 3.1%이다.

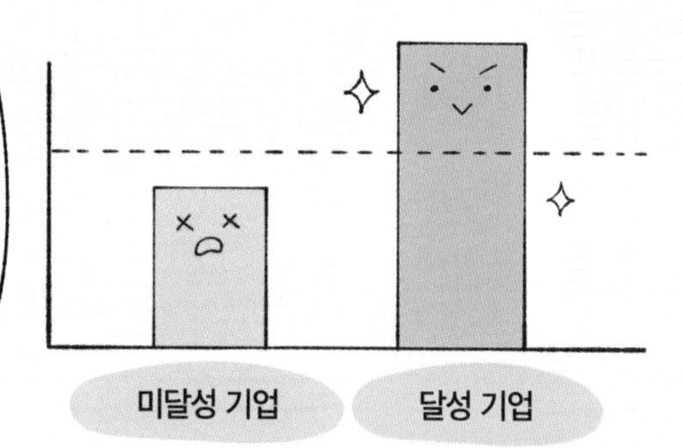

취업 지원 서비스는 취업을 원하는 장애인을 모집해 일할 수 있도록 취업 훈련을 지원하는 거예요.
이 서비스를 통해 사회로 나갈 준비가 완료된 사람을 인재 소개 서비스에 등록해 기업과 매칭을 시도합니다.
저희 회사의 업무 내용을 간단하게 설명해 봤는데요.
이 외에도 여러 일을 하고 있습니다만…
궁금한 점이나 질문 있을까요?
저요!
아야카 교수님이 기업이 돈을 어떻게 버는지 물어보라고 하셨는데요.
그럼 이 회사는 어떻게 돈을 버나요?
나카쿠라

기업에서 상담료를 받고, 고용이 확정되면
수수료를 받기도 합니다.
개인에게 취업 지원에 대한 서비스 요금도 받긴 하지만, 크게 부담이 되는 금액은 아니에요.
국가
여기에 드는 돈의 90%는 국가와 지방자치단체가 부담하고 있거든요.

그렇게 돈을 많이 버는 건 아니지만, 회사가 계속 유지될 만큼은 벌고 있다고 사장님이 말씀하셨어요.
저는 3년 차라 경영은 잘 모르지만요…
그렇구나….
봉사활동이 아니니까 계속하려면 돈을 벌어야겠지.
또 다른 질문 있나요?

아, 저… 저희도 나중에 취업을 해야 하는데…
하야토 씨가 이 일을 선택한 이유가 있다면 알려 주실 수 있을까요?
하 하
이유 말이죠, 면접 봤을 때가 생각나네요.

대학생 때 출판사에서 아르바이트를 했는데
그때 다양한 직업군의 사람들을 취재한 적이 있어요.

연봉이 높은 사람과 엄청 유명한 기업의 회장님 이야기도 듣고,
세상에 잘 알려지지 않은 직업을 가진 사람의 이야기도 들었는데, 제가 멋지다고 생각한 사람들한테는 공통점이 있었어요.

공통점이요?
?

그건 바로
자신이 하는 일의 사회적 의미를 잊지 않고 일한다는 것.
회사에 취직하면 매출 같은 숫자를 쫓아가거나 상사의 지시에 따라야 하죠.
매일매일 바쁘게 살다 보면 내가 하는 일에 어떤 의미가 있는지 생각하지 못하고
숫자나 상사의 얼굴색 같은 것만 신경 쓰면서 일하는 사람도 있어요.
세상에는 그런 사람이 더 많을지도
하지만 제가 이야기를 들으며 멋지다고 생각한 사람들은…

자신이 하는 일이 사회를 바꾸고 있고
사람들에게 좋은 영향을 주고 있다는 자신감이 있었어요.
내가 하는 일에 사회적 의미가 있다고 느끼면서 일하고 싶다고 생각했어요.
나도 저렇게

내가 열심히 일해서
사회가 좋은 방향으로 나아간다고 생각하면 보람이 있겠죠?
빈곤, 격차, 환경 등 이 사회에는 여러 문제가 있는데
우리 회사의 장애인 고용 촉진도 해결해야 하는 사회 문제 중 하나예요.

역시 일이라는 건
좋은 마음만으로는
할 수 없는 모양이다.

모든 사람을 지원해 주고
싶지만 비즈니스로 할 수
있는 영역에는 한계가 있기
때문에 고민하기도 한다고.

장애에 대한
이해가 없는
기업 담당자들의 말에
상처받기도 하고

그 후에도
하야토 씨는
우리의 많은 질문에
대답해 줬다.

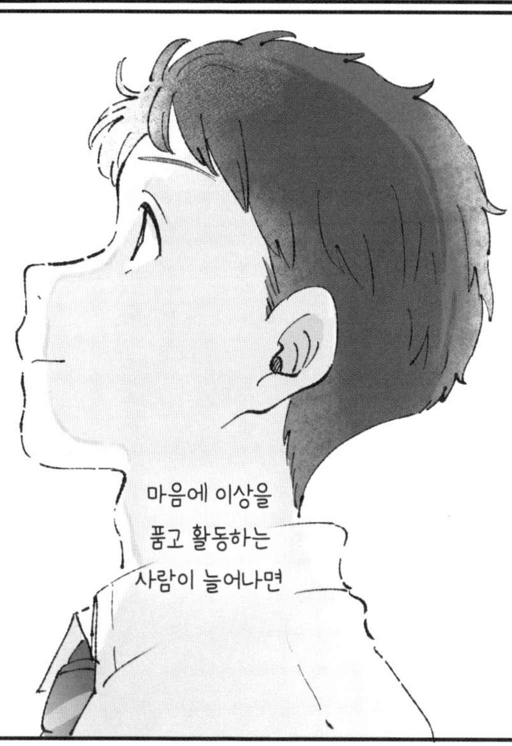

하지만 하야토 씨가
말해 준 것처럼

마음에 이상을
품고 활동하는
사람이 늘어나면

이 세상은 좀 더
좋아질지도 모른다.

다음 날,
다섯 번째
수업에서는
세상에 존재하는
다양한 문제에
대해 배웠다.

수업을 들으면서
'나는 무엇을
할 수 있을까?'
라는 답이 없는
질문에 대해
계속 생각했다.

1

한쪽으로 치우친 부

국가·정부

세입이 줄어 국민을 위해 쓸 돈이 없다

불경기에는 국민이 돈을 쓰지 않는 데다 기업도 수입이 줄어 세입이 줄어들어요. 이렇게 되면 국민을 위해 쓸 돈을 줄여야 하는 상황이 생깁니다.

세금을 국민을 위해 쓰지 않는다

국가에 따라서는 사회 보장이나 교육에 사용하는 세금을 줄이고 국민을 위한 것인지 알 수 없는 일에 세금을 쓰는 경우도 있습니다.

전 세계의 부는 일부에 집중돼 있다

여기까지 읽었다면 살아가는 데는 돈이 들고, 사회에는 돈과 관련된 시스템이 마련돼 있다는 사실을 알게 됐을 거예요. 하지만 **우리가 사는 사회는 완전하지 않습니다.**

세계 경제의 발전으로 하루에 1.9달러(약 2,500원) 미만으로 생활하는 절대적 빈곤 계층이라 불리는 사람의 비율은 감소하고 있습니다. 하지만 한편에서는 부의 편중이라는 문제가 발생하고 있어요. 국제 NGO 단체인 옥스팜은 2018년에 "전 세계에서 1년간 창출된 부(보유 자산의 증가분)의 82%를 가장 부유한

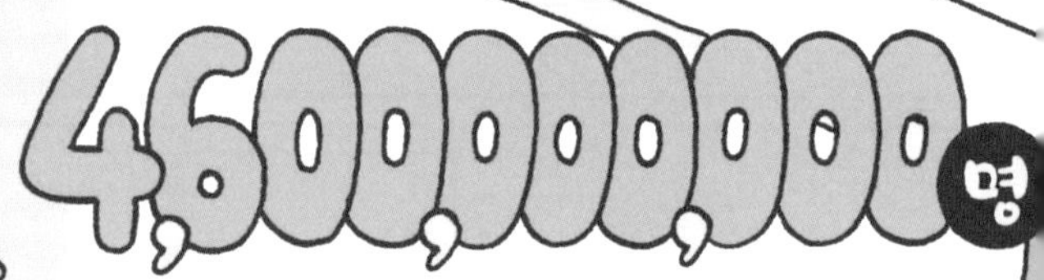

46억 명의 자산보다 많은 부를 독점!

상위 1%가 독점하고 있으며, 경제적으로 가장 가난한 하위 50%(37억 명)는 재산이 늘지 않았다"라는 보고서를 발표했습니다. 2020년에는 "전 세계 상위 부유층 2,100명의 자산이 세계 총인구의 60%(46억 명)의 자산을 웃돈다"라는 발표도 했습니다. 이처럼 전 세계의 부가 일부에 집중되며 빈부 격차와 불평등이 확산되고 있습니다. 그래서 부를 재분배하는 문제가 큰 과제가 됐어요.

이러한 빈부 격차는 한국에서도 큰 문제입니다. 비정규직의 수입이 정규직의 수입과 크게 차이가 나고, 빈곤에 시달리는 가정도 많아요. 경기가 악화되면서 경제성장률도 둔화되었죠. **저출산과 고령화로 젊은 세대 인구가 줄어드는 상황에서 사회 보장 제도를 어떻게 유지할 것인가와 같은 과제가 산더미처럼 쌓여 있습니다. 그러니 이번 장에서는 한국을 비롯한 전 세계에 존재하는 부가 편중되는 문제를 이해하고 어떻게 보아야 할지 생각해 볼까요?**

기업·회사·단체

불경기가 지속되면 자산을 지키려는 기업은 직원의 임금 인상이나 설비 투자 등에 돈을 쓰지 않고 모아 두려고 합니다.

개인

돈을 잘 쓰지 않는다

불경기에는 회사 실적이 떨어져 급여가 줄어드는 사람도 적지 않습니다. 그러면 아무래도 소비를 줄이기 때문에 가게나 기업에 돈이 돌지 않습니다.

저축만 하고 소비활동을 하지 않는다

기업과 마찬가지로 개인도 수입을 가급적이면 저축으로 돌립니다. 이렇게 되면 사회에 돈이 돌지 않기 때문에 경제 활동이 정체됩니다.

일한 만큼 급여를 받지 못한다

열심히 일해서 성과를 올려도 회사에서 불경기라는 이유로 좀처럼 급여를 올려 주지 않습니다.

2 자본주의의 원동력

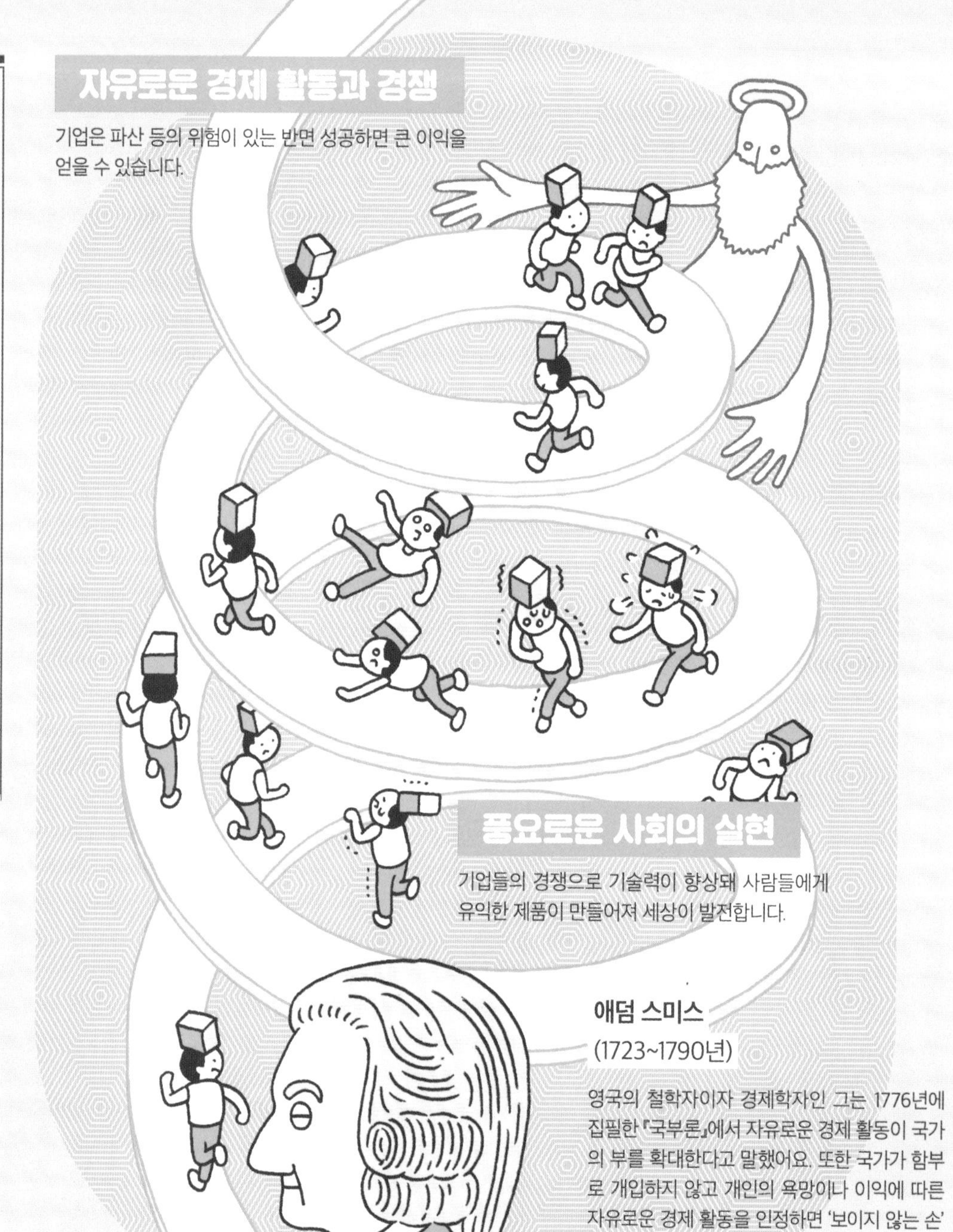

자유로운 경제 활동과 경쟁

기업은 파산 등의 위험이 있는 반면 성공하면 큰 이익을 얻을 수 있습니다.

풍요로운 사회의 실현

기업들의 경쟁으로 기술력이 향상돼 사람들에게 유익한 제품이 만들어져 세상이 발전합니다.

애덤 스미스

(1723~1790년)

영국의 철학자이자 경제학자인 그는 1776년에 집필한 『국부론』에서 자유로운 경제 활동이 국가의 부를 확대한다고 말했어요. 또한 국가가 함부로 개입하지 않고 개인의 욕망이나 이익에 따른 자유로운 경제 활동을 인정하면 '보이지 않는 손'에 이끌리듯 사회 전체적으로 수요와 공급이 조절된다고 생각했지요. 이러한 애덤 스미스의 사상은 근대 자본주의 경제학의 기초가 됐습니다.

돈을 벌고 싶은 마음

세계가 가지고 있는 공통적인 문제를 이해하려면 먼저 자본주의에 대해서 알아야 합니다. 자본주의 사회에서는 개인이 자유롭게 토지, 돈, 설비, 시설 같은 '자본'을 사용해 재화나 서비스를 만들어서 돈을 벌 수 있어요. 많은 자본을 가진 사람을 '자본가'라고 부르는데, 2장에서 주식회사는 주식을 발행해 돈을 모은다고 이야기했던 것을 기억하나요? 자본가는 갖고 있는 돈으로 많은 주식을 사기 때문에 주주인 동시에 투자자이기도 해요. 경영자는 회사가 소유한 자본으로 생산 계획을 세우고 노동자를 고용해 공장, 기계의 규모와 개수, 제품의 생산량 등을 결정합니다. 노동자도 실적이 좋은 회사를 선택하지요. 회사는 취급하는 재화와 서비스, 생산과 물류와 판매 방법도 자유롭게 고를 수 있습니다. 소비자의 선택을 받아 상품이 팔리면 돈을 벌 수 있지만 다른 회사가 선택을 받는다면 손실을 입고 파산할지도 몰라요. 여기에는 치열한 경쟁이 존재해요. **여러 회사가 서로 경쟁하며 노력하면 기술이 발전하고 질 좋은 상품과 서비스가 세상에 등장합니다. 그러면 세상은 더 발전하고 편리해집니다.** 자본가는 돈을 잘 버는 기업에 투자하고 싶고, 경영자는 사업을 성공시켜 돈을 벌고 싶고, 노동자는 일해서 임금을 많이 받고 싶습니다. **자본주의 사회의 원동력은 '돈을 벌고 싶은 마음'이에요.** 열심히 일하면 보상을 받을 수 있고, 노력하는 만큼 돈을 벌 수 있다는 것은 자본주의의 큰 장점입니다.

자본주의 경제 시스템

자본가는 매출에서 인건비와 필요 경비 등을 제하고 남은 이윤(이익)을 다시 투자해 상품 생산량을 늘려 돈을 벌어요.

노동자는 자본가가 제공하는 공장이나 기계 등의 생산 수단을 빌려 상품을 생산합니다. 노동자는 '노동'이라는 서비스를 자본가에게 제공하고 급여를 받아요. 그래서 노동도 상품의 일종이라고 할 수 있습니다.

3 사회주의란 무엇일까?

사회주의의 본질은 평등과 관리

독일의 철학자이자 경제학자인 칼 마르크스는 자본주의의 결점을 깨달았습니다. 사업을 하려면 돈이나 설비 같은 자본이 중요해요. 이것은 자본가가 가지고 있지요. 자본가는 효율적으로 물건을 만들면 돈을 벌 수 있다는 생각으로 기계를 도입합니다. 기계화가 되면 사람의 노동력이 필요 없어지니 해고되는 노동자가 늘어나겠지요. 자본가들은 기계 도입 비용과 노동자의 급여를 저울에 달고 비용이 낮은 쪽을 선택해요. 노동자는 해고에 대한 불안에 시달리며 급여가 적어도 자신을 고용해 줄 곳을 찾습니다. **마르크스는 『자본론』에서 자본주의 사회의 빈부 격차는 이런 식으로 확대된다는 점을 지적했어요.** 이 결점을 극복하고자 한 게 바로 사회주의(Socialism) 체제입니다.

❶개인이나 기업이 생산 수단을 가지지 않

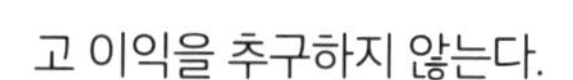

고 이익을 추구하지 않는다.

❷국가나 지방자치단체 등이 자본을 소유하고 계획적으로 경제 활동을 한다.

이 두 가지가 사회주의 체제의 기본 원칙이에요. 국가나 지방자치단체가 경제를 주도하면 자본가와 노동자의 구별이 없어져 모든 사람이 평등하고 행복한 사회가 된다는 것이죠. 그래서 1922년 세계 최초의 사회주의 국가로 소비에트 사회주의 공화국 연방(소련)이 탄생했어요. 하지만 사회주의는 제대로 굴러가지 않았습니다. 결국 소련은 1991년에 해체됐어요.

소련은 고위층 엘리트가 모든 것을 계획해서 관리하면 불필요한 경쟁이 사라져 세상이 좋아진다고 생각했습니다. 그래서 상품 하나하나의 가격과 공급량을 정부가 결정했어요. 하지만 상품이 부족하거나 남아서 사회는 혼란스러워졌지요. 노동자는 열심히 일해도 월급이 오르지 않으니 노력도 하지 않게 됐어요. 이렇게 되면 기술 개발이 이루어지지 않아 사회 발전도 정체됩니다. 또한 노동자(국민)를 지도하려면 강력하게 통제해야 하니 독재가 이루어지거나 부정부패가 일어나게 되지요.

사회주의 국가는 소련 외에도 차례차례 등장했지만, 이상대로 세워지지 않고 좌절됐습니다. 현재는 중국, 북한, 베트남, 라오스, 쿠바가 사회주의 체제를 유지하고 있어요. 실정은 제각각 다르지만 독재 체제를 통한 국민 억압과 빈부 격차 등 다양한 문제를 안고 있습니다. 사회주의의 성공은 아무래도 어려워 보입니다.

철학자·경제학자 칼 마르크스
(1818~1883년)

사회주의

[장점]

- 이론상 사람들 사이에 빈부 격차가 없으며 돈에 있어서는 평등하다.
- 국가에서 평등하게 급여를 주기 때문에 최소한의 생활이 보장된다.
- 계획적으로 상품을 생산하기 때문에 잘되면 낭비가 없다.

[단점]

- 아무리 열심히 해도 임금이 같기 때문에 일을 제대로 하지 않게 된다.
- 경쟁이 없으니 양질의 제품이 생산되지 않아 경제가 침체된다.
- 국가 지도자의 권력이 강화되어 국민에게 압제 정치를 하는 경향이 있다.

자본주의

[장점]

- 자유로운 경쟁이 이루어져 상품의 종류가 다양해지고 품질도 향상된다.
- 돈을 벌기 위해 열심히 일하려는 의욕이 높아진다.
- 상품의 가격이 수요와 공급의 균형으로 자연스럽게 결정된다.

[단점]

- 자본가와 노동자의 빈부 격차가 크다.
- 경쟁 사회이기 때문에 이긴 사람과 진 사람이 생긴다.
- 경쟁과 수익을 추구하기 때문에 자원의 낭비로 이어질 수 있다. 환경 파괴, 불필요한 소비 등의 형태로 나타난다.

COLUMN

냉전과 베를린 장벽

2차 세계대전 이후 미국을 중심으로 한 자본주의 진영과 소련을 중심으로 한 사회주의 진영의 대립을 '냉전(차가운 전쟁)'이라고 부릅니다. 실제로 전쟁을 하지는 않았지만 자본주의와 사회주의가 힘겨루기를 벌이며 경제와 외교 등으로 대립했어요. 독일은 1949년에 동서로 나뉘지면서 서독은 자본주의를, 동독은 소련의 영향을 받아 사회주의를 선택했습니다. 점점 발전하며 풍족해지는 서독에 비해 동독은 가난했기 때문에 대립 구도가 만들어졌지요. 결국 서독으로 인구 유출이 이어지면서 위기를 느낀 동독은 1961년 8월 하룻밤 사이에 베를린 장벽을 세워 국경을 넘지 못하게 만들었어요. 베를린 장벽은 냉전의 상징이었지만, 사회주의의 쇠퇴로 1989년 11월에 무너지면서 서독과 동독은 통일됐습니다.

4

자본주의의 그림자

열악한 환경에서 일하는 노동자들

사회주의가 제대로 기능하지 않는다고 판명되자 자본주의가 기세를 떨치기 시작했습니다. '정부가 계획하거나 개입하면 경제가 제대로 돌아가지 않는군. 민간 기업이 시장에서 경쟁해야 사회가 발전하고 경제도 돌아가'라는 생각으로 여러 산업에서 시장 경쟁이 치열해졌어요. 경영자들은 자신의 나라보다 노동자를 낮은 임금으로 고용할 수 있는 다른 나라에 공장을 세워 제품을 만들었지요. 자본주의의 원동력인 돈을 벌고 싶다는 마음이 개발 도상국의 고용을 창출하며 글로벌화가 진행됐습니다. 그 결과, 생활이 편리해지고 품질이 좋은 물건을 저렴하게 살 수 있는 사회가 됐지요. 하지만 마르크스가 『자본론』에서 지적한 대로 **자본가와 노동자 사이의 격차가 커져 전 세계 대부분의 부**

개발 도상국에서 일어난 노동 문제

2013년 봉제 공장이 빽빽이 들어선 방글라데시 라나 플라자라는 빌딩이 붕괴되는 사고가 일어났습니다. 1,000명이 넘는 희생자가 나와 '라나 플라자의 비극'이라고 불리는 이 사고는 선진국의 의류 브랜드에서 일을 받는 공장 경영자가 빌딩의 균열을 알고도 무시하고 일을 계속 시키다가 일어났다고 해요. 이처럼 선진국의 자본가나 경영자들이 이익을 좇는 뒤편에서 상대적 약자인 노동자들이 희생당하는 사회는 바람직하지 않습니다.

©Jaber Al Nahian

를 일부 부유층이 독점하는 불평등이 커졌습니다. 이뿐만 아니라 개발 도상국에서 낮은 임금으로 고용한 노동자들이 열악한 환경에서 일하고 아이들마저 노동으로 내몰려 교육을 받지 못하는 등 다양한 문제가 나타나고 있습니다. 이런 지나친 빈부 격차의 확대를 지적하며 자본주의 사회가 가진 문제를 해결해야 한다고 생각하는 사람이 늘어나고 있습니다.

사회주의는 아직 실패하지 않았다?

마르크스는 고도의 지성과 교양을 가진 노동자가 있는 자본주의 국가에서 사회주의 혁명이 일어나면 성공할 것이라고 생각했습니다. 하지만 실제로 혁명이 일어난 당시의 러시아와 중국은 국민 대부분이 농민으로 고도의 지성을 가진 노동자가 많았다고 할 수는 없었어요. 지금은 자본주의가 충분히 뿌리를 내린 데다 지성과 교양을 갖춘 노동자도 늘어났습니다. 출간된 지 150년 이상이 지난 현재, 『자본론』은 재평가되고 있습니다. '마르크스가 생각하는 사회주의는 지금이라면 실현되지 않을까?'라고 생각하는 사람이 많아서일지도 모르겠네요.

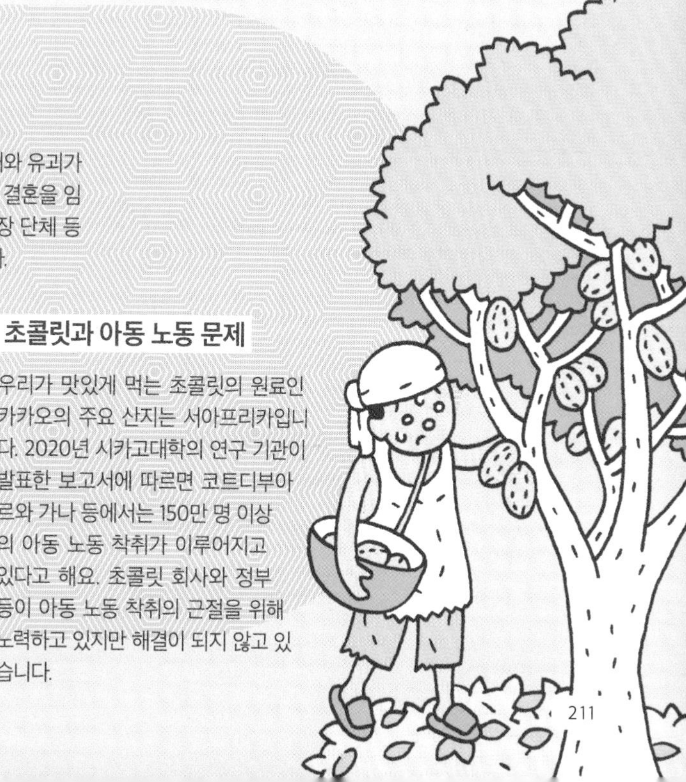

인신매매의 희생이 된 아이들

분쟁 지역 등에서는 아이들의 인신매매와 유괴가 문제가 되고 있습니다. 강제 노동, 강제 결혼을 임삼고 아동 병사를 육성하는 과격한 무장 단체 등이 이런 가혹한 행위를 벌이고 있습니다.

초콜릿과 아동 노동 문제

우리가 맛있게 먹는 초콜릿의 원료인 카카오의 주요 산지는 서아프리카입니다. 2020년 시카고대학의 연구 기관이 발표한 보고서에 따르면 코트디부아르와 가나 등에서는 150만 명 이상의 아동 노동 착취가 이루어지고 있다고 해요. 초콜릿 회사와 정부 등이 아동 노동 착취의 근절을 위해 노력하고 있지만 해결이 되지 않고 있습니다.

5 비정규직 노동자의 증가

점점 커지는 정규직과 비정규직 노동자의 격차

통계청 조사에 따르면 2023년 8월 기준 임금 노동자 2,195만 4,000명 중에서 정규직 노동자는 1,383만 2,000명, 비정규직 노동자는 812만 2,000명이라고 합니다. 코로나19 이후 이어진 불황으로 노동 시장에 크고 작은 변화가 생기면서 비정규직 노동자의 수가 빠르게 증가하고 있다고 해요. 전문가들은 비정규직이 늘어난 이유로 코로나19뿐만 아니라 경영이 불안정한 기업의 비정규직 계약 선호, 은퇴를 앞두거나 은퇴한 60세 이상 노동자의 비정규직 고용 전환 등을 꼽고 있어요. 노후를 앞둔 60세 이상의 노동자들에게 경제 활동의 길이 다시 열리는 건 환영할 만한 일이지만, 이들의 노동이 정당한 대가를 받고 있는지는 살펴봐야 합니다. 정규직 노동자와 비정규직 노동자의 임금 격차가 매년 역대 최대치를 갱신하고 있기 때문입니다. 정규직 노동자의 월평균 임금은 362만 3,000원인 반면 비정규직 노동자는 195만 7,000원으로 월급 격차는 약 167만 원에 달해요. 이러한 **노동의 양극화를 내버려두면 빈부 격차는 더욱 심해지며 각종 사회 문제의 원인이 됩니다.**

임금 격차뿐만 아니라 처우(대우)도 개선돼야 합니다. 노동시민단체 직장갑질119가 발표한 설문 조사에 의하면 '공휴일에 유급으로 쉴 수 있는가?'라는 질문에 비정규직의 51.8%가 '그렇지 않다'라고 답했으며, 월 150만 원 미만의 임금을 받는 저임금 노동자의 49.5%도 '그렇지 않다'라고 답했다고 해요. 반면 정규직의 경우 82.8%가 공휴일에 유급으로 쉴 수 있다고 합니다. 정규직 노동자와 비정규직 노동자 사이에 존재하는 처우의 차이를 해소할 수 있는 방법을 고민해야 할 때입니다.

1,383만 2,000명

812만 2,000명

20년 동안 정규직 노동자의 수보다 비정규직 노동자의 수가 더 크게 늘어났습니다.

비정규직 노동자의 비율

'한시적 노동자'란 근로 계약 기간을 정한 노동자와 근로 기간을 정하지 않았으나 계약 갱신으로 계속 일할 수 있는 노동자, 비자발적 사유로 계속 근무를 기대할 수 없는 노동자를 포함합니다. '시간제 노동자'는 한 주에 36시간 미만으로 일하는 노동자입니다. '비전형 노동자'는 파견 노동자, 용역 노동자, 특수 형태 근로 종사자, 가정 내 노동자, 일일 노동자를 포함합니다.

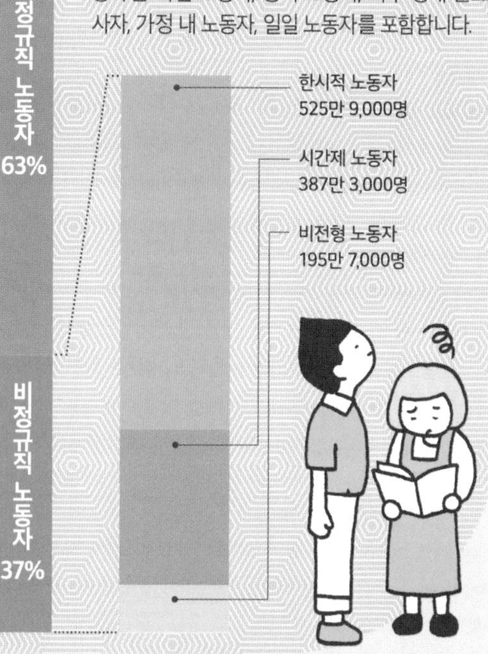

* 출처: 통계청(2023년 기준)
* 비정규직 노동자의 전체 규모는 비정규직 유형별로 중복되는 경우가 있어 그 합계와 불일치함

시민단체 직장갑질119와 공공상생연대기금이 직장인 1,000명(정규직 노동자 600명, 비정규직 노동자 400명)을 대상으로 한 설문조사 결과 15.4%가 코로나19 발생 이후 실직 경험이 있다고 답했습니다. 이 중에서 비정규직 노동자의 비율은 29.5%로, 정규직 노동자보다 5배 높았습니다.

*출처: 직장갑질119·공공상생연대기금, 「코로나19와 직장생활 변화」(2022년)

2020년 1월 코로나19 발생 이후 실직 경험이 있습니까?

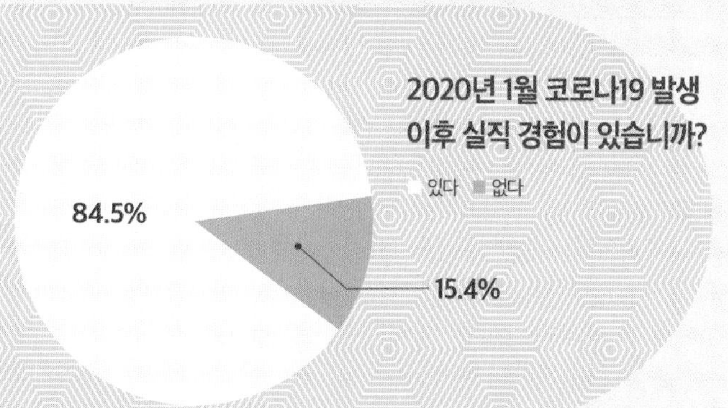

6

상대적 빈곤

빈곤은 어디에나 있다

한국도 빈곤 문제가 심각하다는 사실을 알고 있나요? 하루에 1.9달러 미만으로 생활하는 '절대적 빈곤'은 분쟁 지역이나 개발 도상국에서 주로 볼 수 있지요. **한국의 경우 이러한 절대적 빈곤을 겪는 사람은 많지 않지만, 평균 소득 50%에 미치지 못하는 '상대적 빈곤'의 비율은 16.7%로 OECD국가 중에서 4위를 차지할 정도로 높습니다.**

상대적 빈곤을 겪는 가정은 언뜻 보면 경제적으로 힘들어 보이지 않을 수 있어요. 하지만 저축도 하지 못하고 하루하루를 빠듯한 돈으로 생활하기 때문에 상급학교 진학을 포기하거나 자녀들이 어릴 때부터 아르바이트를 하기도 해요. 부모 또는 조부모의 질병 때문에 아이들이 집안일과 병간호를 하거나 식비와 의료비를 줄이기도 하지요. 상대적 빈곤은 밖에서 알아보기가 힘들어 지원을 받기 어려우며 특히 한 부모 가족, 노인, 1인 가구에서 많이 볼 수 있어요.

이러한 격차가 세대를 넘어 반복되는 '빈곤의 악순환'도 문제입니다. 이것은 교육과 큰 관련이 있어요. 저소득층 가정에서 태어난 아이가 충분한 교육을 받지 못하고 안정된 직업을 갖지 못해

절대적 빈곤

인간의 생존에 필요한 최소한의 물자조차 부족한 극도의 빈곤 상태를 말해요. 생활에 필요한 돈이 부족한 건 물론이고 충분한 식사를 할 수 없어 영양 부족이 발생하거나 교육 등의 기본적인 서비스를 받지 못하기도 합니다. 개발 도상국에서는 하루 1.9달러 미만으로 생활하는 극도로 빈곤한 사람이 11명 중 1명이라고 합니다.

상대적 빈곤

다른 사람과 비교했을 때 소득이 낮은 상태를 말해요. 국민 평균 소득의 절반에 미치지 못하는 경우입니다.

상대적 빈곤이 많이 나타나는 계층

노인

한 부모 가족

1인 가구

결과적으로 저소득층이 될 가능성이 높다는 사실은 여러 자료에서도 확인할 수 있어요. 〈대학을 졸업하면 돈을 많이 벌 수 있다?!〉(136쪽)에서 설명한 것처럼 학력이 높다고 해서 연봉이 높은 직업을 가질 수 있다고 할 수 없지만, 경제 격차와 교육 격차가 연관이 있는 것은 사실이에요. 한국은 세계 13위의 경제 대국이에요. 이런 부유한 나라에서도 소외되고 힘든 사람이 있다는 사실은 외면해서는 안 되는 현실입니다.

COLUMN

기초 생활 보장 제도

기초 생활 보장 제도는 생활이 어려운 사람에게 필요한 급여를 지급해 이들의 최저 생활을 보장하고 자활을 돕고자 실시하는 제도입니다. '기초 생활 수급자가 되는 건 부끄러운 일이야' '다른 사람의 세금으로 살다니 말도 안 돼' 등 기초 생활 수급자를 나무라는 목소리를 인터넷상에서 종종 볼 수 있지만, 그렇게 생각해서는 안 됩니다. 기초 생활비는 사회 제도로 존재하는 최후의 지원 제도입니다. 우리 중 누구라도 어려운 상황에 처할 수 있고, 일을 못 하게 될 가능성이 있어요. 더불어 건강하고 문화적인 생활을 누릴 최소한의 권리 또한 누구에게나 있답니다.

상대적 빈곤의 영향

진학을 포기한다

가고 싶은 학교가 있어도 학비를 낼 수 없어 진학을 포기할 수밖에 없습니다.

공부할 시간이 없다

바쁜 부모 대신 집안일을 하거나 어린 동생을 돌보는 데 시간을 빼앗겨 공부를 소홀히 할 수 있어요.

가족 관계가 나빠진다

부모와 자녀 모두 경제적인 문제로 스트레스를 받아 계속해서 갈등이 생기거나 싸움이 일어나기도 합니다.

병원에 가기를 미룬다

몸이 아파도 치료비가 없어 건강을 유지하기 어려울 수 있어요.

7

최저 시급은 계속 올라야 할까?

최소한의 인간다운 삶을 보장해 주는 최저 시급

뉴스에서 '최저 시급 확정' '최저 시급 소폭 상승' 같은 말을 들어 본 적이 있을 거예요. 2024년 한국의 최저 시급은 전년보다 2.5% 인상된 9,860원으로 확정됐죠. **최저 시급이란 국가가 회사와 노동자 간의 임금 결정 과정에 개입해 임금의 최저 수준을 정한 것으로, 회사에게 최저 수준 이상의 임금을 지급하도록 법으로 정해 저임금 노동자를 보호하기 위해 만들어졌습니다.**

1인 이상의 노동자를 고용하는 모든 사업장이 대상이며, 위반 시 3년 이하의 징역 또는 2,000만 원 이하의 벌금이 부과돼요. '자본주의 사회에서 국가가 이렇게 개입하는 게 맞아?'라는 생각이 들 수도 있지만 최저 시급은 노동자에게 최소한의 인간다운 삶을 보장해 준다는 점에서 큰 의의가 있어요. 나아가 일정 수준 이상의 생계를 보장해 노동자의 사기를 올려 주어 생산성이 향상되고, 저소득 노동자와 고소득 노동자 간의 임금 격차를 완화해 소득 양극화(소득 격차가 많이 벌어지는 것) 개선을 기대할 수 있어요. 하지만 최저 시급이 가파르게 오르면 영세 자영업자나 중소기업의 부담이 늘어 고용이 감소한다

OECD에 가입된 7개국의 평균 임금 추이

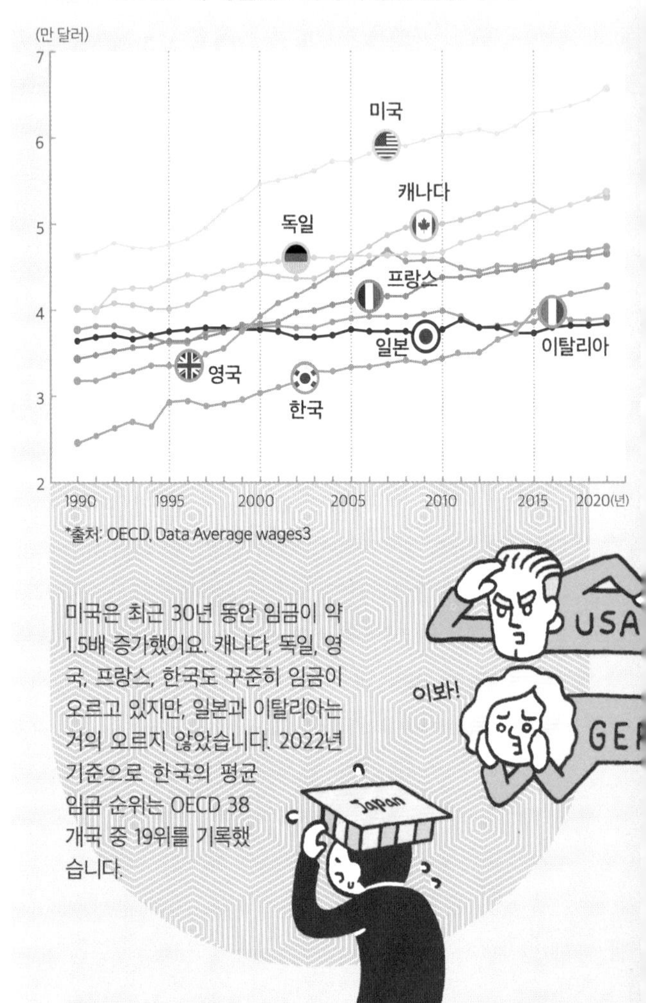

*출처: OECD, Data Average wages3

는 우려의 목소리도 나와요. 또한 최저 시급 인상은 단기적으로는 저소득층의 소비를 촉진하지만 장기적으로는 물가 상승으로 이어진다는 분석도 있고요. 매년 최저 시급을 두고 찬반 논쟁이 뜨거운 이유입니다.

평균 임금이 좀처럼 오르지 않는 이유

경제성장률이 높을 때도, 낮을 때도 평균 임금의 상승률은 크게 변하지 않는 것 같아요. 왜 그럴까요? 다음과 같은 이유를 생각해 볼 수 있어요.

이직률이 낮다

은퇴가 보장된 회사는 이직(회사를 옮기는 것)하는 비율이 낮아요. 은퇴가 보장된 회사일수록 한 회사를 오래 다니는 직원이 많죠. 이런 회사에서는 직원에게 안정적인 급여를 줄 수 있지만 회사가 임금 협상의 주도권을 가지고 있어서 임금 협상이 어려울 확률이 높습니다.

내부 유보가 많다

내부 유보란 회사의 순이익에서 세금이나 배당금, 임원의 상여금 등을 뺀 나머지 금액으로, 여기에 자본금과 자본준비금을 더한 것을 '자기 자금'이라고 해요. 총자산 중에서 이 자기 자금의 비율이 높을수록 회사의 안정성도 높다고 봅니다. 하지만 지나치게 모을 경우 회사의 이익을 직원에게 환원하지 않거나 새로운 일에 투자하지 않는 현상이 일어나기도 합니다.

비정규직 노동자가 늘어난다

인건비를 줄이기 위해 비정규직 노동자를 늘려요. 낮은 임금을 주고 일을 시켜서 기업과 자본가만 돈을 버는 구조가 됩니다.

8 저출생·고령화가 경제에 미치는 영향

국가의 활력을 빼앗는 저출생·고령화

저출생·고령화는 출생 인구가 줄어드는 '저출생'과 인구에서 차지하는 고령자의 비율이 늘어나는 '고령화'가 동시에 일어나는 현상입니다. 2023년 기준 한국의 65세 이상 고령 인구는 950만 명으로 전체 인구의 18.4%에 달해요. 반면 월별 출생아 수는 2023년 12월 기준 1만 6,253명으로 역대 최저 기록을 달성했습니다.

고령화가 진행되면 국가는 지급해야 하는 연금과 의료비가 많아져요. 국가 재정을 책임지는 인구는 일해서 세금을 납부할 수 있는 '생산 가능 인구'인 15~64세입니다. 저출생은 이러한 생산 가능 인구의 감소로 이어져 고령자의 부양을 위해 생산 가능 인구 각자가 부양해야 하는 비용이 커지게 됩니다. 또한 **저출생으로 인구가 줄어들면 생산과 소비도 위축돼요.** 그렇게 되면 기업의 실적도 악화돼 사람들의 임금과 국가의 세입도 늘지 않기 때문에 사회 보장 제도를 유지하기가 어려워질 수 있어요. 저출생의 원인으로 가치관의 다양화, 경제 침체, 경력 단절 등을 꼽습

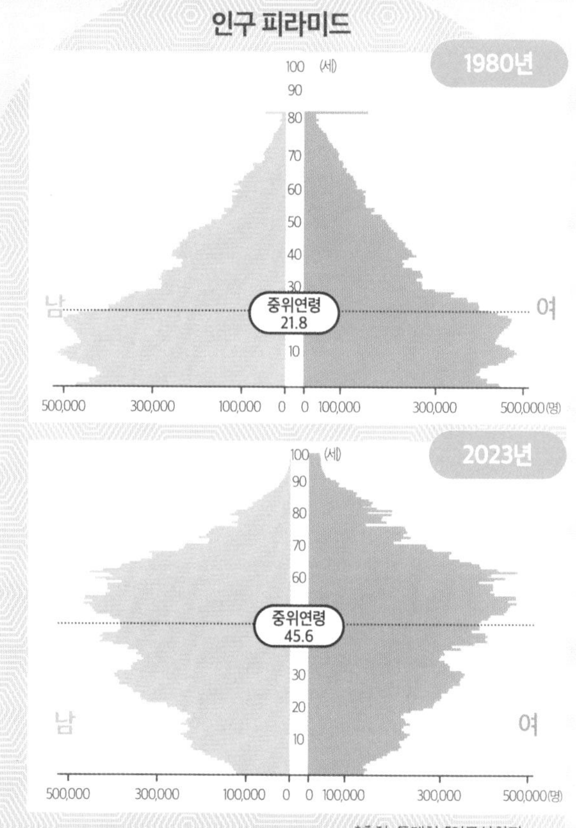

*출처: 통계청, 「인구상황판」

1980년에는 생산 가능 인구가 많은 피라미드 형태의 그래프였지만, 2023년에는 생산 가능 인구가 줄어들고 고령자 인구가 늘어난 다이아몬드 형태의 그래프가 됐어요. 앞으로는 고령자 인구가 더 늘어나 역피라미드 형태가 될 것으로 예상됩니다.

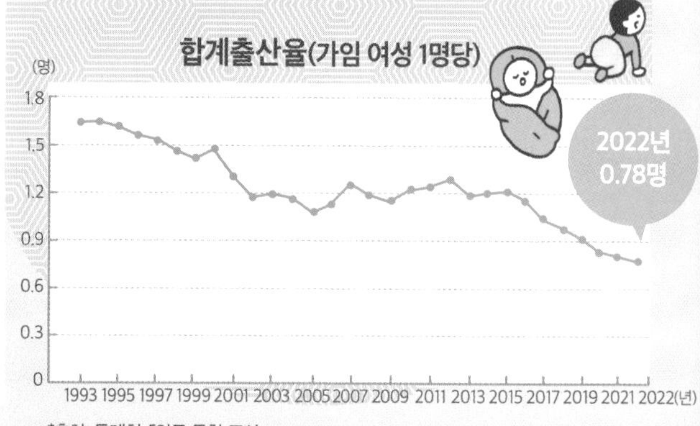

*출처: 통계청, 「인구 동향 조사」

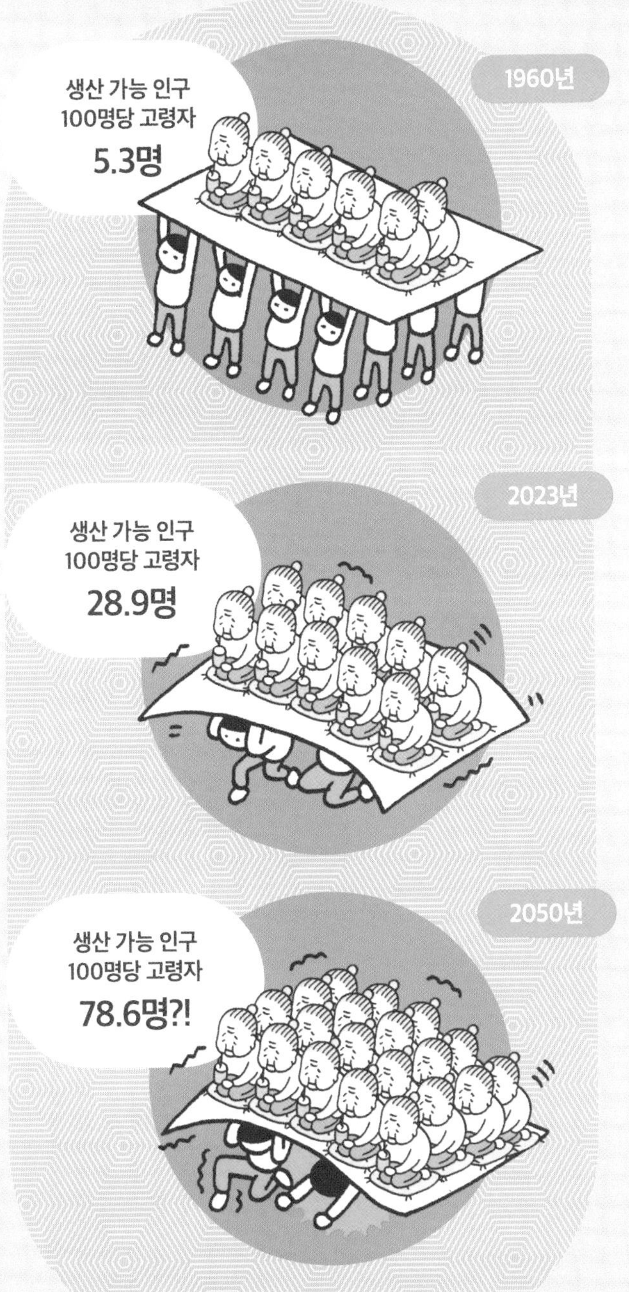

1960년에는 생산 가능 인구 100명이 고령자 5.3명을 부양했지만, 2023년에는 28.9명으로 늘었어요. 이대로 저출생이 지속되면 2050년에는 78.6명을 부양해야 합니다.

니다. 가치관의 다양화로 인한 결혼이나 출산에 대한 선택은 개인의 자유입니다. 하지만 경제 침체와 경력 단절 때문에 결혼과 출산을 하고 싶어도 하지 못하는 사람이 있다면 문제가 돼요. 경제를 바로잡고, 어린이집과 도우미 지원 등을 늘려서 육아의 부담을 덜며, 남성과 여성 모두 육아 휴직을 쉽게 쓸 수 있도록 문화와 제도가 바뀌어야 합니다.

COLUMN

프랑스의 시라크 3원칙

1993년에 1.73명으로 역대 최저를 기록한 프랑스의 출산율은 2006년 2명으로 회복됐습니다. 당시의 시라크 대통령이 내세운 '시라크 3원칙' 덕분이었죠.

1. 아이를 낳아도 새로운 경제적 부담이 생기지 않도록 한다.
2. 무료 어린이집을 완비한다.
3. 육아 휴직 3년 후에 여성이 직장에 복귀했을 때, 기업은 그 3년 동안 계속 근무했던 것으로 인정해야 한다.

이 세 가지 원칙에 따라 출산과 육아를 하면서도 일에 관한 폭넓은 선택이 가능한 환경이 마련돼 프랑스는 출산율이 증가했어요. 아이는 나라의 미래 그 자체입니다. 한국도 방법을 찾아야 할 때입니다.

우리의 행동이 경제에 미치는 영향

2019년 12월 중국의 후베이성 우한시에서 발생이 보고된 신종 코로나바이러스 감염증(코로나19)은 2020년에 전 세계적으로 유행하기 시작했습니다.

많은 국가에서 감염 확대를 방지하기 위해 락다운(도시 폐쇄)을 비롯한 다양한 대책을 시행했고, 경제 활동이 크게 제한됐어요. 한국에서도 감염이 확대되면서 재택 근무를 시행하는 기업과 온라인 수업으로 운영되는 학교가 늘어났고, 음식점의 영업 시간 단축, 행사 중지 및 축소, 외출 자제 등의 조치가 취해지면서 우리의 일상은 크게 변했습니다.

꾸준히 늘고 있던 한국으로 여행을 오는 해외 여행객도 감소했지요. 이로 인해 2020년 한국의 경제성장률은 −0.7%였어요. 식당이나 숙박, 관광업 쪽에서는 폐업하는 점주와 해고되는 직원도 많았습니다. 정부에서는 다양한 경제 대책을 실시했지만, 지원 혜택을 받지 못하는 사람도 있었고요. 아이러니하게도 **코로나19로 인해 생긴 제약으로 우리 한 사람 한 사람의 행동이 경제에 굉장히 큰 영향을 준다는 사실을 실감하게 됐습니다.**

큰 손해를 입은 산업

코로나19의 영향으로 사람들의 외출과 여행이 제한됐어요. 패스트푸드점과 레스토랑, 술집 등의 요식업, 여행 회사와 호텔 등의 관광업, 극장과 공연 등의 오락 산업에 종사하는 사람들의 일이 급격하게 줄어들었습니다.

실업자 증가

음식점은 휴업을 하거나 영업 시간을 단축해야 했습니다. 그래서 비정규직 노동자나 아르바이트생은 근무 시간이 줄거나 해고되는 상황을 맞았습니다. 새로운 직장을 찾아 일자리센터에 다니는 사람들도 늘어났어요.

필수 노동자의 부담 증가

의료 종사자, 경찰관, 소방관, 교사, 마트나 편의점 점원, 택배 배달원, 버스나 트럭 운전 기사 등 우리 생활에 꼭 필요하고 사람과의 접촉을 피할 수 없는 일에 종사하는 사람을 필수 노동자라고 불러요. 이들은 항상 감염의 위험에 노출돼 있습니다. 또한 코로나19 이전부터 문제가 됐지만, 필수 노동자는 대체로 노동 시간이 길고 이에 걸맞은 보수를 받지 못해 문제가 되고 있어요.

코로나19 이후의 시대를 예측한 움직임

코로나19의 영향으로 세계 경제는 큰 타격을 받았지만, 이 때문에 생긴 새로운 움직임도 있어요. 먼저 감염을 피하기 위해 재택 근무를 추진하는 기업이 늘었습니다. 직원이 각자 책임감을 가지고 일한다면 꼭 임대료가 비싼 도심의 빌딩에 사무실을 마련할 필요가 없다는 사실을 깨닫고 직원들은 재택 근무를 하고 본사만 임대료가 저렴한 장소로 이전하는 경우가 늘었습니다.

또한 코로나19로 실적이 저조한 회사에서는 직원의 겸업을 인정하는 등 일의 형태가 달라지고 있습니다.

10

계속해서 늘어나는 국가 부채

이대로 괜찮을까?

한국은 풍요롭고 살기 좋은 나라지만 정부의 빚은 2022년 2,326조 2,000억 원을 기록했습니다. GDP 대비 일반 정부의 부채 비율이 53.8%를 돌파했는데, 2021년에 50%를 돌파한 이후로 계속해서 상승세를 보이고 있어요. 미국(144%)이나 일본(254%)에 비하면 적다고는 하지만 전문가들은 빠른 상승세를 보이고 있으니 주의하라고 경고합니다.

〈국채를 발행하는 의미〉(92쪽)에서 정부가 국채를 발행하면 세상에 돈이 늘어난다는 이야기를 했어요. 정부의 빚이 사회를 순환시킨다고 할 수 있지요. 하지만 한국의 GDP는 저성장을 유지하고 있고, 가계 부채는 점점 늘어 전 세계 61개국 중에서 4번째로 높다고 합니다. 여기에 저출생·고령화가 진행되고 있으니 사회 보장비는 앞으로 더 늘어날 것이기 때문에 국채에만 기댈 게 아니라 국가의 수입(세입)을 더 늘려야 합니다. **경제를 회복시키고 돈이 사회 곳곳에서 순환할 수 있도록 대책을 마련하지 않으면 빚을 갚기 위해 또 빚을 지는 상황이 계속 생겨날지도 모릅니다.**

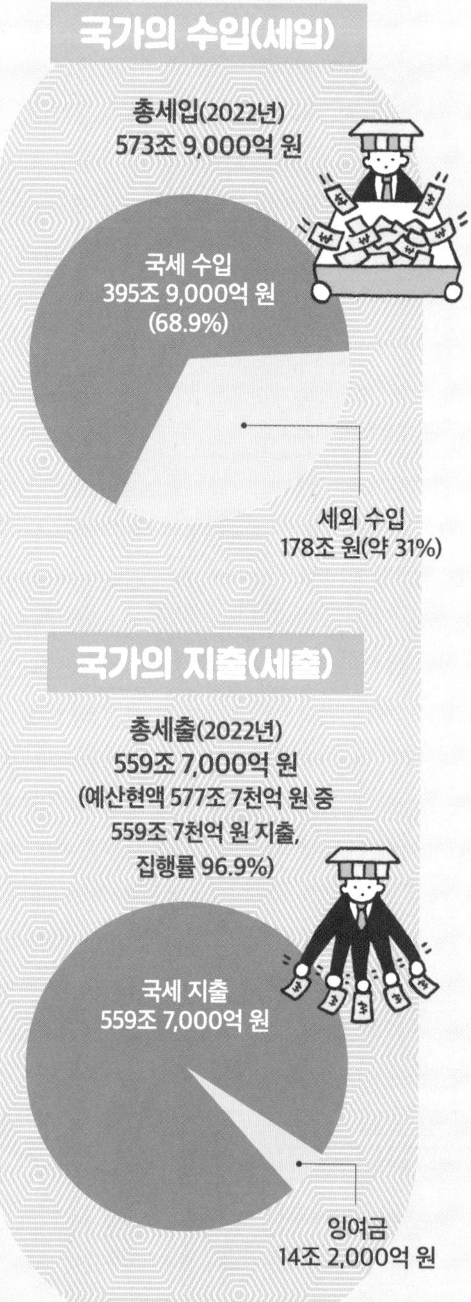

국가의 수입(세입)

총세입(2022년)
573조 9,000억 원

국세 수입
395조 9,000억 원
(68.9%)

세외 수입
178조 원(약 31%)

국가의 지출(세출)

총세출(2022년)
559조 7,000억 원
(예산현액 577조 7천억 원 중
559조 7천억 원 지출,
집행률 96.9%)

국세 지출
559조 7,000억 원

잉여금
14조 2,000억 원

*출처: 기획재정부 보도자료 「2022회계연도 총세입·총세출(일반·특별회계) 마감 결과」

육아 지원 확대 또는 고령자 복지 확대

아이 키우기 좋은 사회를 만들기 위한 투자를 늘리면 아이를 낳는 사람들이 늘어날지도 모릅니다. 그 아이들은 언젠가 납세자가 됩니다. 또한 고령자 복지 향상에 힘쓰면 미래에 대한 불안이 누그러져 소비가 늘고 경기가 좋아집니다. 양쪽 모두 신경 쓰고 싶지만 국가의 예산은 한정적이에요. 세금을 어디에 쓰면 사회가 좋아질지 우리도 생각해 봐야 합니다.

증세 또는 감세

국채 발행을 줄이려면 증세를 통해 세입을 늘리면 됩니다. 하지만 불경기에는 감세를 해서 기업이 쓸 돈이 많아지게 하는 게 기본이에요. 증세 또는 감세를 할지, 세금은 어디에서 징수할지 등이 정치가 해결해야 할 가장 중요한 문제입니다.

공평한 지원 또는 대상 지원

코로나19 감염자에 대한 지원으로 한국 정부에서는 중위소득 100% 이하인 사람에게 생활지원금을 지급했어요. 또한 국민 생활 안정과 지역 경제 회복을 위해 지자체별로 긴급 재난 지원금을 지급하기도 했지요. 모두에게 공평하게 지원하면 세금이 많이 필요해집니다. 반면 대상을 한정해서 지원하면 소외되는 계층이 생겨 불공평하다고 느낄 수 있습니다.

COLUMN

투표가 사회를 바꾼다

투표(投票, voting)는 집단 구성원들의 의사를 묻는 방법입니다. 후보가 한 명만 있는 경우 투표를 하지 않고 곧바로 당선 처리되는데 이를 무투표 당선이라고 합니다. 투표를 통해 결정하는 일을 표결(票決)이라고 부릅니다.

민주주의 사회에서는 젊은 사람이 다수일 경우 미래를 내다보는 방향으로 의사 결정을 합니다. 자신의 현재 불만이나 나이가 들었을 때의 불안을 고려해 30~40년의 기간을 내다보고 투표하기 때문이에요. 하지만 은퇴한 고령자가 많아지면 단기적인 의사 결정이 이루어져 일하는 현역 세대와 미래에 대한 투자를 소홀히 하기 쉬워요. 젊은 세대가 투표하지 않으면 정치인들은 고령자를 위한 대책만 세우게 됩니다. 그러니 젊을 때부터 선거와 정치에 대해 관심을 기울일 필요가 있습니다.

기본 소득이 일반화되면…

기본 소득이 일반적인 사회가 되면 생활비에 대한 불안이 사라지면서 사람들이 돈을 위해 일하지 않고 자신의 보람을 위해 활동하게 될지도 몰라요. 하지만 일하지 않는 사람이 늘어나 경제 활동이 정체될 거라며 우려하는 사람도 있습니다.

기본 소득

[장점]

- 최소한의 소득이 보장되기 때문에 빈곤으로 힘들어하는 사람이 줄어든다.
- 돈에 대한 불안감이 줄어들어 새로운 일을 하는 사람이 늘어나고 사회가 발전한다.
- 기본 소득으로 사회 보장이 일원화돼 실업 급여, 기초 생활비 지원 등의 보장 제도가 간략해진다.

[단점]

- 기본 소득을 지급하기 위한 재원 확보가 어렵다.
- 최소한의 소득이 보장되기 때문에 일할 의욕이 사라진다.
- 사회 보장이 일원화돼 다른 보장 제도를 소홀히 할 수 있다.

아이디어와 기술로 사회 문제에 도전하기

한국 사회에는 빈부 격차, 상대적 빈곤, 경제 침체 등 여러 문제가 있습니다. 이런 문제를 어떻게 해결할 수 있을까요?

한국을 비롯한 여러 나라에서 검토 중인 '기본 소득'이라는 제도가 있어요. 재산과 노동의 유무와 상관없이 모든 국민에게 지급하는 소득으로, 월 생계비를 지급하는 거예요. 만약 한국에 도입된다면 일을 해도 빈곤에서 벗어나지 못하는 사람들을 구할 수 있고, 돈에 여유가 생기면 소비가 활발해져 경기도 좋아지겠지요. 하지만 모든 국민에게 생계비를 지급하려면 그만큼의 돈을 확보해야 합니다.

'썩는 화폐'라는 아이디어도 있어요. 돈의 가치가 영원하지 않고 기한이 있어서 가치가 떨어진다면 자연스럽게

썩는 화폐

킴가우어 지역 화폐는 2003년 바이에른 트라운슈타인 지역에 있는 대안학교인 발도르프 학교의 경제학 교사가 만들었어요. 학생들이 지역 가게를 찾아다니며 학교에서 만든 지역 화폐를 이용해 달라고 부탁했고 학부모들도 지역 화폐를 받는 가게에서 적극적으로 이용하며 킴가우어 지역 화폐가 마을에서 점차 확산했다고 해요. 지금도 많은 이들이 사용하고 있습니다.

소비가 늘어 경기가 좋아질 것이라는 아이디어에서 나온 것이죠. 이 썩는 화폐는 독일의 사상가 실비오 게젤이 주장한 것으로 이 사상을 이어받은 게 '킴가우어(Chiemgauer)'라는 지역 화폐입니다. 이 화폐는 독일의 바이에른 지방에서만 사용되는데 6개월마다 가치가 3%씩 줄어듭니다. 이 화폐는 이산화탄소를 줄이는 기후 보너스(Klima bonus)와 연계해 활용하고 있어요. 기후 보너스란 이산화탄소를 줄이는 실천을 하면 정부에서 기후 보너스 스티커가 붙은 킴가우어 지역 화폐로 보상해주는 캠페인입니다. 한국에도 특정 도나 시에서만 사용할 수 있는 지역 화폐가 있어요. 포인트 적립률이 높거나 충전한 금액보다 더 많은 금액을 사용할 수 있어서 이득이 됩니다.

이처럼 **사회 문제를 해결하기 위해 돈과 관련된 새로운 기술과 아이디어가 곳곳에서 활용되고 있어요.** 이런 부분에도 관심을 가지고 공부해 보세요.

COLUMN

현대통화이론(MMT)

1905년 독일 경제학자 게오르크 프리드리히 크나프가 기초를 세웠고, 1970년대 미국 경제학자 워런 모슬러가 체계화한 이론이에요. 경기 부양을 위해 정부가 화폐를 계속해서 발행해야 한다는 주장이죠. 자국에서 화폐를 발행하는 국가는 국채를 아무리 많이 발행해도 문제가 없다는 겁니다. 이 이론은 당시에는 크게 주목을 받지 못하다가 코로나19 이후 여러 국가에서 경기 회복을 위해 재정 지출을 대규모로 확대하면서 주목을 받게 됐습니다.

썩는 화폐

[장점]

- 소비가 활성화돼 국가의 세입이 늘어난다.
- 늘어난 세입을 복지나 지역 중소기업 지원 등에 쓸 수 있다.

[단점]

- 저축을 할 수 없다.
- 장기 대출 등으로 구입해야 하는 고액의 물건을 사기 어렵다.

12

환경 문제와 자본주의

지구온난화에 따른 기후 변화

지구 주변을 감싸고 있는 이산화탄소, 메탄, 프레온 등을 온실가스라고 합니다. 이 온실가스가 적당히 존재하면 지구에서 생물이 살 수 있는 적절한 온도가 유지돼요. 그러나 최근에는 온실가스가 지나치게 많아져 지구의 온도가 상승했습니다. 최근 100년간 지구의 평균 기온은 0.6℃ 상승했다고 합니다. 이대로라면 2100년의 지구의 평균 기온은 최악의 경우 4.8℃가 상승한다는 보고도 있습니다. 기후학자들의 분석에 따르면, 2029년 중반에 지구 온도가 1.5℃ 이상 상승할 것으로 예상된다고 합니다. 1.5℃ 이상 상승을 하면 재앙적인 기후 변화가 예상됩니다.

지구온난화를 가속화한 공업화

18세기 산업 혁명 이후 화석 연료를 사용하는 화력 발전소와 공장의 가동, 자동차와 비행기 운행, 쓰레기 연소 등으로 대기 중에 배출되는 온실가스가 빠르게 증가하고 있습니다.

전 세계 이산화탄소 배출량

국가	비율
중국	28.4%
미국	14.7%
인도	6.9%
러시아	4.7%
일본	3.2%
독일	2.1%
한국	1.8%
캐나다	1.7%
인도네시아	1.6%
멕시코	1.3%
기타	33.5%

*출처: JCCCA, 「세계 이산화탄소 배출량」(2018년)

지구온난화를 불러일으킨 산업 혁명 이후의 공업화

최근 전 세계적으로 태풍으로 인한 산사태나 수해 같은 자연 재해가 자주 발생해 매년 큰 피해를 입고 있어요. 그 원인으로 지구온난화가 거론되고 있습니다.

지구온난화는 18세기 영국에서 시작된 산업 혁명 이후 전 세계가 공업화되며 더욱 심각해졌습니다. 물건을 대량으로 생산하려면 공업화가 필요했죠. 그래서 석탄과 석유 등 화석 연료를 대량으로 태워 에너지를 만들었어요. 그 결과 온실가스가 증가했고 태양열의 일부가 우주로 방출되지 않아 지구 전체의 평균 온도가 상승했습니다. 이산화탄소를 흡수하고 산소를 방출하는 숲이 개발과 농경지 확보 등의 이유로 벌목돼 줄어든 것도 온실가스의 증가 원인입니다.

우리는 전자 제품, 자동차, 컴퓨터 등 편리한 도구를 당연하게 사용합니다. 안타깝게도 이 편리한 생활과 이익을 추구하는 자본주의 경제가 지구온난화 가속화의 원인이 되고 있어요. **지구온난화는 국가나 정부만이 책임져야 할 일이 아니에요. 오늘날 자본주의 사회의 혜택을 누리는 모든 사람에게 책임이 있다고 할 수 있습니다.**

한국은 2030년까지 온실가스 배출량을 2018년 대비 40% 감축하고 2050년에는 순배출량을 0으로 만드는 탄소 중립 시나리오를 발표했어요. 지구에서 살아가는 우리는 지구온난화 대책이 더는 미룰 수 없는 긴급한 문제라는 사실을 인식해야 합니다.

지구가열화

지구온난화(global warming)라는 안일한 용어 대신 지구가열화(global heating)라는 급박하고 현실적인 용어를 사용해야 한다는 목소리가 많아지고 있어요. 그만큼 기후 위기가 심각하다는 뜻입니다.

COLUMN

수몰 위기에 있는 국가를 구하려면?

남태평양에 위치한 투발루와 키리바시 등 해발 고도가 낮은 섬나라는 앞으로 해수면이 올라가면 대부분의 국토가 물에 잠긴다고 합니다. 옆 나라인 피지는 이 국가들로부터 난민을 받아들이겠다고 발표했어요. 키리바시는 피지에 광대한 농지를 구입해 비상 사태에 대비하고 있습니다. 투발루, 키리바시, 피지 전부 이산화탄소 배출량이 적은 개발 도상국이며 이 사태를 일으킨 책임은 선진국에 있다고 할 수밖에 없습니다. 이제 우리는 무엇을, 어떻게 해야 할까요?

13

세계를 바꾸는 SDGs

전 세계의 다양한 문제를 해결하기 위한 지표

UN은 2015년에 '지속가능발전목표(Sustainable Development Goals, SDGs)'를 채택했습니다. SDGs는 2030년까지 지구 환경과 경제, 사람들의 생활 등을 지속 가능한 것으로 만들기 위해 노력해야 할 발전 목표예요. 가장 취약한 사람들에게 초점을 맞춰 '단 한 사람도 소외되지 않는다'라는 기본 이념을 내걸고 총 17개의 목표와 169개의 세부 목표를 제시했습니다.

SDGs에서 내건 과제에는 빈곤 퇴치, 격차 해소, 모든 노동자가 안전한 노동 환경 정비, 기후 변화와 환경 문제 대책 등이 포함돼 있어요.

한국에 대한 평가

목표 가운데 성평등, 불평등 해소, 기후 변화 대응, 해양 생태계 보존, 육상 생태계 보존, 글로벌 파트너십 분야에 대한 발전이 미흡하다는 지적을 받았습니다.

성평등

양성평등 달성과, 모든 여성과 여자아이의 역량 강화를 목표로 해요. 하지만 한국의 여성 관리자 및 국회의원 비율은 전체의 약 5분의 1 수준으로, OECD 국가 내에서 하위권에 속합니다. 한국은 지난 20년간 OECD 국가 중에서 남녀 간 임금 격차가 가장 큰 것으로 나타났습니다. 2020년 한국의 남녀 간 임금 격차는 31.5%로, OECD 평균인 12.5%(2019년)와는 여전히 19.0%p의 큰 차이를 보입니다.

지속가능발전목표(SDGs)

1 빈곤 퇴치

3 건강과 복지

5 성평등

7 지속 가능한 청정에너지

9 산업 혁신과 인프라

11 지속 가능한 도시와 공동체

13 기후 변화 대응

15 육상 생태계 보존

2 기아 해결

4 양질의 교육

6 깨끗한 물과 위생

8 좋은 일자리와 경제 성장

10 불평등 해소

12 지속 가능한 소비 생산

14 해양 생태계 보존

16 평화·정의 효과적인 제도

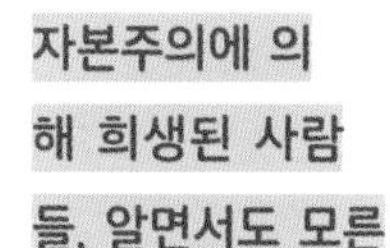

자본주의에 의해 희생된 사람들, 알면서도 모른 척해 온 환경 문제를 다시 생각하자는 메시지를 담고 있지요.

구체적인 목표에 대해서 어느 정도 성과를 거두는지 체크도 합니다. 2022년 SDGs 성취도 순위에서 북유럽 국가인 핀란드, 덴마크, 스웨덴이 1, 2, 3위를 차지했고 한국은 27위였습니다. 한국에는 SDGs의 개념이 아직 잘 알려지지 않았어요. 지금부터라도 SDGs의 중요성을 깨닫고 관련된 논의와 활동이 점차 늘고 이행률이 높아지기를 기대해 봅니다.

기후 위기

2021년에는 기후 위기로 인한 온혈질환으로 전 세계에서 10만 명이 넘는 사람이 사망했어요. 또한 '50년 만에' '100년 만에'라고 하는 초대형 태풍과 집중 호우 발생도 문제가 되고 있어요.

해양 생태계 보존

해양수산부 해양환경정보포털에 따르면 2022년에 수거한 해양쓰레기는 약 12만 6,000톤으로, 2017년(8만 2,000톤)에 비해 54% 급증했어요. 해양쓰레기 수거량은 지난 10년 동안 꾸준히 증가해 왔습니다.

SDGs 달성 순위(2022년)

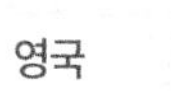

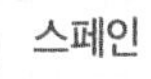

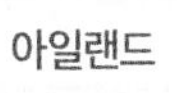

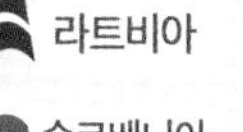

1 핀란드	6 독일	11 영국	16 스페인
2 덴마크	7 프랑스	12 폴란드	17 네덜란드
3 스웨덴	8 스위스	13 체코	18 벨기에
4 노르웨이	9 아일랜드	14 라트비아	19 일본
5 오스트리아	10 에스토니아	15 슬로베니아	20 포르투갈

유럽 국가들이 상위를 차지하고 있어요. 반면 미국은 41위, 러시아는 45위, 중국은 56위로 세계를 이끄는 국가들의 달성도가 낮은 것은 우려되는 지점입니다. 한국은 27위에 머물렀어요.

14

기업에 필요한 도덕성

기업에 필요한 자세

좋은 사회를 만드는 발걸음

자본주의 국가에서는 자본가(투자자·주주)의 위치가 굉장히 높으며, 돈을 벌고 싶은 마음이 원동력이 됩니다. 하지만 그 욕망이 지나쳐 빈부 격차와 노동 문제가 발생하고 환경을 배려하지 않는 경제 활동이 이루어졌습니다. 다행히 지금은 전 세계적으로 지나친 자본주의를 돌아보고 지속 가능한 활동이 이루어져야 한다는 분위기가 확산되고 있어요. 친환경 제품이 다양하게 출시되고, 사회 문제를 해결하는 비즈니스도 늘어나는 등 기업이 수익 창출과 도덕성 향상을 동시에 추구하기 시작했습니다.

사회를 위한 이념과 비즈니스

돈을 벌어 주주(투자자)에게 환원하는 것뿐만 아니라 '우리의 활동으로 사회를 어떻게 좋게 만들 것인가?'라는 개념이 중요해지고 있어요. 이렇게 사회 여기저기에 흩어져 있는 과제를 비즈니스로 해결하고자 하는 기업은 사람들의 지지를 얻어 오래 살아남습니다.

울고 있는 사람은 없는가

제품의 원재료 조달부터 제조, 배송, 판매, 소비까지 일련의 과정을 '서플라이 체인'이라고 합니다. 이 과정에서 저임금을 받거나 과중한 노동에 시달리는 사람이 없는지 기업은 책임감을 가지고 살펴야 합니다. 이익을 위해 비용을 줄이기만 해서는 안 됩니다.

이런 원칙을 가지고 일하는 사람이 늘어나면 세상은 조금씩 좋아집니다. 사회를 바꾸는 데는 정치의 역할도 크지만, 민간 기업이나 단체가 할 수 있는 일도 많습니다. 정치는 국민의 세금을 사용하기 때문에 결단하는 데 시간이 오래 걸리지만, 민간 기업과 단체는 결정을 내리면 빠른 속도로 사업을 시작할 수 있습니다. 그러나 이들은 돈이 되지 않는 일을 계속하기 어렵기 때문에, 이때는 정치인들이 나서야 합니다. 정치와 민간이 힘을 합칠 때 좋은 사회가 만들어집니다.

환경을 지키기 위한 노력

현재 우리는 지구 하나로는 감당하기 어려운 양의 자원을 소비하고 있으며, 2030년에는 지구가 2개 이상 필요할 정도가 된다고 합니다. 우리의 경제 활동에서 환경을 지키려는 노력이 필요합니다.

다양성 존중

자본주의 사회에서는 효율성이 중시돼 다양성이 무시되기 쉬워요. 여성, 외국인, 장애인 등의 다양한 인재를 고용하고 교육해 일자리를 창출해야 합니다. 다양한 시점이 공존하면 혁신이 일어나고 사회에 도움이 되는 새로운 사업을 시작할 수 있습니다.

도전과 투자

벌어들이는 돈을 모으기만 할 것이 아니라 새로운 사업에 투자하는 자세도 필요합니다. 도전과 개선을 이어 온 기업에는 우수한 인재가 모이며 소비자도 좋은 평가를 내려요. 기업이 새로운 일에 투자하면 세상에 돈이 순환하게 됩니다.

15

정의롭고 따뜻한 사회로

변화하는 투자자·소비자·사회

앞에서 지나친 자본주의로 인해 자본가의 힘이 커졌다고 이야기했어요. 하지만 〈투자할 때 중요한 것〉(190쪽)에서도 설명했듯이 사회가 좋아질 거라는 믿음으로 기업을 응원하고 투자하는 건 나쁜 일이 아니에요. 현재 전 세계의 투자자는 'ESG 투자'를 주목하고 있어요. ESG란 Environment(환경), Social(사회), Governance(지배 구조)의 머리글자를 딴 것으로 기업의 실적뿐만 아니라 그 기업이 환경과 인권 등의 문제에 얼마나 기여하는지를 평가하기 위해 개발된 지표예요. 이처럼 **단기적인 이익만을 추구하지 않고 장기적으로 세상에 도움이 되는 투자를 하려는 투자자와 금융 기관이 많아지고 있습니다.**

또한 소비자도 SDGs와 환경 문제에 대한 관심이 높아져 의식이 바뀌고 있습니다. 환경과 사회를 고려하여 생산된 재화와 서비스를 소비하는 것을 '윤리적 소비'라고 해요. 소비자가 저렴한 가격의 재화와 서비스만 원한다면 저임금을 받고 일하는 사람이 늘고 환경 문제도 커집니다. **소비자의 힘은 세상을 바꿀 만큼 크기 때문에 기업은 높은 도덕성을 가져야 합니다.**

우리가 사는 사회는 완전하지 않습니다. 하지만 정치, 기업·단체, 투자자, 소비자가 문제를 이해하고 해결하기 위해 노력한다면 사회는 더 정의롭고 따뜻한 방향으로 나아갈 겁니다. 모두가 각자의 자리에서 할 수 있을 일을 한다면 세상은 더 좋아질 거예요.

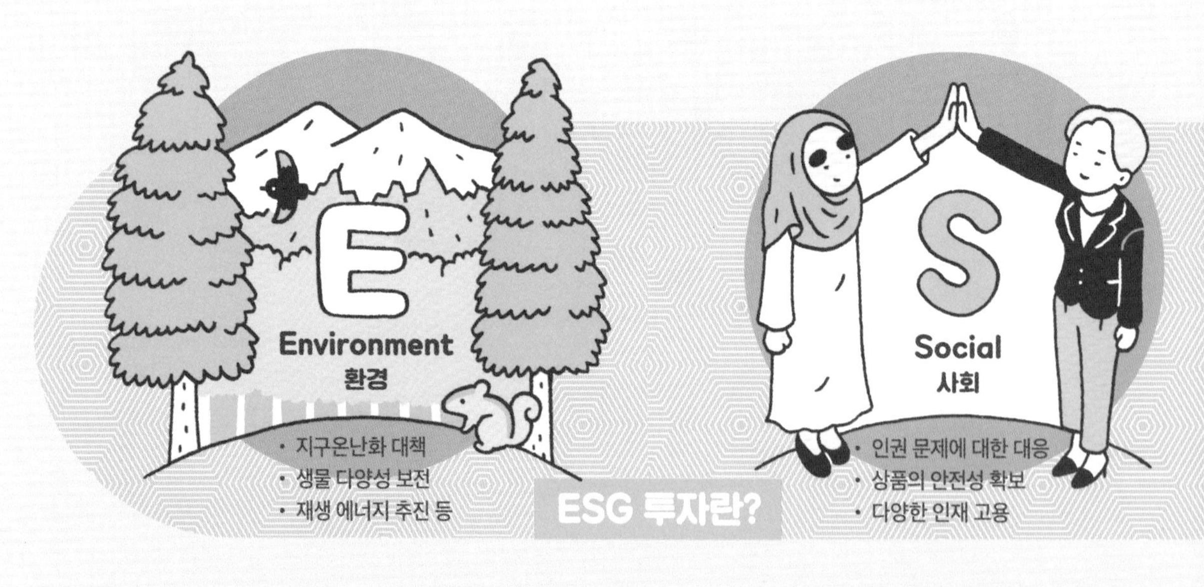

텀블러와 에코백 사용

텀블러 등 자신이 마실 음료를 담을 용기를 지참하면 할인을 해 주는 카페도 있어요. 개인용 수저나 에코백 사용도 환경을 배려하는 행동입니다.

유통 기한·소비 기한이 가까워진 제품 구입

마트나 편의점에서 유통 기한이나 소비 기한이 가까워진 제품을 적극적으로 구입합니다. 바로 먹으면 아무런 문제가 없으며, 기한이 지나 상품이 폐기되는 것을 막을 수 있어요.

장애인 고용에 적극적인 기업의 제품 구입

장애가 있는 사람을 다수 고용하는 기업이 있어요. 한 사람 한 사람의 능력을 살리는 '다양성(Diversity)'이라는 사고를 중요시하는 기업을 응원하면 사회에서 소외되는 사람을 줄일 수 있습니다.

공정 무역 제품을 적극적으로 구입

공정 무역 제품은 개발 도상국의 생산자들과 노동자들의 권익을 보장하고 제품의 생산과 운송, 판매 단계에서 환경과 사회적 측면을 고려한 거예요. 초콜릿, 커피, 화장품 등 다양한 제품이 있습니다.

다양한 윤리적 소비

COLUMN

그린워싱(Greenwashing)

그린워싱은 기업이 실제로는 환경에 악영향을 끼치는 제품을 생산하면서도 광고 등을 통해 친환경적인 이미지를 내세우는 행위를 말해요. 예를 들어 스타벅스에서 다회용 컵을 굿즈로 출시했는데, 실제로는 환경에 더 안 좋은 영향을 끼치는 결과를 낳았죠. 그것을 만드느라 늘어난 탄소 배출량 때문입니다.

【 한 줄 요약 】

1

전 세계의 부는 일부에 집중돼 있어
부를 재분배하는 문제는 큰 과제이다.

2

자본주의 사회의 원동력은
돈을 벌고 싶은 마음이다.

3

국가가 경제를 통제해 빈부 격차가 생기지 않도록 하는
것이 사회주의이지만 경쟁이 사라져 사회가 발전하지 않고
국민들의 노동 의욕이 저하되는 문제점을 안고 있다.

4

자본주의가 확장되면서 선진국의 많은 기업은
적은 임금으로 노동자를 고용할 수 있는 개발 도상국에
공장을 세워 노동력을 착취했다.

5

노동의 양극화를 내버려두면 빈부 격차는 더욱 심해지며
각종 사회 문제의 원인이 된다.

6

상대적 빈곤이란 다른 사람과 비교했을 때
소득이 낮은 상태로, 국민 평균 소득의 절반에
미치지 못하는 경우이다.

7

최저 시급이란 국가가 회사와 노동자 간의 임금 결정 과정에
개입해 임금의 최저 수준을 정한 것이다.

8

저출생·고령화가 진행되면 인구가 줄어들어 생산과 소비가
위축되고, 국가가 지급해야 하는 연금과 의료비가 늘어난다.

9

코로나19가 퍼지면서 여러 감염 방지 대책이 시행된
결과 요식업이나 관광업 등 대면 업종을 중심으로
실업자가 증가했다.

10

빠르게 늘고 있는 정부 부채와 가계 부채를 막기 위해서는
세금을 늘리고 사회 문제를 해결해야 한다.

11

빈부 격차와 상대적 빈곤 같은 문제를 해결하고
경제를 활성화하기 위해 기본 소득 제도와 썩는 화폐 등의
아이디어가 제시되고 있다.

12

편리한 생활과 이익을 추구하는 자본주의 사회에서 화석
연료를 대량으로 사용해 공업화를 진행한 결과 온실가스가
지나치게 많이 발생해 지구온난화 문제가 심각해졌다.

13

지나친 자본주의에 희생된 사람들과 환경 문제를 해결하기
위해 UN은 2015년 '단 한 사람도 소외되지 않는 것'을
기본 이념으로 내걸고 지속가능발전목표(SDGs)를 채택했다.

14

전 세계적으로 지나친 자본주의를 돌아보고 지속 가능한
활동이 이루어져야 한다는 분위기의 확산으로 기업도
수익 창출과 도덕성 향상을 동시에 추구하기 시작했다.

15

기업의 환경과 인권 문제 기여를 평가하는 'ESG 투자'와
환경과 사회를 고려한 제품을 소비하는 '윤리적 소비' 등
기업과 소비자에게 높은 도덕성이 요구되고 있다.

제 6 장

미래의 너에게 하고 싶은 말

← 오른쪽에서 왼쪽으로 읽어 주세요.
여름 방학도 후반으로 접어든 8월 말.
8월 23일
6화
인생의 결정권
오늘은 마지막 수업으로 학부모도 참관이 가능하다고 해서 아빠도 같이 왔다.
저희 팀은 헬스 케어 사업을 하는…
수업 전반부에서는 기업을 방문하고 느낀 점을 각 팀의 대표가 간단하게 발표했다.
가위 바위 보를 한 결과…
내가 우리 팀의 대표가 됐다.
그럼 마지막으로 F팀이 발표하겠습니다.
짝짝
짝짝
짝짝
짝짝

저벅
저벅
저벅
안녕하세요. F팀의 발표를 맡은 미호입니다.
저희는 주식회사 워크위즈라는 기업을 방문했습니다.
이 회사는 장애인의 취업과 장애인을 고용하고자 하는 기업을 지원합니다.
장애인 고용률은 매년 상승하고 있지만, 법정 의무 고용률을 달성하지 못한 기업도 많습니다.
우리를 맞아 준 하야토 씨는 사회의 과제를 해결하기 위해 일한다고 말했습니다.
그 이야기를 듣고…
저도 그렇게 사회적 의의를 느낄 수 있는 일을 하고 싶다고 생각했습니다.

사회적
의의
말이지….
아, 그거
말이지….
부장님,
커피 매입하는 건
말인데요, 왜 예산이
줄었나요?
그때 분명
동의하셨잖아요.
앞으로는 공정
무역도 적극적으로
추진하시겠다고.
이번에 실적 목표가 높게
설정된 건 자네도 알고 있지
않나? 이익률을 높이지
않으면 목표 수치를 달성하지
못하니까 적극적으로 추진하기
어려워졌어.
회사의 목표
수치가 높은 건
알고 있습니다.
그렇지만
단기적인 이익만
추구해서는
안 됩니다.
거기다 이 사업은
젊은 사원들이 회사의 미래를
위해 추진해 온 일입니다.
이런 프로젝트를 통해 우리
회사를 지지하는 사람들을
늘리고 우수한 인재도 많이
모을 수 있습니다.

하지만 이 일은 사회적으로도 의의가…
윗선의 결정이니까 포기해.
고지!
자네도 제일선에서 일하니까 알잖아!
그런 허울 좋은 말이 회사에서 통할 거라 생각하나!
쾅
사원번호 290371 고지
20××년 4월 1일 자로 총무부
발령한다.

미호 학생의 발표 잘 들었습니다. 자리에 앉아 주세요.
사회적 의의를…
느끼면서 일한다….
딱
딱
…
그런 안일한 생각
사회에서는 안 통해!
허울 좋은 말만 하지 말고 돈을 벌 생각을 해!
씨 익

이제 시대가
변했습니다.
그러나

미호 학생처럼 사회적 의의가
있는 일을 하고 싶다고 말하면
예전에는 이런 식으로 혼나는
일이 많았어요.

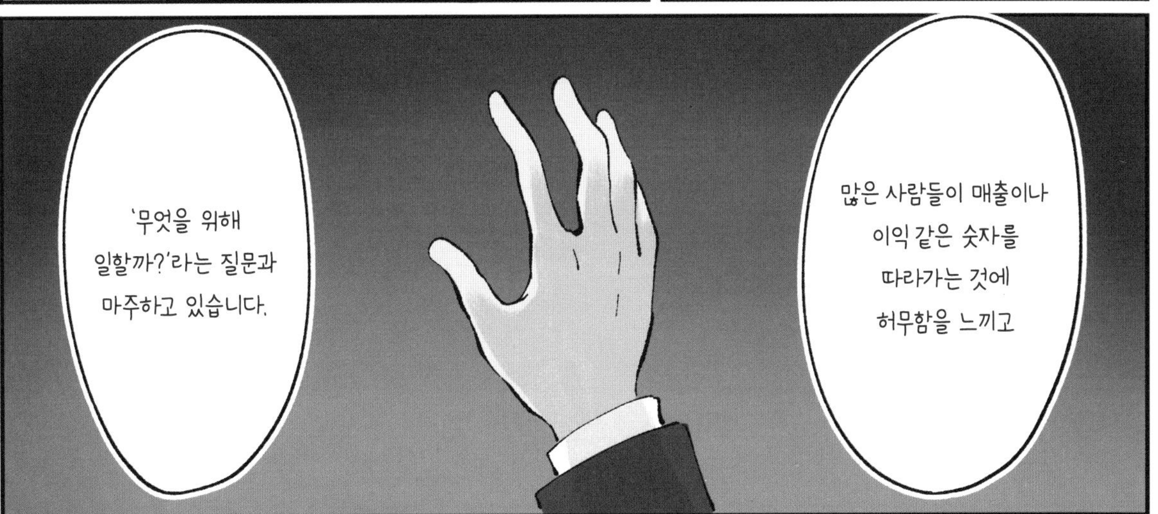
많은 사람들이 매출이나
이익 같은 숫자를
따라가는 것에
허무함을 느끼고
'무엇을 위해
일할까?'라는 질문과
마주하고 있습니다.

SNS가 발달한
현대 사회에서
소비자의 힘은 굉장히
큽니다. 소비자는
기업에 도덕성을
요구하고
기업의 부정 행위나
노동 문제 등이
드러나면 사회적
신용이 단번에
떨어집니다.

그렇기 때문에 앞으로는 기업이 존재하는 사회적 의미와 하는 일의 사회적 의의를 이해하면서 돈을 벌고 사회에 공헌하는 기업들이
살아남을 것입니다.
앞으로 취직하게 될 여러분도 그저 숫자만 바라보는 기업보다는 이런 기업에서 일하고 싶죠?
저, 저기….
저는 사회적 의의보다도 월급이 많은 기업을 고르고 싶은데, 그러면 안 되나요?
안 될 건 전혀 없어요. 돈을 많이 벌 수 있는 곳에서 일하고 싶다고 생각하는 건 어쩌면 당연합니다.
용기 있는 발언 고마워요
게다가…

'사회 기여도'를 직업 선택의 기준으로 삼지 않아도 괜찮아요.

지금까지 설명한 것처럼 세상의 많은 일은 누군가를 위해 존재합니다.
내 일의 의미나 의의를 잃지 않고 일할 수 있다면 어떤 일이라도 괜찮아요.

일은 돈을 벌기 위한 수단일 뿐, 난 보람이나 의미 같은 걸 추구하진 않아.
이런 사고도 가능합니다.
나쁜 일을 하는 건 안 되지만...

음, 그렇구나.

자, 마침 오늘 수업 주제와 관련된 이야기가 나왔네요.
이번 수업의 마지막 주제는…
슥
슥
딸깍
벌기
쓰기
'버는 것'과 '쓰는 것'입니다.
이 두 가지는 굉장히 중요합니다.
우리가 살아가는 방식과 밀접한 관련이 있기 때문이에요.
살아가는 방식…

'벌기'의 관점에서 말하자면 일반적으로 젊은 시절에는 돈을 많이 벌지 못해요.
돈을 잘 벌기 위해 힘들게 야근을 하거나 업무를 위해 열심히 공부하는 사람도 있습니다.
이건 자신의 소중한 시간을 일에 쓰는 선택을 하는 것이기도 합니다.
취미에 쓰는 시간, 소중한 사람과 보내는 시간을 늘리는 게 좋다고 생각하는 사람도 있겠죠.

쓰기
'쓰기'의 관점에서 볼까요? 예를 들어, 20대 초반에 2,000만 원을 저축했다고 가정해 봅시다.

앞날을 위해 돈을
더 모아 보자고 생각하는
사람이 있는 한편
과감하게
회사를 그만두고
그 2,000만 원으로
세계 일주를 선택하는
사람도 있을 거예요.

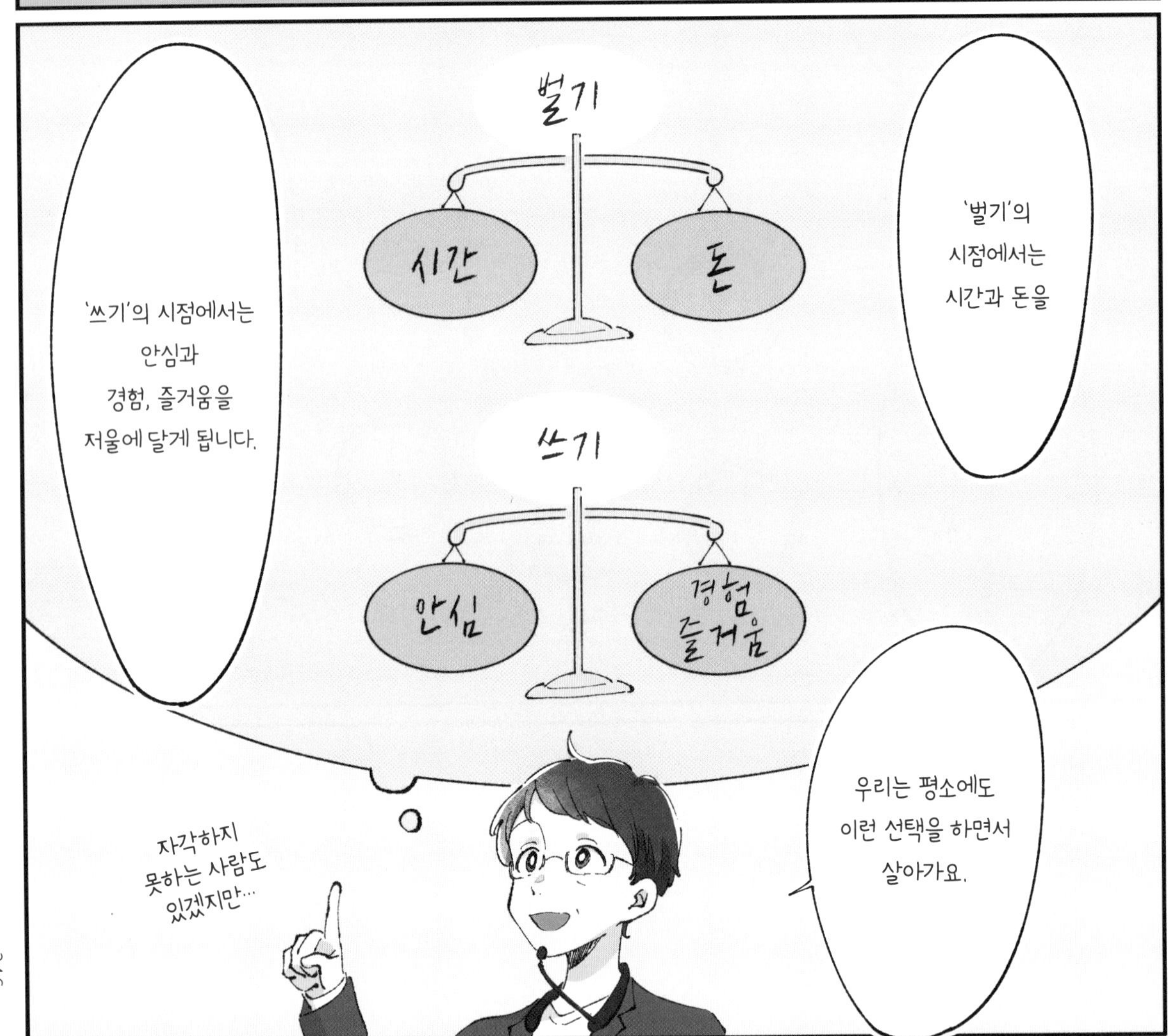
'벌기'의
시점에서는
시간과 돈을
'쓰기'의 시점에서는
안심과
경험, 즐거움을
저울에 달게 됩니다.
벌기
시간
돈
쓰기
안심
경험
즐거움
우리는 평소에도
이런 선택을 하면서
살아가요.
자각하지
못하는 사람도
있겠지만…

어떤 선택을 하고 어떻게 살아야 할지에 대한 답은 누구도 알려 줄 수 없습니다.
결정권은 바로 여러분에게 있습니다.
그래서 '자신이 살고 싶은' 인생을 선택해야 합니다.

자,
마지막 수업을 시작하겠습니다.

1

돈을 벌고 쓰는 법

돈에 대한 올바른 지식을 쌓고 적절하게 쓰기

지금까지 돈에 대해서 많은 이야기를 했습니다. 꽤 많은 것을 알게 되지 않았나요? 이번 장에서는 4장에서 설명한 〈돈의 여섯 가지 기능〉(160쪽) 중 '벌기'와 '쓰기'에 대해 설명해 볼게요.

돈을 번다는 것은 일을 한다는 뜻입니다. 돈을 버는 방식(일하는 방식)과 쓰는 방식은 그 사람의 인생을 그대로 보여 준다고 해도 과언이 아니에요. 그러니 버는 방식과 쓰는 방식에 대해 깊이 잘 생각해 멋진 인생을 살면 좋겠습니다.

이 책의 마지막 장을 통해 강조하고 싶은 건 **돈을 많이 버는 것이 아니라**

A 27세, 여성
출판사 근무

돈을 버는 방식과 쓰는 방식은 사람마다 다르고 정답은 없다

일 중심의 생활

미래를 위해 열심히 일해서 돈을 벌려고 합니다. 야근과 휴일 근무도 해요. 예금 통장에 돈이 쌓여 가는 건 즐겁지만, 쉬는 날이 많지 않아 스트레스가 쌓입니다.

최대한 아끼는 생활

최대한 돈을 쓰고 싶지 않기 때문에 힘들지만 밥은 집에서 직접 만들어 먹어요. 유행하는 옷을 사고 싶기도 하지만 작년에 샀던 옷을 입으면 된다고 생각하고 충동적인 쇼핑은 하지 않도록 항상 주의합니다.

가끔 하는 여행은 조금 호화롭게!

항상 절약하는 생활을 하기 때문에 1년에 한 번 가는 여행에서는 과감하게 돈을 씁니다. 작년 여름에는 오키나와에 가서 5일간 해양 스포츠를 즐기고 밤에는 지역 맛집에 갔어요. 스트레스도 풀고 굉장히 만족스러웠습니다. 내년 여름에는 하와이에 가기 위해 절약하는 하루하루를 보내고 있습니다.

돈에 대한 올바른 지식을 쌓고 적절하게 돈을 쓰는 것이 중요하다는 점이에요. 돈은 중요하지만 수단이라는 사실을 잊어서는 안 됩니다.

'돈이 있으면 뭐든지 할 수 있어. 돈이 없으면 아무것도 못 해'라는 생각은 하지 않았으면 좋겠어요. 돈에 사로잡혀 항상 돈만 생각하면서 사는 인생은 재미도 의미도 없어요. 돈이 많은 게 행복해지는 조건이라고 생각하는 사람이 있을지도 모르지만, 절대 그렇지 않습니다. 우리가 생각하는 전형적인 '부자'가 아니어도 자신의 꿈을 이루거나 일 또는 취미에 몰두하며 충분히 만족스러운 인생을 사는 사람이 많아요. 6장에서는 나다운 인생을 살기 위해 돈과 잘 사귀는 방법을 생각해 보도록 하겠습니다.

B 26세, 남성
IT 기업 근무

일은 열심히 하되 휴식도 중요하다

맡은 업무는 확실히 하지만, 정해진 업무 이상으로 일하는 타입은 아닙니다. 주말에는 반드시 쉬는 시간을 확보해요. 회사 팀장님은 일에 조금 더 집중해 보는 게 어떻겠냐고 하지만 신경 쓰지 않습니다.

외식 중심의 생활

주로 외식을 하기 때문에 매월 식비가 많이 듭니다. 또 원하는 것은 참지 않고 사는 경우가 많아요. 집에서는 OTT 서비스를 이용해 인기 드라마를 보고, 친구와 식사도 하고 노래방도 가며 즐겁게 살고 있습니다.

저축은 조금만!

월급을 받기 직전에는 돈이 거의 남아 있지 않기도 합니다. 저축은 재형 저축(만기 10년의 적립식 저축 상품)으로 급여에서 공제되는 10만 원이 전부예요. 조금 불안하기도 하지만 아직 젊기 때문에 지금은 자유롭게 즐기고 싶습니다. 30대가 되면 저축을 조금 더 해야겠다고 생각합니다.

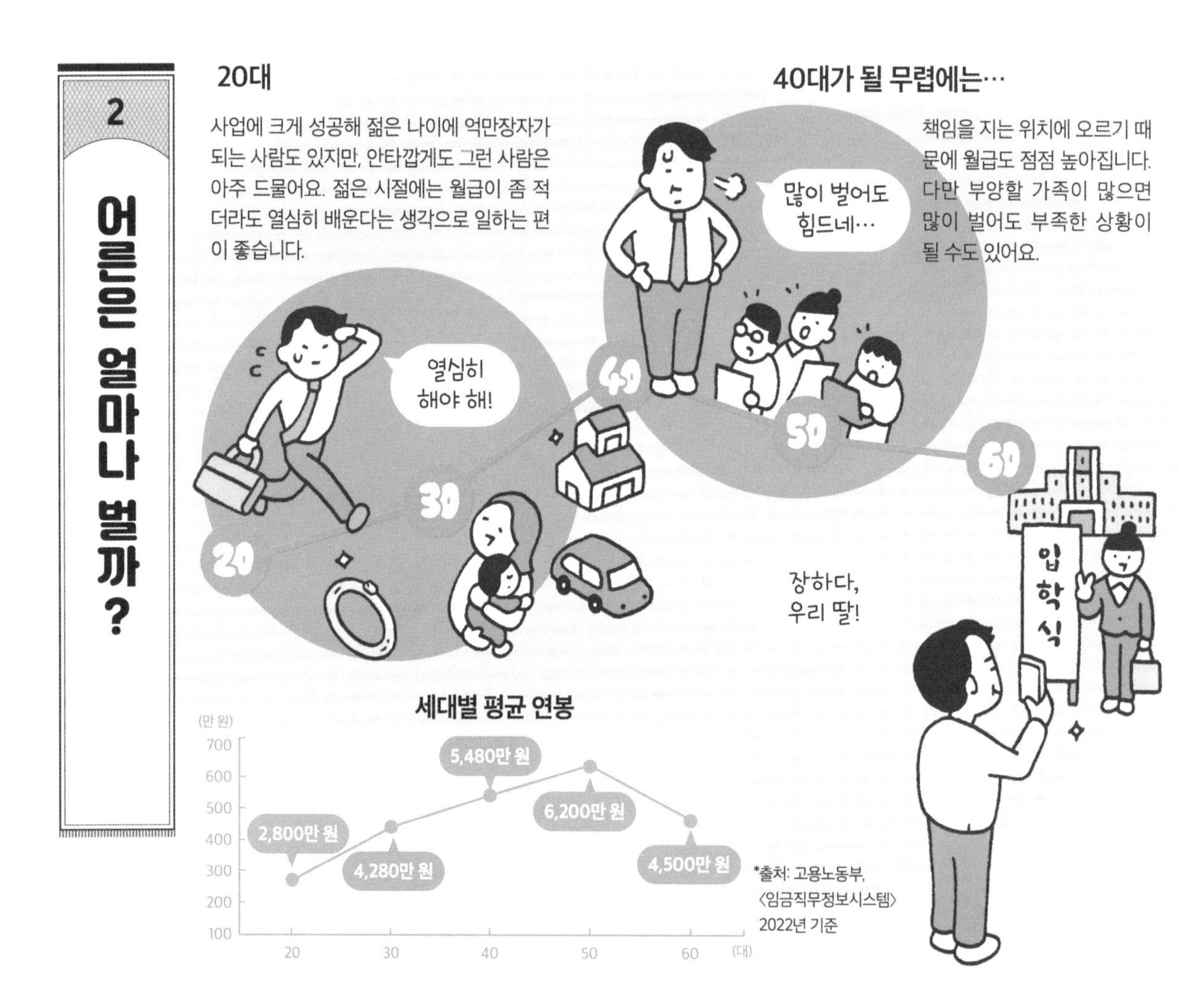

세대와 생활 방식에 따라 다른 평균 연봉

어른들은 돈을 얼마나 벌고 있을까요? 통계청 조사에 따르면 어디까지나 평균이기는 하지만 20대의 연봉은 약 2,800만 원입니다. 한 달 월급으로 계산해 보면 약 208만 원이에요. 〈가구·세대별 생활비 계산하기〉(124쪽)에서도 살펴봤지만, 이 액수라면 부모님과 함께 살 경우에는 여유가 있을 것 같네요. 다만 집세가 비싼 지역에서 혼자 살거나 가족을 부양한다면 생활이 빠듯할지도 모릅니다.

하지만 30대나 40대가 되면 연봉이 상승하는 경우가 많아요. **나이가 들수록 경험과 기술이 쌓여 실력에 걸맞은 임금을 받을 수 있기 때문에 조금씩 더 많이 벌게 됩니다.** 다만 앞에서 설명한 것처럼

정규직과 비정규직의 연봉 변화

정규직 노동자의 월평균 임금은 362만 3,000원인 반면 비정규직 노동자는 195만 7,000원으로 월급 격차는 약 167만 원이 나요. 임금 노동자 중에서 비정규직 비율은 37%입니다.

정규직 노동자와 비정규직 노동자의 임금은 차이가 있다는 사실을 기억해야 합니다. 쭉 비정규직으로 일하면 정규직에 비해 돈을 많이 벌기가 어려워요. 은퇴한 후에 받는 연금도 적죠. 이러한 임금 격차는 해소해야 할 사회 문제입니다.

COLUMN

남성과 여성의 임금 격차

한국에서는 여성이 남성보다 임금이 낮은 경향이 있어요. 국제협력개발기구(OECD)에 따르면 2022년 한국의 성별 간 임금 격차는 31.2%라고 합니다. 한국은 OECD에 가입한 1996년부터 성별 임금 격차 1위를 26년째 유지 중입니다. 남성 직장인이 100만 원을 벌 때 여성 직장인은 68만 8,000원을 받는다는 의미예요. 이러한 임금 격차는 노동 시장 진입 후 여성이 결혼과 출산 및 육아 과정에서 휴직이나 이직을 선택하면서 발생한다고 합니다. 그 결과 비정규직으로 일하는 사람도 남성보다 여성이 많은 게 현실이에요.

남성 1인당 근로 소득

약 4,885만 원

여성 1인당 근로 소득

약 2,943만 원

3 어떤 일을 해야 안정적일까?

변화 추구 vs 안정 추구

여러분은 앞으로 어떤 곳에서 일하고 싶나요? 대기업이 좋다거나 안정적인 공무원이 되고 싶다고 생각하는 사람이 많을지도 모르겠네요. 대기업이 보통 월급이 높고 공무원이 소속된 국가나 지방자치단체가 일반 회사처럼 무너질 일은 없기 때문에 안정적일 수도 있겠네요.

오른쪽 표는 2007년과 2023년의 일하고 싶은 기업의 순위예요. 취업을 앞둔 대학생들을 대상으로 설문 조사를 실시한 결과입니다. 어떤 변화가 있었을까요? 2007년에는 은행이나 제조 기업이 순위에 올라 있었어요. 하지만 16년이 지난 2023년에는 IT 기업들이 순위에 오른 것을 확인할 수 있습니다. **지금 인기가 많고 안정적인 기업과 업종이 미래에도 계속 그럴 것이라는 보장은 없어요.** 사회는 점점 더 빠르고 거세게 변화할 것으로 보이기 때문에 현재 인기 있는 기업이 수년 후에 도산하는 상황이 벌어질 수도 있습니다. '이 회사에 들어가면 무조건 안심할 수 있지'라고 생각할 수 있는 곳은 존재하지 않습니다.

세상이 변하는 것처럼 우리의 가치관

기업 선호도의 변화

대학생이 뽑은 가장 일하고 싶은 기업 TOP 10

2007년

순위	기업	순위	기업
1위	삼성전자	6위	SK텔레콤
2위	대한항공	7위	포스코
3위	CJ	8위	한국전력공사
4위	SK	9위	유한킴벌리
5위	국민은행	10위	현대자동차

2023년

순위	기업	순위	기업
1위	삼성전자	6위	CJ ENM
2위	카카오	7위	SK하이닉스
3위	네이버	8위	삼성물산
4위	현대자동차	9위	대한항공
5위	아모레퍼시픽	10위	CJ 제일제당

*출처: 인크루트, 「대학생이 뽑은 가장 일하고 싶은 기업」(2007, 2023)

인생도 변한다

좌절 후 인생이 바뀐다

취업하고 싶은 기업에 들어가지 못하거나 공무원 시험에 떨어질 수 있습니다. 그것은 나와 잘 맞지 않는다는 뜻일 수도 있어요. 좌절 후에 이런 깨달음을 얻을 수 있기 때문에 아주 소중한 경험입니다.

하고 싶은 일이 바뀐다

경험을 쌓다 보면 어떤 분야에서 자신의 능력을 발휘할 수 있을지 알게 돼요. 다른 분야에서 일하고 싶다는 사실을 깨닫는 경우도 종종 있습니다.

시대가 변한다

어쩌면 내가 하고 싶은 일 자체가 시대의 흐름이나 사회의 수요와 맞지 않을 수 있어요. 하고 싶은 일을 포기하지 않는 마음도 중요하지만, 현실적으로 내가 할 수 있을 일을 찾는 편이 현명할 수도 있습니다.

경력이 단절돼 변한다

결혼하고 아이가 태어나거나 부모님이 병으로 쓰러지는 등의 이유로 회사를 휴직하거나 퇴사하기도 해요. 경력이 단절돼 새로운 인생을 찾아야 할 수도 있습니다.

도 변할 것입니다. 매일매일 다양한 지식을 얻고 경험을 쌓다 보면 사고방식도 변해요. 미래에 어떤 모습으로 살고 싶다고 결심해도 변할 수 있어요. 결혼할 생각이 없다가 소중한 사람을 만나 결혼하거나 부모님과 쭉 함께 살려고 했지만 갑자기 해외로 취업하게 되는 상황도 생길 수 있지요. 대기업에 꼭 들어가려고 했지만 하고 싶은 일이 프리랜서가 아니면 할 수 없다는 사실을 깨닫게 될 수도 있고요. 성장하면서 사고방식도, 보이는 풍경도 바뀌게 됩니다. 이런 변화를 받아들이며 인생의 방향성을 바꿔 나갑시다. 그것이 바로 인생의 묘미랍니다.

4

100세 시대에 돈을 번다는 것

A 67세 남성

- 월급: 130만 원
- 연금: 230만 원

A는 공무원으로 30년 동안 일하고 정년퇴직했습니다. 그 후 운전이라는 특기를 살려 택시 회사에 재취업했어요. 아무래도 예전보다 체력이 떨어져서 과하게 일하지는 않습니다. 월급은 130만 원입니다. 매달 받는 230만 원의 퇴직연금과 합치면 먹고사는 데 문제는 없습니다.

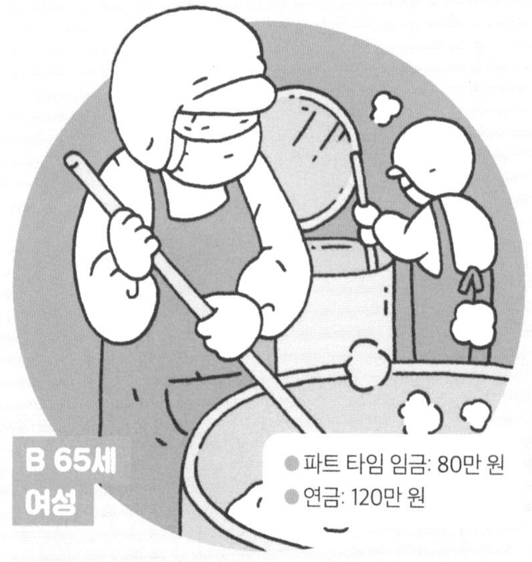

B는 일하던 대형 마트에서 65세에 정년퇴직했습니다. 그 후 급식 센터에서 파트 타임으로 일하고 있어요. 일주일에 3일을 일하며 매달 80만 원을 받습니다. 연금도 매달 120만 원을 받기 때문에 생활에 어려움은 없습니다.

매일 돈을 벌어 연금과 합쳐서 쓰는 시대

통계청 조사(2022년)에 따르면 한국인의 평균 수명은 남성이 79.9세, 여성이 85.6세이며 100세 이상의 고령자는 6,922명이라고 합니다.

한국에서는 보통 60~65세에 정년퇴직을 해요. 100세까지 산다고 하면 40년 가까운 인생이 남아 있어요. 아직 육체적·정신적 에너지가 남아 있는 데다 경험도 많죠. 그렇다면 **건강을 유지하는 동안 일을 해서 자신의 경험을 사회에 환원하는 것도 좋지 않을까요?**

앞으로 평균 수명은 더욱 길어질 것이고, 건강한 고령자도 늘어날 것입니다. 저출생으로 일손 부족이 예상되기 때문에 아마 70세까지 일하는 시대가 되겠죠. 50년 가까이 더 일하는 셈이 되는데, 한 회사에서 쭉 일하는 사람은 줄어들고 이직이나 전직을 하며 일하는 것도 당연해질 거예요.

한 경제 전문가는 "노년층들의 경제활동이 점점 활발해져 스펙트럼이 넓어지고 있으나 노년층이 종사하는 일이 한정돼 있다"며 "전문적인 교육을 통해 전문 지식을 함양하고 경험을 활용한다면 젊은 층 못지않은 인력 자원이 될 수 있다"고 밝혔어요.

여러분이 살아갈 시대는 의학의 발전으로 120세 시대가 될지도 모릅니다. 이런 부분에 대해서도 생각해 두면 좋겠습니다.

C 68세 남성

- 월 인세 수입: 약 150만 원
- 연금: 420만 원

C는 대형 보험회사에서 임원까지 지냈습니다. 회사를 퇴직한 65세에 노후의 보험에 대한 책을 썼더니 굉장히 잘 팔려 인기 컨설턴트로 강연까지 하게 됐어요. 매달 들어오는 인세는 평균 150만 원입니다. 퇴직연금도 420만 원을 받고 있어요. 돈 때문만이 아니라 사람들에게 도움이 되고 싶다는 마음으로 계속 일하고 있습니다.

D 65세 여성

- 월급: 240만 원

D는 프리랜서로 일하다가 은퇴 후 파견형 베이비시터 일을 시작했습니다. 매달 240만 원을 벌고 있어요. 그럭저럭 생계를 꾸리고 있습니다.

COLUMN

건강을 위해서는 일하는 게 제일 좋다?

비즈니스 평론가 구스노키 아라타가 쓴 『정년 후』라는 책을 보면 은퇴해도 활발하게 활동하는 사람은 20% 미만이라는 놀라운 사실이 쓰여 있습니다.

은퇴 후에 자유로운 시간이 많아져도 '할 일이 없어서 무기력하다' '사회에서 고립된 것 같다'라고 느끼는 사람이 많아요. 노후를 행복하게 보내기 위해서는 정신 건강을 지키는 것도 중요합니다. 일을 하면 규칙적으로 생활하고 다른 사람들과 함께 어울리며 몸과 머리를 모두 사용합니다. 나이가 들어서도 무리가 없을 정도로 일을 꾸준히 한다면 건강을 유지하는 데도 도움이 됩니다.

돈을 벌 때의 기본 규칙

앞으로 돈을 많이 벌고 싶다고 생각하는 사람도 있겠죠? 그렇다면 돈을 번다는 건 무엇일까요? 여기서 다시 한 번 생각해 보겠습니다. 〈경제 활동의 기본 원칙〉(30쪽)에서 소고기덮밥을 제공하는 음식점에 대해서 이야기했습니다. 그 음식점은 고객의 공복이라는 문제를 해결했어요. 그리고 **고객이 고마운 마음을 표현하는 것으로 돈을 벌었죠. 이것이 돈을 벌 때의 기본 규칙입니다.**

세상의 많은 사람들은 '이런 문제 때문에 곤란해' '이런 게 있다면 좋을 텐데' '좀 더 ○○했으면 좋겠다'라고 생각해요. 이런 문제들을 해결하는 상품이나

소셜 네트워크 서비스(SNS)

인간은 외로움을 많이 느끼는 존재입니다. 인터넷으로 다른 사람과 편하고 쉽게 교류하는 SNS는 전 세계에 보급돼 폭발적으로 성장했어요. 대표적인 SNS 중 하나인 페이스북의 설립자 마크 저커버그는 대학 시절부터 실명으로 가입하는 커뮤니케이션 플랫폼을 공개하고 참가자를 모았어요. 지금은 전 세계에 29억 명의 페이스북 이용자가 있다고 합니다.

음식 배달 서비스

앱으로 주문한 음식을 집까지 배달해 주는 서비스입니다. 이 서비스를 이용하면 배달하는 사람을 고용하지 않은 음식점에서 주문해도 배달원이 집까지 배달해 줍니다. 이용자는 다양한 음식점의 음식을 쉽게 받아 볼 수 있어요. 이는 코로나19의 영향으로 집에 있는 시간이 많아진 사람들에게 굉장히 반가운 서비스가 됐어요.

중고 거래 서비스

'나한테 더는 필요 없지만 아직 쓸 만한데…' 집에 잠들어 있는 물건들을 판매하거나 구입하는 서비스를 제공하는 플랫폼이 많아지고 있어요. 스마트폰으로 물건의 사진을 찍어 올리면 구매하고 싶은 사람에게 연락이 와요. 금전 거래는 서비스 내 앱을 통해 이루어집니다. 이 편리함 때문에 이용자들이 폭증하고 있어요.

서비스를 개발하면 사람들은 고마워하는 마음으로 사고 판매자는 돈을 벌 수 있습니다. 정말 멋진 일 같지 않나요?
문제를 알아채는 능력이 있고, 더 좋은 세상을 만들고 싶다는 마음으로 행동하고 모두에게 공감을 얻으면 이는 돈을 버는 비즈니스가 됩니다. 지금부터 사람들의 문제를 해결하거나 사람들이 바라는 바를 이루어 주는 비즈니스 사례를 몇 가지 소개해 볼게요. 최근에는 인터넷을 이용한 상품과 서비스가 많아졌는데, 가까운 미래에 돈을 벌 수 있는 힌트가 숨겨져 있을지도 모릅니다.

카 셰어링 서비스

언제 어디서나 자유롭게 자동차를 빌려서 탈 수 있는 카셰어링도 인기가 많아요. 자동차는 비싼 데다 주유비나 주차비 등 유지비도 꽤 많이 들죠. 돈에 여유는 없지만 자동차를 타야 하는 사람이나 평소에는 자동차를 이용하지 않지만 휴일에만 쓰고 싶은 사람을 위한 서비스입니다. 전용 앱을 사용해 24시간 이용할 수 있어서 편리합니다.

6

돈을 잘 버는 사람은 어떤 사람일까?

1. 의류 브랜드 회사에서 근무하는 S

처음에는 매장 근무부터

대형 의류 브랜드 회사에 취직한 S. 그녀는 자신이 입고 싶은 옷을 디자인하고 싶었습니다. 하지만 판매 부문에 소속돼 브랜드 직영 매장에서 일하게 됐습니다.

매장 업무는 힘들었지만…

처음에는 조금 불만이 있었지만, 매장에서 고객들과 만나면서 사람들이 어떤 옷을 원하는지 배웠습니다. 고객들의 클레임에도 대응해야 해서 힘들었지만, 점점 보람을 느끼게 됐습니다.

스스로 행동하는 사람

과거 한국에서는 회사에 취직하면 근속 연수에 따라 급여가 점점 올랐고 정년까지 일을 할 수 있었습니다. 하지만 지금은 다릅니다. 아무리 큰 회사라도 계속 안정적일 수는 없으며, 회사가 정규직 사원을 정년까지 고용하는 종신 고용도 보장되지 않는 경우가 많아요. 또한 철저하게 성과로만 평가해 임금을 결정하는 회사도 많아졌습니다. **대부분의 직원들은 '매달 월급을 받는 건 당연한 거 아냐?'라고 생각하지만, 그 사고방식을 다시 생각해야 할지도 모릅니다.** 회사에 소속되면 당연히 월급을 받을 수 있다고 생각하는 건 굉장히 수동적인 자세예요. 이런 사람들은 돈을 많이 벌 수 없습니다.

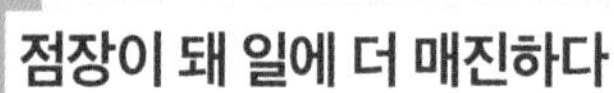

점장이 돼 일에 더 매진하다

매장 근무 4년 차에 지금까지의 노력을 인정받아 점장으로 발탁됐습니다. 점장이 되면 직원들의 의욕을 높이고 매출도 올려야 합니다. 열정적으로 매장 경영에 나서는 S의 모습을 보고 직원들도 열심히 하기 시작했습니다.

앞으로의 시대에서 돈을 버는 사람은 스스로 행동하는 사람입니다. 돈을 잘 벌려면 '나는 이 회사에 내 능력을 파는 거야. 월급은 성과에 대한 보수야'라고 생각해야 해요. 이렇게 하면 자신의 능력을 향상시키고 성과를 내는 데 필사적이 됩니다. 이런 마음으로 일하는 사람은 스스로 일을 만들어 내면서 활약해요. 만약 재직 중인 회사가 파산하더라도 이런 마음으로 일해 온 사람은 재취업을 하거나 프리랜서로 일할 수 있습니다. 사람들의 욕망이나 회사가 가진 문제를 알아채고 스스로 생각해서 행동하는 사람이 돼야 합니다. 그러면 좋은 방향으로 나아갈 수 있습니다.

점장으로 큰 성취감을 얻었지만…

S의 매장은 직영점 가운데 몇 번이나 매출 1위를 차지할 정도로 좋은 성과를 냈습니다. S는 큰 성취감을 얻었지만, 아직 하고 싶은 일이 있었습니다.

난민 아이들을 생각하며…

예전부터 아프리카 분쟁 지역에서 난민이 된 아이들의 뉴스를 보고 마음 아파하던 S는 자신이 할 수 있는 일이 없을지 계속 생각했습니다. 그래서 젊은 사람들에게 인기가 많은 일러스트레이터와 협업해 오리지널 티셔츠를 기획했습니다.

컬래버레이션 티셔츠로 기부 행사를 기획하다

S는 티셔츠 매출의 일부를 난민 캠프에 거주하는 아이들에게 기부하는 아이디어를 기획 관리부 부장에게 제안했습니다. 점장으로 능력을 인정받은 S의 기획은 승인돼 제작과 판매가 결정됐습니다.

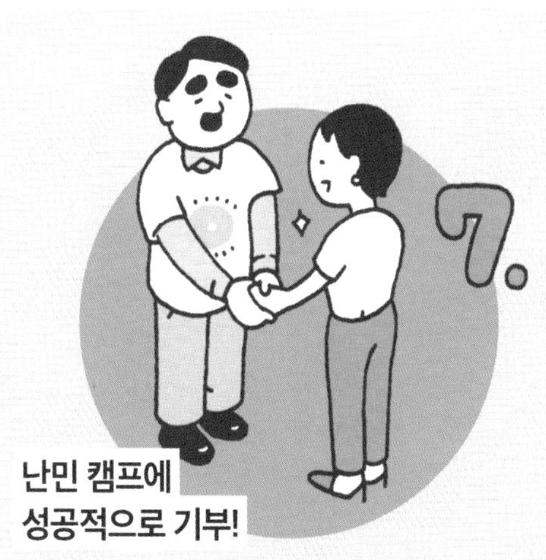

난민 캠프에 성공적으로 기부!

컬래버레이션 티셔츠의 정가는 2만 5,000원. 그중 5,000원을 기부하기로 했습니다. 인터넷 뉴스 등에서 화제가 되면서 출시 한 달 만에 3만 장이 판매돼 NGO 단체를 통해 1억 5,000만 원을 난민 캠프에 기부했습니다.

S는 젊은 시절에 맡은 일을 열심히 해 회사에서 신임을 얻고 사회인으로서 자신감도 얻었습니다. 여기에 만족하지 않고 자신이 관심이 있는 다른 분야와의 협업을 통해 더 큰 성과를 올렸습니다. 이렇게 일하는 사람은 어디에서나 필요로 하며, 무엇보다 본인이 큰 만족감을 느끼며 일할 수 있습니다.

7

새로운 가치를 제공하는 사람

*출처: happycreator/Shutterstock.com

전 세계적으로 유명한 카페 스타벅스의 콘셉트는 '서드 플레이스(Third place)의 제공'입니다. 서드 플레이스란 가정(퍼스트 플레이스)도, 직장(세컨드 플레이스)도 아닌, 나답게 있을 수 있는 제3의 장소라는 의미예요. 맛있는 커피뿐만 아니라 사람들의 마음을 풍족하고 활기차게 만들어 주는 공간과 시간, 체험을 제공한다는 콘셉트로 많은 사랑을 받고 있습니다.

나는 세상에 어떤 가치를 제공할 수 있을까?

한국이 가난하던 시절, 백색 가전이라고 불리던 냉장고와 세탁기, 에어컨 등은 풍요의 상징이었습니다. 지금은 다양한 제품이 각 가정에서 사용되고 있고 편리한 서비스도 세상에 넘쳐납니다. 그러다 보니 새로운 상품과 서비스를 소비자에게 팔기 어려운 시대가 됐어요. 이런 시대에 상품과 서비스를 제공해 돈을 버는 사람은 어떤 사람일까요? 바로 사람들이 느끼는 '가치'를 이해하는 사람입니다.

사람은 가치를 느끼는 것에 돈을 지불해요. **가치에는 '기능적 가치'와 '정서적 가치(의미적 가치)'가 있습니다.** 기능적 가치란

선진국에서 대량으로 저렴하게 판매되는 의류는 개발 도상국 노동자들의 열악한 노동 환경과 저임금으로 생산됩니다. 이것을 문제로 의식한 여러 기업이 현지 직원을 제대로 고용해 기능을 향상시키고 양질의 물건 생산에 힘쓰고 있습니다. 일본의 의류 기업 마더하우스(www.motherhouse.co.jp)는 개발 도상국에서 전 세계적인 브랜드를 만들겠다는 이념으로 설립돼 방글라데시를 비롯한 6개국을 생산국으로 두고 가방과 주얼리 등을 만들어 판매하고 있습니다.

재생 에너지를 이용한 발전

지구온난화가 심각한 현재, 우리는 에너지원이 사라지지 않고 온실가스를 배출하지 않는 재생 에너지(태양열, 풍력, 지열 등)로 만든 전기를 사용할 수 있습니다.

북카페

한국에서는 독서 인구 감소로 인해 개인이 운영하는 서점이 점점 줄어들고 있습니다. 이런 상황에서 젊은 층이 새로운 유형의 서점을 오픈하고 있습니다. 서점의 일부를 카페로 만들거나 잡화를 팔고, 책 관련 이벤트와 사진전을 여는 등 문화적인 가치를 덧붙여 새로운 유형의 공간을 만들어 좋은 반응을 얻고 있습니다.

제품의 기능과 성능을 말해요. TV라면 영상을 내보내는 것, 세탁기라면 옷을 빠는 것이 되겠죠. 하지만 제품이 다양해지면 기능적 가치만 강조해서는 팔리지 않습니다. '더 예쁘고 선명하게 나오는 TV입니다' '때가 잘 빠지는 세탁기입니다'라는 것만으로는 수많은 경쟁 제품과 차별화되지 않기 때문입니다.

그래서 중요한 것이 '정서적 가치'를 제공하는 일입니다. 정서적 가치란 제품 본래의 기능 이외의 부분으로 사람들에게 어필하는 거예요. 디자인이나 제품의 존재 의의 같은 것들이죠. 예를 들어 애플의 '아이폰'은 버튼식 휴대전화가 일반적이던 시대에 버튼이 없는 획기적인 디자인으로 전 세계를 휩쓸었습니다. 게임 업계에서는 닌텐도가 1인 게임기의 시대에 가족과 함께 즐기는 게임기 '위'를 발표해 엄청난 인기를 끌었습니다. 미네랄 워터 '볼빅'은 1L짜리 볼빅을 구입하면 아프리카 말리에 깨끗하고 안전한 물 10L를 공급하는 이벤트를 실시해 사람들의 구매 의욕을 불러일으켰습니다.

기능적 가치와 정서적 가치를 이해하고 상품과 서비스를 제공하면 많은 이들의 공감을 얻어 돈을 벌 수 있습니다. 여러분은 어떤 가치를 세상에 제공하고 싶나요? 무엇이든 괜찮으니 자유롭게 생각해 보세요.

8

나를 성장시키는 세 가지 자산

시간, 돈, 능력

미래에 돈을 벌기 위해서 현재의 자산을 쓰는 것을 투자라고 합니다. 4장에서 주식이나 채권을 매매하는 금융 투자에 대해 소개했는데요. 여기서는 더 넓은 의미의 투자로 미래에 내가 더 성장하기 위한 '자기 투자'에 대해 알아볼게요. 투자 전문가 오쿠노 가즈시게의 말에 따르면 **우리는 모두 시간, 돈, 능력(재능)이라는 세 가지 자산을 가지고 있다고 합니다.** 여기에 대해서 생각해 봅시다.

첫 번째 자산은 '시간'입니다. 시간은 모든 사람에게 평등하게 주어지지만 유한해요. 공부하는 시간, 사람과 만나는 시간, 책을 읽는 시간, 여러 다양한 경험을 쌓는 시간 등 자신을 성장시키기 위해 얼마나 많은 시간을 투자하

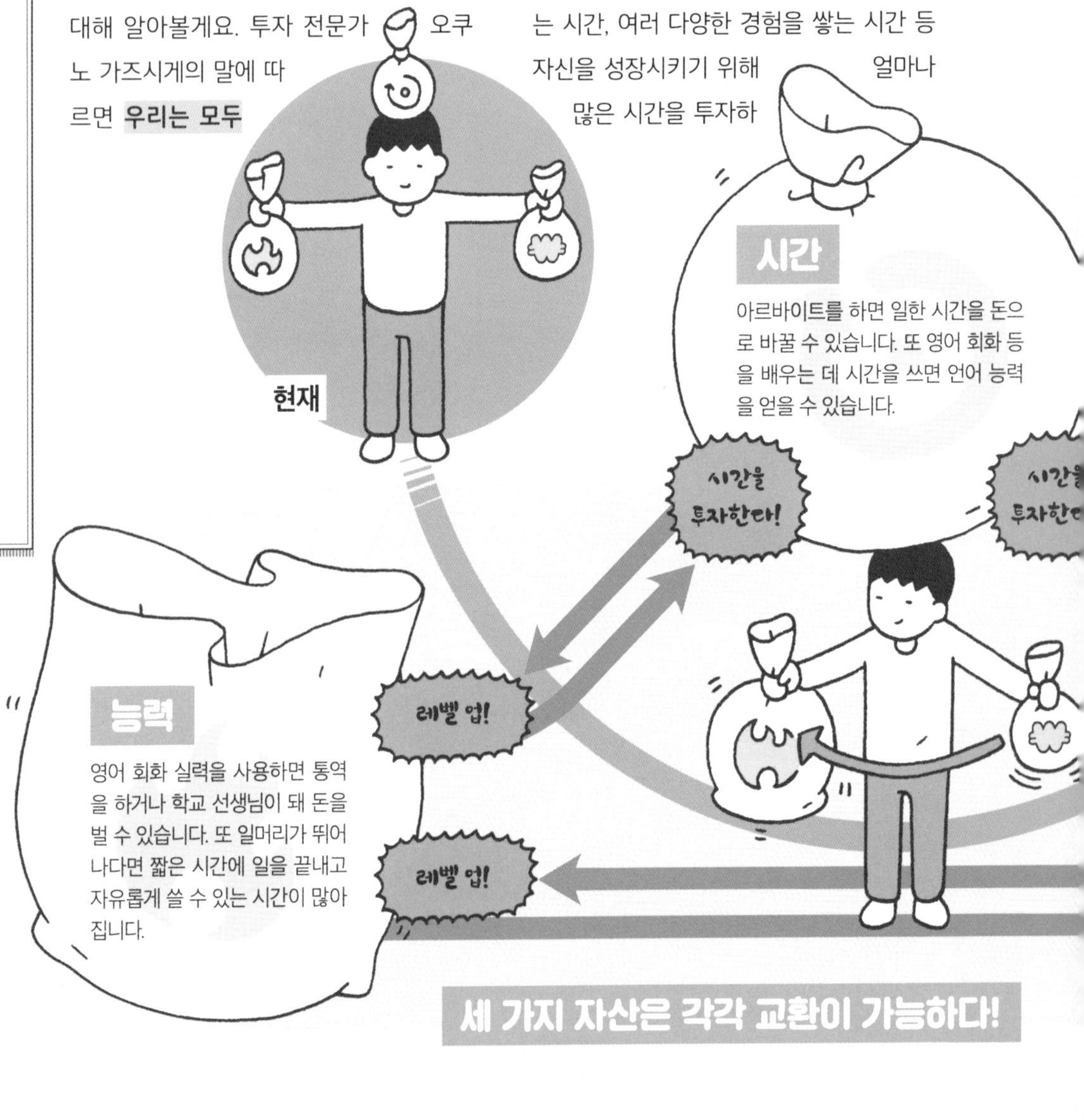

현재

시간

아르바이트를 하면 일한 시간을 돈으로 바꿀 수 있습니다. 또 영어 회화 등을 배우는 데 시간을 쓰면 언어 능력을 얻을 수 있습니다.

시간을 투자한다!

시간을 투자한다!

능력

영어 회화 실력을 사용하면 통역을 하거나 학교 선생님이 돼 돈을 벌 수 있습니다. 또 일머리가 뛰어나다면 짧은 시간에 일을 끝내고 자유롭게 쓸 수 있는 시간이 많아집니다.

레벨 업!

레벨 업!

세 가지 자산은 각각 교환이 가능하다!

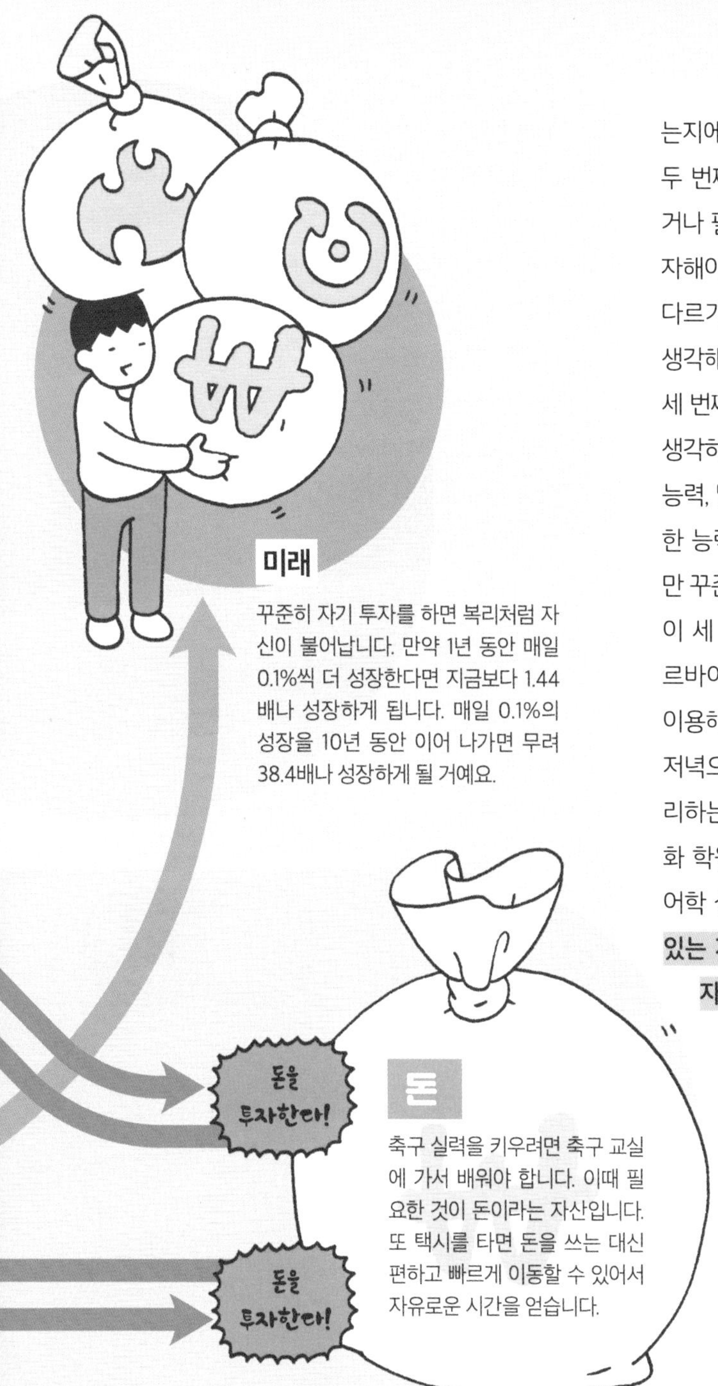

미래

꾸준히 자기 투자를 하면 복리처럼 자신이 불어납니다. 만약 1년 동안 매일 0.1%씩 더 성장한다면 지금보다 1.44배나 성장하게 됩니다. 매일 0.1%의 성장을 10년 동안 이어 나가면 무려 38.4배나 성장하게 될 거예요.

돈

축구 실력을 키우려면 축구 교실에 가서 배워야 합니다. 이때 필요한 것이 돈이라는 자산입니다. 또 택시를 타면 돈을 쓰는 대신 편하고 빠르게 이동할 수 있어서 자유로운 시간을 얻습니다.

는지에 따라 미래가 달라집니다.

두 번째 자산은 '돈'입니다. 성장하려면 학교에 가거나 필요한 도구를 사기 위해 돈이라는 자산을 투자해야 해요. 사람마다 사용할 수 있는 돈의 양이 다르기 때문에 어떻게 효율적으로 쓸지 면밀하게 생각해야 합니다.

세 번째 자산인 '능력'도 각각 다릅니다. 논리적으로 생각하는 능력, 영어로 말하는 능력, 그림을 그리는 능력, 말을 잘하는 능력 등 사람에게는 저마다 다양한 능력이 있어요. 능력은 가지고 태어나기도 하지만 꾸준한 노력과 경험을 통해 얻어지기도 합니다.

이 세 가지 자산은 어느 정도 교환이 가능해요. 아르바이트를 해서 돈을 번다면 시간이라는 자산을 이용해 돈을 버는 것이죠. 편의점에서 산 도시락을 저녁으로 먹는다면 돈이라는 자산을 써서 직접 요리하는 시간을 버는(절약하는) 것입니다. 또 영어 회화 학원에 다닌다면 돈과 시간이라는 자산을 써서 어학 실력이라는 능력을 얻는 거예요. **지금 가지고 있는 자신의 자산(시간, 돈, 능력)을 투자해 미래의 자산을 늘려 가는 게 바로 자기 투자입니다.**

돈을 잘 버는 사람이 된다는 건 능력이 뛰어난 사람이 된다는 뜻이에요. 능력이 뛰어나면 짧은 시간에 많은 돈을 벌 수 있기 때문에 미래에 자유롭게 쓸 수 있는 시간이 많아져요. 여러분은 자신에게 어떤 투자를 하고 있나요? 지금 가지고 있는 자산을 어떻게 쓸지는 여러분의 선택에 달려 있습니다.

9

돈을 잘 버는 사람이 빠지기 쉬운 함정

돈을 잘 번다고 잘난 사람이 되는 게 아니다

여러분이 열심히 일하고 자기 투자를 해서 돈을 잘 벌게 됐다고 가정해 봅시다. 노력해서 돈을 잘 벌게 됐으니 어느 정도 만족하거나 자랑스럽게 생각해도 괜찮죠. 하지만 **돈을 잘 벌게 돼도 '내가 잘나서 특별한 존재가 된 거야'라고 착각해서는 안 됩니다.** 이것은 열심히 노력한 사람일수록 빠지기 쉬운 함정이에요.

세상에는 다양한 직업이 있고 그 일을 통해 우리는 생활을 꾸려 나갑니다. 이런 일에 대해 고마움을 표시하는 게 돈입니다. 내 수중에 있는 돈은 고마운 마음을 보내 준 사람이 있기 때문에 존재해요. '내가 열심히 했으니까 고마워하는 게 당연하지'라는 태도는 좋지 않습니다. '천만의 말씀' '내가 더 고마워'라고 말할 수 있다면 더 멋지지 않을까요? **우리는**

세계인권선언

모든 사람은 어떤 차별에 대해서도 또한 이런 차별을 부추기는 어떤 행위에 대해서도 평등하게 보호를 받을 권리를 가진다(제7조 요약).

대한민국헌법

모든 국민은 법 앞에 평등하다. 누구든지 성별·종교 또는 사회적 신분에 의하여 정치적·경제적·사회적 문화적 생활의 모든 영역에 있어서 차별을 받지 아니한다(제11조 1항).

사회 안에서 함께 살고 있다는 사실을 잊어서는 안 돼요. 급여가 많지 않더라도 자신의 일에 자부심을 가지고 일하는 사람은 굉장히 멋집니다. 그리고 이유가 있어서 일을 할 수 없는 사람도 많아요. 돈의 많고 적음은 인간적인 가치와 아무런 관계가 없어요. 돈의 유무와 상관없이 인간은 모두 평등하며, 누구나 차별받지 않고 살 권리가 있습니다. 대한민국 헌법과 유엔의 세계인권선언에도 보장돼 있는 내용이지요. 이런 사고방식을 가진 사람들이 많아졌으면 좋겠습니다.

COLUMN

한 사람 한 사람이 모두 가치 있는 존재

나보다 돈을 잘 버는 사람을 부러워하며 '나는 가치 없는 인간이야'라고 생각할 필요는 없습니다. 사람은 살아 있는 것만으로 가치가 있어요. 왜냐하면 누구나 소비를 하기 때문이죠. 소비를 하는 사람이 없다면 세상은 돌아가지 않습니다. 막 태어난 아기는 아무것도 만들어 내지 못하지만 분유와 기저귀, 아기 옷 등을 만드는 회사의 직원들은 아기를 위한 제품을 만들어 팔고 월급을 받습니다. 이렇게 경제 활동의 면만 봐도 인간은 살아 있는 것만으로 가치가 있는 존재입니다.

지속가능발전목표(SDGs)

목표10 '불평등 해소'. 2030년까지 연령, 성별, 장애, 인종, 민족, 출신, 종교, 경제적 지위, 기타 상황과 관계없이 모든 사람의 능력 강화 및 사회적, 경제적, 정치적 포용을 증진하고 확대한다.

10

연봉이 높으면 행복할까?

돈으로 살 수 있는 행복에는 한계가 있다

여러분은 미래에 어느 정도의 연봉을 받고 싶나요? 돈이 있으면 좋아하는 것을 살 수 있고 가끔 사치도 부릴 수 있으니 연봉이 높을수록 좋다고 생각하는 사람도 있을 거예요. 미국 프린스턴대학교의 대니얼 카너먼 교수가 리서치 회사와 공동으로 실시한 조사에서 "연봉 7만 5,000달러(약 9,800만 원)까지는 연봉이 늘수록 행복도가 높아지지만, 그 이상의 경우 행복도에 변화가 없다"라는 결과가 나왔습니다. 물론 돈이 없어서 생활이 힘든 상태라면 어느 정도의 돈은 필요해요. 하지만 **돈으로 살 수 있는 행복에는 한계가 있습니다.**

미국의 경제학자 로버트 프랭크는 돈, 물건, 사회적 지위 등 타인과의 비교를 통해 만족을 얻을 수 있는 것을 '지위재', 건강이나 애정 사회에 대한 소속감 등 타인과의 비교와 관계없이 만족을 얻을

행복이 오래 지속되지 않는다

행복한 사람의 특징은?

물건 소비보다는 체험 소비

물건을 사는 것보다 여행이나 사람들과의 교류 같은 체험에 돈을 씁니다.

타인과 비교하지 않는다

타인과 비교하거나 타인의 눈을 지나치게 신경 쓰는 사람보다 자신을 소중히 여깁니다.

비지위재

행복이 오래 지속된다

사람들과 유대감을 쌓는다

편하게 이야기하거나 힘들 때 도와 달라고 말할 수 있는 사람의 존재가 돈보다 중요할 수 있습니다.

이타적인 행동을 한다

타인의 행복을 위해 행동하는 게 이타적인 마음입니다. 다정하게 대하면 상대방은 고마워하며, 자신도 행복해집니다.

수 있는 것을 '비지위재'라고 정의했습니다. 이 둘의 큰 차이는 **지위재에 따른 행복은 오래 지속되지 않는 데 비해 비지위재에 따른 행복은 오래 지속된다는 거예요.** 고급 자동차를 산 기쁨은 그렇게 오래 지속되지 않지만, 렌터카로 소중한 사람과 드라이브를 한 즐거웠던 추억은 마음속에 쭉 남습니다. 돈을 벌거나 물건을 사는 것에 지나치게 집착하지 말고 돈으로 만들기 어려운 비지위재를 소중하게 생각하는 습관을 들여 봅시다.

COLUMN

행복학과 웰빙

행복학이란 어떤 사람이 행복을 느끼는지를 통계학적으로 연구하는 학문이에요. '하버드대 행복학 강의'로 유명한 탈 벤샤하르 교수의 『조금씩 분명히 행복해지는 습관』에는 돈과 행복의 관계, 행복하게 사는 삶에 관한 다양한 이야기가 실려 있으니 읽어 보세요. 비슷한 개념으로 웰빙이 주목을 받고 있는데요. 웰빙은 육체적·정신적·사회적 건강을 의미하는 개념으로 행복한 상태, 만족스러운 상태를 나타냅니다. 직원들이 행복하면 기업의 활동에도 좋은 영향을 끼치기 때문에 직원들의 행복을 생각하는 '웰빙 경영'을 내건 기업도 많아지고 있습니다.

11

가격과 가치의 차이

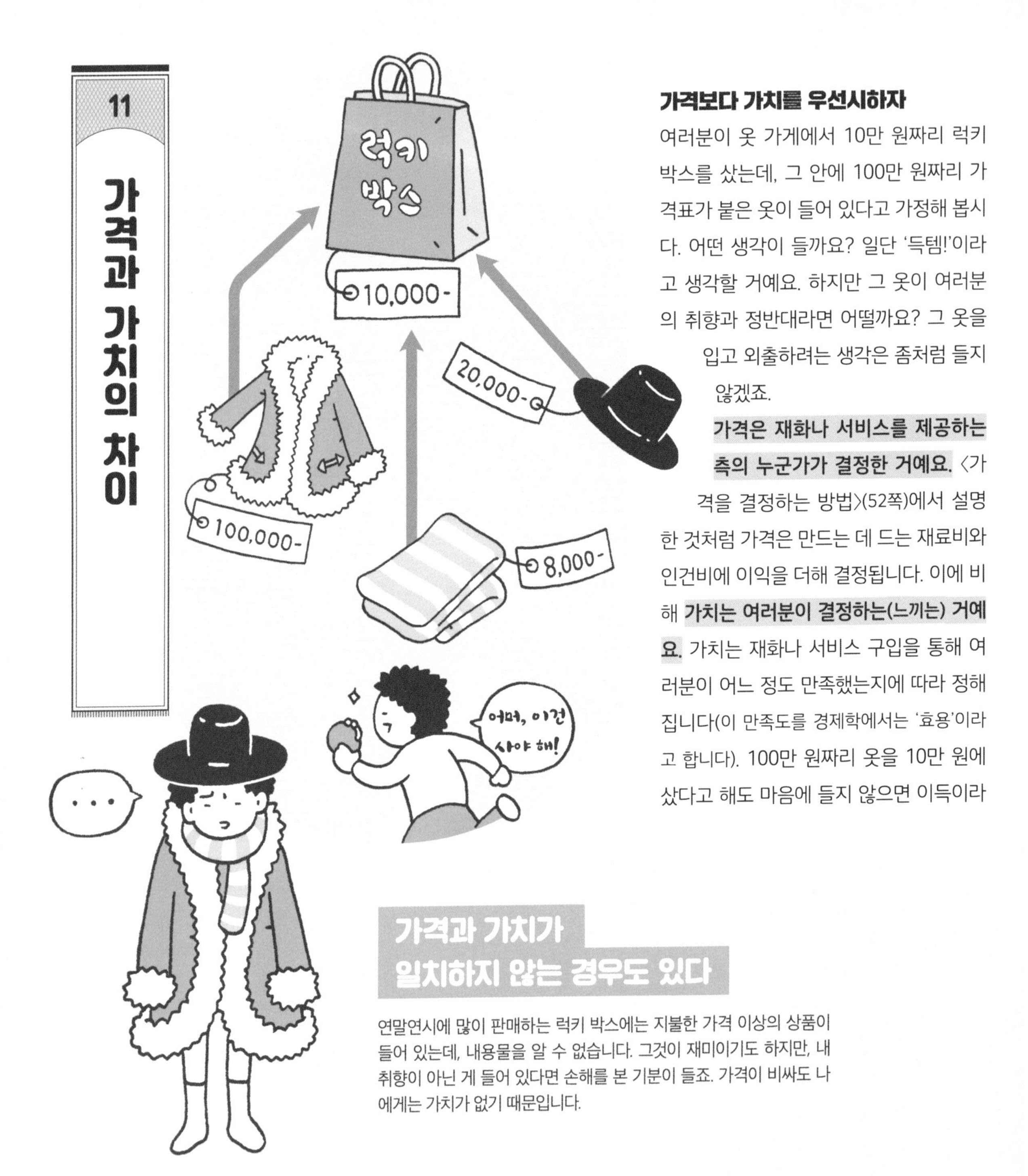

가격보다 가치를 우선시하자

여러분이 옷 가게에서 10만 원짜리 럭키 박스를 샀는데, 그 안에 100만 원짜리 가격표가 붙은 옷이 들어 있다고 가정해 봅시다. 어떤 생각이 들까요? 일단 '득템!'이라고 생각할 거예요. 하지만 그 옷이 여러분의 취향과 정반대라면 어떨까요? 그 옷을 입고 외출하려는 생각은 좀처럼 들지 않겠죠.

가격은 재화나 서비스를 제공하는 측의 누군가가 결정한 거예요. 〈가격을 결정하는 방법〉(52쪽)에서 설명한 것처럼 가격은 만드는 데 드는 재료비와 인건비에 이익을 더해 결정됩니다. 이에 비해 **가치는 여러분이 결정하는(느끼는) 거예요.** 가치는 재화나 서비스 구입을 통해 여러분이 어느 정도 만족했는지에 따라 정해집니다(이 만족도를 경제학에서는 '효용'이라고 합니다). 100만 원짜리 옷을 10만 원에 샀다고 해도 마음에 들지 않으면 이득이라

가격과 가치가 일치하지 않는 경우도 있다

연말연시에 많이 판매하는 럭키 박스에는 지불한 가격 이상의 상품이 들어 있는데, 내용물을 알 수 없습니다. 그것이 재미이기도 하지만, 내 취향이 아닌 게 들어 있다면 손해를 본 기분이 들죠. 가격이 비싸도 나에게는 가치가 없기 때문입니다.

고 할 수 없어요. 가격표 없이 제품만 보고 'O만 원이라면 살 거야'라고 생각하는 금액이 여러분이 느끼는 그 제품의 가치입니다.

절약에 대한 의식이 너무 높아서 저렴한 것만 선택하는 것도 생각해 봐야 해요. 저렴한 옷이나 신발을 사서 금방 못 쓰게 되는 것보다는 좋은 품질의 것을 사서 잘 사용하면 오래 만족감을 느낄 수 있습니다. 저렴한 가격을 절대적인 기준으로 삼는 것이 아니라 사고 싶은 마음, '오래 잘 쓸 수 있는지'라는 시간적인 기준을 세우면 좋습니다.

돈을 쓸 때는 누군가가 결정한 가격보다 자신이 느끼는 가치를 우선시해 보세요. 자신이 어느 정도 만족하는지 생각하면서 돈을 쓰는 습관을 들이는 것이 중요합니다.

가치를 느끼는 곳에 돈을 쓰자

지역 먹거리 구입하기

채소나 고기 등 그 지역에서 나는 먹거리를 적극적으로 구입하면 지역 생산자의 수입이 늘어나고 유통 비용을 절감할 수 있어요. 이런 윤리적 소비를 통해 지역에 기여한다는 가치를 느낄 수 있습니다.

공연 관람하기

좋아하는 아티스트가 있다면 공연에 적극적으로 참가합니다. 공연에서 감동을 얻을 수 있고, 아티스트를 물심양면으로 지원할 수 있어요.

좋아하는 친구들과 식사하기

소중한 친구가 있다면 친목을 위해 함께 식사하면서 돈을 쓰는 것도 좋아요. 친구는 둘도 없는 소중한 존재니 지불한 금액은 측정할 수 없을 정도의 가치가 있지 않을까요?

애니메이션 굿즈 모으기

여러분이 좋아하는 애니메이션 피규어가 출시되었습니다. 구할 수 있다면 큰 만족을 얻겠죠. 좋아하는 피규어가 내 방에 놓여 있는 것만으로도 기분이 좋아지기 때문에 조금 비싸도 나에게는 지불한 가격 이상의 가치가 있습니다.

12

돈 잘 쓰는 법

내 행복을 위해서 돈을 쓰자!

부모님이나 선생님에게 돈을 낭비하지 말라는 말을 많이 들을 거예요. 자신이 가진 돈을 파악하지 않고 쓸데없는 곳에 쓰다 보면 생활이 어려워지기 때문에 하는 걱정이에요. 그런데 여기서 끝나면 안 됩니다. 돈을 낭비하지 않는 것도 중요하지만, 돈을 잘 쓰는 방법도 알아야 해요. 이 책에서 몇 번이나 강조한 것처럼 돈은 써야 의미가 있고, 만족도 얻을 수 있습니다.

계속 절약하며 돈을 모으기만 하면 의미가 없어요. 자신에게 가치가 있는 상품이나 서비스를 구입해 인생을 즐겁고 풍성하게 만들면 좋겠습니다. **하고 싶은 일에 도전하기 위해 돈을 쓰는 건 멋진 일이에요. 그렇게 얻은 경험은 가치관을 넓혀 줍니다. 돈을 가지고만 있으면 가치관의 폭은 넓어지지 않아요.** 돈은 여러분의 인생을 즐거움이 가득한 것으로 만들어 주는 티켓 같은 거예요. 그 티켓을 제대로 사용하지 않는다면 너무 아깝지 않나요?

돈을 이런 경험과 바꿔 보는 건 어떨까?

세계 일주를 떠나자!

A 25세 여성

대학을 졸업한 A는 취업하기 전에 전 세계를 자신의 눈으로 직접 보고 싶었어요. 배낭 여행을 해도 2,000만 원 정도 든다는 사실을 알고 고민했지만, 학창 시절에 아르바이트로 번 500만 원과 부모님에게 빌린 1,500만 원으로 반년에 걸쳐 세계 일주를 하기로 했습니다. 현재는 귀국해 취업을 했답니다. 세계 일주 경험이 업무에 직접적으로 도움이 되는 건 아니지만, 부모님에게 빌린 돈을 조금씩 갚으면서 활기차게 일하고 있어요.

2500만 원

C 65세 남성

오랜 기간 근무한 회사를 정년 퇴직한 C는 재취업도 생각했지만 학생 때 정말 하고 싶었던 문학 공부를 해 보려고 대학원에 입학했습니다. 좋아하는 문학 강의를 들으며 40세 정도 어린 친구도 생겨 학교 생활을 즐겁게 하고 있어요. 지금은 석사 논문을 쓰기 위해 교수님의 지도를 받고 있습니다. 참고로 교수님도 C보다 젊습니다.

영화 감독이 될 거야!

대학원에 가자!

B 45세 여성

TV 방송 제작사에서 일하던 B는 영화 감독이 되고 싶었습니다. 과감하게 회사를 그만두고 함께 일하던 스태프의 도움으로 빈곤 아동에 대한 다큐멘터리를 찍기 시작했어요. 제작비 규모는 5,000만 원입니다. 자신의 돈 3,000만 원과 크라우드 펀딩으로 모은 제작비로 힘들게 영화를 완성했습니다. 현재는 배급사와 영화관과의 교섭 문제로 바쁜 나날을 보내고 있습니다.

13

시간과 돈

어느 쪽이 더 중요할까?

〈나를 성장시키는 세 가지 자산〉(262쪽)에서 우리에게는 돈 이외에도 시간과 능력(재능)이라는 자산이 있다고 이야기했습니다. 우리가 가진 자산 가운데 가장 중요한 것은 시간이에요. 시간은 유한하며, 언젠가 죽는 우리에게 시간을 쓰는 법은 생명을 가치 있게 쓰는 법과 같습니다. 시간을 잘 쓰는 만큼 더 행복한 인생을 살 수 있어요.

시간이라는 것은 되돌릴 수 없다는 게 가장 큰 특징이에요. 예를 들어 백팩 하나만 메고 세계 일주를 하는 건 20대에는 할 수 있지만, 돈을 벌고 은퇴한 50대가 되면 체력적으로 힘들 수 있습니다. 또 결혼하고 아이를 낳았는데 그 시기에 일만 한다면 아이의 어린 시절을 함께하는 행복한 시간이 사라질 수 있습니다. 젊은 시절에 일하는 데 많은 시간을 쓴다면 30대나 40대가 돼서는 조금 여유로울 수 있겠지요. **삶에는 하나의 정답만 있지 않아요. 시간과 돈의 중요성을 의식하며 후회 없는 삶을 살아야 합니다.**

중요한 것은 나의 목숨과도 같은 시간을 의미 있게 사용하는 거예요. 미래를 내다보며 지금 무엇이 중요한지 생각하면서 다양한 선택지를 고려해 봅시다. 어떻게 시간을 써야 행복과 만족을 얻을 수 있을까요?

가족과의 시간을 우선시하기

부모와 아이가 함께 보내는 시간은 굉장히 소중합니다. 같이 놀고 여행하는 건 기껏해야 아이가 중학생이 될 때까지입니다. 한정된 시간 속에서 부모와 함께한 추억은 아이의 마음에도 오랫동안 남아요. 자녀뿐만 아니라 형제자매나 배우자와 함께 보내는 시간은 무엇과도 바꿀 수 없습니다.

친구나 연인과의 시간을 소중히 하기

학창 시절에는 비교적 여유가 있기 때문에 친구나 연인과 자주 만날 수 있지만, 사회인이 되면 서로 일이 바빠 좀처럼 만나기가 힘들어요. 휴일이나 휴가 때 서로 시간을 맞춰서 함께 여유롭게 즐길 수 있다면 재충전의 시간이 될 수 있습니다.

이렇게 시간을 써 보자!

나를 위로하는 시간 만들기

가족이나 친구, 연인은 아주 소중한 존재지만 가장 중요한 존재는 나 자신입니다. 일만 하다가 건강을 잃는다면 모든 것을 잃게 돼요. 자신의 몸과 마음의 건강을 지키기 위해 잘 쉬고 때로는 멍하게 보내는 시간도 필요합니다.

취미에 열중하는 시간 만들기

동네 야구팀에서 활동하거나 마음이 맞는 동료와 밴드를 결성하여 연주하거나 집 정원이나 베란다에 텃밭을 만드는 등 취미에 시간을 투자하면 인생이 더 풍요로워집니다.

봉사 활동하는 시간 만들기

교육 환경이 열악한 지역의 아이들에게 공부를 가르치거나 지진이나 태풍이 발생한 지역에 가서 돕는 등 우리 사회에는 봉사할 곳이 많아요. 내 행동이 누군가에게 도움이 된다고 느낄 때 자기긍정감(있는 그대로의 나를 긍정하는 것)이 높아집니다.

COLUMN

일과 행복한 시간에 대해서

기분 좋은 시간을 늘리려면 일과 시간에 대해 생각해야 합니다. 크게 두 가지 사고방식이 있어요.

❶ 돈 버는 시간을 줄이고 자유롭게 쓸 수 있는 시간을 늘린다.

❷ 좋아하는 일을 하면 일하는 시간도 마음도 즐겁다.

❶의 방향성을 추구한다면 능력을 키워 단시간에 돈을 많이 벌 필요가 있습니다. ❷의 방향성이라면 일만 하는 인생이 되지 않도록 신경 써야 합니다. 어느 쪽이 여러분에게 더 잘 맞을 것 같나요?

14

누군가를 기쁘게 만드는 돈

세상을 위해 돈을 쓰자

나중에 여러분이 돈을 벌게 되면 **누군가에게 기쁨을 주는 방향으로 돈을 써 보세요.** 가족이나 연인에게 선물을 하거나 친구의 생일에 멋진 파티를 열어 주는 거예요. 상대방은 분명 기뻐할 것이고, 여러분도 웃게 되겠죠.

한 발 더 나아가 기부를 해 보는 건 어떨까요? 캐나다에서 실시된 기부에 관한 흥미로운 실험 결과가 있어요. 실험 참가자에게 5달러짜리 지폐와 20달러짜리 지폐를 주고 절반에게는 '이 돈을 자신을 위해 써 주세요'라고 하고, 나머지 절반에게는 '누군가에게 선물을 주거나 자선 활동에 기부해 주세요'라고 했습니다. 돈을 쓴 다음에 참가자들에게 기분을 물어보니 다른 사람을 위해 돈을 쓴 사람들의 행복도가 더 높았습니다. 다른 사람을 위해 돈을 쓰면 행복도가 올라간다는 실험 결과는 이 외에도 많아요. 나를 위해 소비하면 물질적인 풍족함을 누릴 수 있지만, **다른 사람을 위해 소비하면 정신적인 풍족함을 누릴 수 있습니다.**

'노블레스 오블리주'라는 말을 들어 본 적이 있나요? 19세기 프랑스에서 생긴 말로 '귀족이라면 그에 걸맞은 의무를 다해야 한다'라는 의미예요. 당시 귀족들 사이에서는 신분이 높고 재력이 있는 사람은 그

모금함에 기부

불우이웃을 돕는 모금함을 편의점이나 마트 계산대 옆 등에 두는 경우가 있어요. 계산대에서 물건을 구입한 후에 잔돈이 남으면 넣을 수 있기 때문에 쉽게 기부할 수 있습니다.

비영리단체에 기부

비영리단체(NPO)는 빈곤 아동의 학습을 지원하거나 노숙자를 돕는 등 전 세계의 다양한 사회 문제를 해결하기 위해 활동합니다. 우리가 단체에 기부하면 NPO의 활동 자금과 어려운 사람들을 지원하는 데 쓰여요.

크라우드 펀딩으로 기부

인터넷을 통해 다양한 활동을 하고자 하는 사람에게 자금을 지원할 수 있는 시스템이 바로 크라우드 펀딩입니다. 돈을 낸 만큼 리워드가 따라옵니다. 금전적인 보상을 원하지 않는 기부형도 있어요.

고향 사랑 기부제로 기부

기부를 희망하는 지방자치단체에 직접 기부하는 제도입니다. 인구 감소 등으로 세수가 감소한 지역을 지원하기 위해 시작됐어요. 이 방법으로 기부하면 그 지역의 특산품을 답례로 받을 수 있습니다.

만큼의 사회적 책임을 져야 한다는 분위기가 있었기 때문에 이 말이 널리 퍼졌습니다. 그리고 미국과 유럽을 중심으로 많은 대부호와 대기업이 부의 일부를 어려운 사람들과 공공 사업 등에 기부하는 분위기가 형성돼 지금까지 이런 정신이 계승되고 있어요.

물론 자신의 생활에 여유가 없다면 다른 사람을 위해 돈을 쓰기는 어려워요. 하지만 생활에 여유가 조금 생긴다면 한번 생각해 봐도 좋을 것 같습니다. 어려운 상황에 처한 사람들을 돕기 위해 수중에 있는 돈을 조금이라도 나누면 어떨까 하고 말이죠. 내가 가진 돈으로 힘든 상황에 빠진 누군가를 구하거나 사회를 좋은 방향으로 나아가게 할 수 있다면 이보다 가치 있는 일이 있을까요? 쉽게 할 수 있는 기부 방법을 몇 가지 소개할 테니 관심이 있다면 구체적으로 찾아보세요.

COLUMN

기부와 투자는 같다?

미국에서는 아이들에게 경제 교육을 할 때 돈의 투입구가 '소비' '저축' '기부' '투자' 네 가지로 구분된 저금통을 활용한다고 합니다. 소비와 저축은 나를 위한 돈이고, 기부와 투자는 나 이외의 누군가를 위한 돈입니다. 돈의 소중함뿐만 아니라 누군가를 도와주는 숭고함도 동시에 가르치기 때문에 미국에서 투자와 기부가 활발하게 이루어지는지도 모르겠네요.

15

우리 삶의 의미

무언가를 남긴다는 것

돈을 버는 것은 인생의 목적이 아닙니다. 행복하게 사는 것이야말로 인생의 궁극적인 목적이에요. 돈은 그 수단에 지나지 않습니다. **이외에도 인생의 목적이 있다면, 그것은 무언가를 남기는 것 아닐까요?** 이렇게 말하면 가족이나 자식에게 재산을 남기는 것을 떠올리는 사람도 많아요. 물론 그것도 멋지지만, 더 멋진 일이 있어요. 예를 들어 가족이나 친구와 소중한 시간을 보낸다면 좋은 추억을 남길 수 있습니다. 맛있는 음식을 같이 먹고, 함께 여행을 하는 멋진 추억은 여러분이 이 세상을 떠난 후에도 모두의 가슴속에 남습니다. 어린이나 젊은 세대를 가르쳐 세상을 사는 지혜를 알려 주는 것도 멋진 일이에요. 그들에게는 돈보다 소중한 자산이 될 것입니다. 이외에도 일을 통해 재화나 서비스를 창출해 사람들에게 도움이 되는 무언가를 남길 수 있다면 정말 멋질 것 같네요. 만약 특별한 재능을 타고난 사람이라면 많은 이에게 감동과 즐거움을 주는 소설이나 만화 같은 작품을 남길 수도 있습니다.

여러분이 인생을 살다가 선택을 해야 하거나 인생을 돌아보고 싶다면 잠시 멈춰 서서 자신이 할 수 있는 일은 무엇인지, 누군가를 위해 무엇을 남길 수 있는지를 생각해 봅시다. 멋진 인생을 사는 힌트가 될 수 있어요.

우리가 남길 수 있는 것은?

돈이나 그에 준하는 것

인간이 남길 수 있는 것 가운데 형태가 가장 확실한 것은 돈입니다. 현금뿐만 아니라 집, 토지, 고가의 물품 등을 남기는 사람도 있어요. 남기는 상대는 자녀 등 대부분 가족입니다.

다양한 작품

소설, 음악, 만화, 게임 등의 창작물은 가족, 친구, 회사 동료처럼 가까운 사람뿐만 아니라 세상의 많은 사람에게 즐거움과 감동을 남길 수 있어요. 창작물이라 불리는 게 아니더라도 사람들에게 도움이 되는 상품을 개발해 세상에 내놓는다면 훌륭한 작품을 남겼다고 할 수 있습니다.

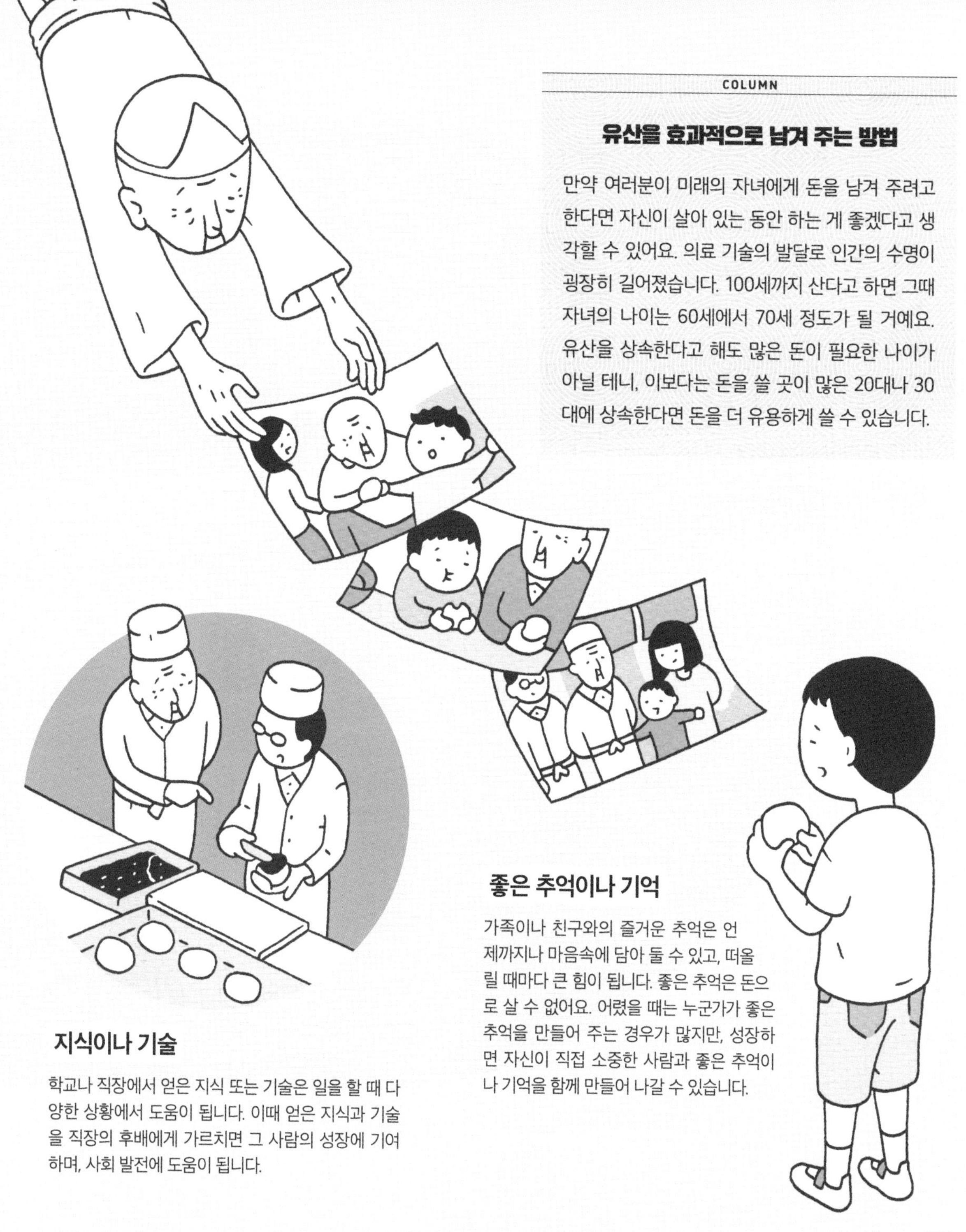

COLUMN

유산을 효과적으로 남겨 주는 방법

만약 여러분이 미래의 자녀에게 돈을 남겨 주려고 한다면 자신이 살아 있는 동안 하는 게 좋겠다고 생각할 수 있어요. 의료 기술의 발달로 인간의 수명이 굉장히 길어졌습니다. 100세까지 산다고 하면 그때 자녀의 나이는 60세에서 70세 정도가 될 거예요. 유산을 상속한다고 해도 많은 돈이 필요한 나이가 아닐 테니, 이보다는 돈을 쓸 곳이 많은 20대나 30대에 상속한다면 돈을 더 유용하게 쓸 수 있습니다.

좋은 추억이나 기억

가족이나 친구와의 즐거운 추억은 언제까지나 마음속에 담아 둘 수 있고, 떠올릴 때마다 큰 힘이 됩니다. 좋은 추억은 돈으로 살 수 없어요. 어렸을 때는 누군가가 좋은 추억을 만들어 주는 경우가 많지만, 성장하면 자신이 직접 소중한 사람과 좋은 추억이나 기억을 함께 만들어 나갈 수 있습니다.

지식이나 기술

학교나 직장에서 얻은 지식 또는 기술은 일을 할 때 다양한 상황에서 도움이 됩니다. 이때 얻은 지식과 기술을 직장의 후배에게 가르치면 그 사람의 성장에 기여하며, 사회 발전에 도움이 됩니다.

16

돈과 나의 연결 고리

미래는 우리가 하기에 달렸다

이 책은 '돈이란 무엇인가?'라는 이야기부터 시작했습니다. 누군가가 무언가를 해줬을 때 고맙다는 마음으로 돈을 지불한다고 했죠. 돈은 세상을 혈액처럼 순환하고, 경기는 좋을 때도 있고 나쁠 때도 있으며, 돈을 순환시키기 위해 사람들이 다양한 노력을 하고 있다는 사실도 알게 되었습니다.

돈에 대해서 생각할 때 우리는 불안한 마음부터 듭니다. '저 친구처럼 살려면 얼마나 필요하지?' '돈을 많이 벌려면 어떻게 해야 하지?' '돈을 불리는 방법 어디 없나?' 이런 불안감을 해소하기 위해 이 책에서는 돈에 대한 기본적인 정보와 사고방식을 알기 쉽게 정리하려고 했습니다. 그런데 개인에게 가장 중요한 것은 돈을 쓰는 법이에요. 모으기만 하면 의미가 없고, 돈은 무언가와 교환할 때 의미가 생깁니다. **행복감을 느낄 수 있도록 돈을 써야 하며, 이를 위해서는 자기 자신을**

의견이 달라졌다?!

깊게 알아야 합니다. 여러분은 돈을 어떻게 쓰면 행복해지나요? 너무 불안해만 하지 말고 긍정적으로 돈과 잘 사귀면 좋겠습니다.

그리고 **돈에 대해 생각할 때는 자신의 불안뿐만 아니라 다른 많은 사람의 불안을 어떻게 하면 없앨 수 있을지도 생각해야 합니다.** 빈곤, 격차, 환경 오염 등 이 세상에는 수많은 문제가 존재해요. 개인이 할 수 있는 일은 제한적이지만 이런 문제를 해결하는 데 기여하는 기업에 취직하거나, 직접 사업을 시작해 동료를 모으는 등 투자자와 소비자의 입장에서 사회를 바꿔 나갈 수 있어요. 또 모두가 낸 세금을 어떻게 쓸지를 결정하는 건 정치의 역할입니다. 선거에서 투표를 통해 정치에 참여할 수 있으니, 이런 기회를 잘 활용하면 좋겠습니다.

돈은 모두가 나다운 인생을 살고 더 좋은 세상을 만들기 위한 수단입니다. 우리가 돈과 어떻게 사귀는지에 따라 세상은 좋아지기도 하고 나빠지기도 합니다. **자신이 어떤 인생을 살고 싶은지, 어떻게 세상에 도움이 되고 싶은지, 이를 위해서 돈을 어떻게 쓸지 곰곰이 생각해 봅시다.**

한줄 요약

1

돈은 인생의 수단임을 잊지 말고, 돈과 잘 사귈 수 있는 올바른 방법을 배워야 한다.

2

나이를 먹을수록 경험과 기술이 쌓여 조금씩 더 잘 벌게 되지만 세대나 생활 방식에 따라 차이가 있다.

3

지금 인기가 많고 안정적인 기업과 업종이 미래에도 계속 그럴 것이라는 보장은 없다.

4

100세 시대에는 몸과 마음의 건강을 유지하기 위해서, 노후의 자금 부담을 줄이기 위해서 건강할 때 일을 열심히 해 두면 좋다.

5

돈을 벌 때의 기본 원칙은 재화와 서비스에 대한 고마운 마음을 모으는 것이다.

6

앞으로의 시대에서 돈을 버는 사람은 능동적으로 자신의 능력을 키워 스스로 일을 만들어 내는 사람이다.

7

가치에는 기능적 가치와 정서적 가치가 있으며, 일을 통해 세상에 어떤 가치를 제공할 수 있을지 생각해 봐야 한다.

8

자신을 성장시키는 세 가지 자산은 시간과 돈, 능력이며 이를 투자해 미래의 자산을 늘려 가는 것이 바로 자기 투자다.

9

돈을 잘 버는 사람이 빠지기 쉬운 함정은 자신이 잘났기 때문에 특별한 존재가 된 거라고 착각하는 것이다.

10

지위재로 얻은 행복은 일시적이지만 비지위재로 얻은 행복은 오래 지속된다.

11

돈을 쓸 때는 누군가가 정한 가격보다 내가 느끼는 가치를 우선시해야 한다.

12

자신이 가치를 느끼는 일에 돈을 쓰는 것이 올바르게 돈을 쓰는 것이다.

13

돈을 버는 일도 중요하지만 시간을 되돌릴 수 없다는 것을 늘 의식하며 유한한 인생을 후회 없이 살아야 한다.

14

타인의 기쁨을 위해 돈을 쓰면 정신적인 풍족함을 누릴 수 있다.

15

가까운 사람과의 소중한 추억, 많은 사람을 즐겁게 만드는 작품, 세상에 도움이 되는 기술 등 무언가를 남기는 것도 우리 삶을 의미 있게 만들어 준다.

16

자신이 어떤 인생을 살고 싶은지, 어떻게 세상에 도움이 되고 싶은지, 이를 위해 어떻게 돈을 쓸지 깊이 생각해야 한다.

미래로 내딛는 한 걸음

← 오른쪽에서 왼쪽으로 읽어 주세요.
…
에필로그.
미래로 내딛는
한 걸음

바쁠 텐데 이야기 들어 줘서 고마워.
그러면 일요일에 봐.

휴
어, 잘 지냈나?

아, 다나베 씨, 안녕하세요.
고지 씨에게 할 이야기가 있는데, 잠깐 시간 괜찮을까?
네….

회의실
하실 이야기라는 게 인사 관련 이야기인가요?
맞아, 사실 좀 곤란한 문제가 있어서….

자네가 원래 있었던 식품원료부의 이노 부장이 자회사로 가게 됐어.
아, 그렇습니까.
'증거 불충분'이라는 판단으로 다른 처분은 내려지지 않겠지만
갑질을 했다는 여러 증언이 있어서 인사과에서는 그냥 두고 볼 수 없었지. 이노 부장 밑에서 일하는 직원들의 이직률이 높은 건 예전부터 문제가 됐고.
그렇군요.
그래서 말인데,
고지 자네가 식품원료부 부장으로 돌아와 줬으면 좋겠어.
제가요?

고지 씨는 일의 내용도 잘 알고 있고
스윽
무엇보다도
현장의 중견, 베테랑 사원들이 복귀를 기다리고 있어.
…조금 생각해 봐도 될까요? 2~3일 내로 다시 말씀드리겠습니다.
그래. 긍정적인 대답 기다리고 있을게.
오늘 저녁에 의논하고 싶은 일이 있는데 시간 괜찮아?
아내
달칵

그 주 주말
자, 맛있게 드세요.
와, 맛있겠는데!
잘 먹겠습니다!
미안해, 전부 다 맡겨서.
괜찮아. 항상 신세를 지는데 가끔은 하게 해 줘.
음, 맛있어!
제부는 요리도 잘하네!
감사합니다.
하나는 조금만 기다려!
이따가 사과 줄게
끼잉

그래서
비오는, 진도는
결정했니?
네, 선생님께
제출했어요.
어어…
빠르네…

메이오대학
경제학부가
1지망인데
경영학부에도
관심이 있어서
고민 중이에요.
그렇구만.

여름 방학 때
들은 돈의 수업이
영향이 있었나
봐.

네.
돈과 세상에
대해
더 공부해서
사회에 나가고
싶어요.

그런데 여름 방학 때 친 모의고사 결과는 엉망이었지?
하하
하하
으윽~ 그건 말하지 마세요.

뭐, 아직 고2니까. 앞으로 만회하면 되지.
꽉
그럼요! 열심히 할 거예요!
그러면…
흠흠
미호도 앞으로의 결심에 대해서 말했으니 나도 발표해 볼까.
네?
응? 뭐야?

저, 고지는
앞으로 1년 후에 회사를 그만두겠습니다.
뭐어?!
왜?
지금 부서로 옮기고 나서는 예전처럼 바쁘지도 않고
일도 안정적이어서 '일은 이미 충분히 했으니 이제는 여유롭게 살아도 괜찮아'라고 스스로에게 말했지만…
이대로 정말 괜찮은지 고민이 계속 되더라고요.

*barrier free: 장애인 및 고령자, 임산부 등의 사회적 약자들이 편하게 살 수 있는 도시를 만들기 위해 물리적·제도적 장벽을 제거하는 것.

생각이 안일하다는 말을 자주 듣긴 하지만….
전 회사 동료가 음식점 경영 컨설턴트를 해서 도움을 받을 수 있어요.
내일도 만날 거예요
아빠, 힘내요!
전 좋다고 생각해요!
그래, 열심히 할게.
… 좋은데?
저는 두 사람이 하고 싶은
일이 있다면 응원할 뿐이죠.
처제는 찬성하는 거야?
… 고마워.

전에 있던 부서에서 부장으로 다시 돌아와 달라고 했는데도 그만두겠다고 한 건 좀 놀랐어.
승진 이야기도 나왔는데 그만두는 거야?
네, 새로운 길을 가면서 나답게 살기로 결심했으니까요.
뭔가 조금 아깝기도 한데.
예전부터 일단 결정하면 꺾이지 않는 사람이에요, 이래 봬도.

당신도 결정한 일을 흔들리지 않고 끝까지 해냈잖아.
?

그래, 그 교수님
엄마 대학교
동창이야.

미호,
돈에 대한
수업 때 교수님
기억나?
아야카
교수님?

엄마와 아야카
교수님은 같은 연구회
소속이었는데,
'젊은이의 미래를 여는
금융 교육'이라는 주제로
공동 연구를 했어.
헉!
진짜요?
이번 수업도 둘이서
몇 번이나 이야기를
나누고 강의안을
짠 거야.

미호가 보여 준 교재에서
아야카라는 이름을 보고
어디서 봤던 거 같은데
하다가 연하장을 받았던
기억이 났어.
아, 대학교
동창이었지.
히구치 아야카 편집
메이오대학교

아야카가
이야기했어?
지난번에 미호랑
수업 들으러
갔을 때.

전에 당신 은행에서도 협력하는 거라고 가볍게 말했지만
사실은 꽤 신경 써서 준비한 일이지?
들켰나?

고마워. 당신 덕분에 나도 새로운 길을 갈 결심을 할 수 있었어.
엄마, 저도 고마워요. 앞으로 미래에 대해서 진지하게 생각해 볼 거예요.

미호는 다음 모의고사에서 좋은 결과를 낼 수 있도록 열심히 해!
당신은 새로운 일을 시작한다면 적자가 크게 나지 않도록!
적자가 너무 오래 이어지면 그만둘 것!
별말씀을.
근데….
후후후.
우하하! 정말 못 말려.
네-!
네——에!
자, 요리는 계속 나오니까 맛있게 드세요.

이번 여름, 우리가 참가한 수업을 통해 여러 가지를 배우고 다양한 생각을 할 수 있었다.
돈은 살아가기 위해 필요하며, 있으면 인생의 선택지가 많아진다.
하지만 돈에 휘둘리면서 사는 것보다는
유키노
나, 전문학교에 가기로 했어.
제과전문학교 카페디저트과에 가서 파티셰가 될 거야.
멋지다! 우리 열심히 하자.
우리 아빠가 이번에 카페를 연다는데 혹시 관심 있어?
어떻게든 될 거라고 생각하고 한 발을 내디뎌 보는 쪽이 더 즐거운 인생이 될지도 모른다.

우리가
살아가는
사회에서는
고마운 마음을
돈으로 전하고
세상에
존재하는
힘든 일을
해결하거나
누군가를
기쁘게 만들어
돈을 벌 수
있다.
다만
이 시스템은
완벽하지 않다.
돈을 벌기 위한
치열한 경쟁 뒤에서
눈물을 흘리는
약자도 존재한다.
사회에서
뒤처지는
사람도 있고,
풍요로운 마음을
잃어버리기도
한다.
우리 한 사람
한 사람이 자신의
일처럼 생각해
봐야 하는 문제다.

돈과 시간의 사용법은 각자 다르기 때문에
유일한 정답 같은 건 없다.
정답이 없는 일을 불안하다고 생각할지
자유롭다고 생각할지는 우리의 마음가짐에 따라 달라진다.
생각하자.
자신의 인생을 만족스럽게 살기 위해, 누군가를 웃게 하기 위해
우리는 무엇을 할 수 있을까?
상냥한 CAFE
당신이 주문한 한 잔의 커피가 누군가를 미소 짓게 만듭니다
이런 콘셉트의 카페입니다.
누구든 가볍게 들러 주세요.
테라스 좌석은 강아지도 함께 이용할 수 있습니다.

맺음말

"돈을 낭비하면 안 돼." "돈은 무조건 은행에 맡겨라."

부모님에게 들은 돈에 대한 충고가 이 정도인 사람도 많을 거예요. 용돈을 받아 쓰던 어린 시절을 지나 고등학생, 대학생이 돼 아르바이트로 조금씩 돈을 벌다가 어느덧 정신을 차려 보면 사회인이 돼 있습니다. 필요할 때만 돈에 대해 배우면서 살아 온 겁니다. 돈에 대한 지식을 이렇게 별생각 없이 익히게 된 어른이 대부분일 거예요. 그런데 돈에 대해 깊이 공부하면 돈에 대한 단편적인 개념에서 벗어나 돈과 나, 돈과 사회가 보이고 돈을 적극적으로 벌고, 불리고, 관리하고, 다루는 법에 대해 알게 됩니다. 절약하고 아끼는 것도 좋지만 돈의 속성을 알고 제대로 공부하면 돈의 가능성을 깨닫게 되죠.

이 책은 돈과 경제 개념에 관한 주제를 폭넓게 다룹니다. 나아가 이 책을 읽는 여러분이 어떤 인생을 살 것인지, 어떤 사회를 만들어 갈 것인지에 대한 질문도 던지고 있어요. 굉장히 어려운 질문이기 때문에 대답하려면 많은 공부가 필요합니다. 이 책 안에 다양한 주제를 알기 쉽게 설명했으니 시간을 들여 천천히 읽고 자신만의 답을 찾아가면 좋겠습니다.

이 책은 청소년이 읽는 것을 염두에 두고 만들었어요. 청소년 시기부터 돈에 대해서 공부하고 자신의 생각을 정리할 수 있게 된다면 사회에 나가는 것이 조금은 덜 두렵고, 자신감도 얻을 수 있습니다.

돈에 대해서 '돈을 되도록 쓰지 않는 게 좋아' '미래를 위해서 무조건 많이 모아야

해' 같은 생각을 하기 쉽습니다. 이런 마음도 충분히 이해해요. 하지만 돈을 쓰거나 자신에게 투자한다면 미래를 조금 더 크게 열어 갈 수 있다는 사실도 알아 두도록 합시다. 대학생이나 이미 사회인이 된 분들도 이 책을 꼭 읽어 봤으면 좋겠어요. 바쁜 하루하루를 보내다 보면 나도 모르게 효율적으로 돈 버는 법이나 경제적인 합리성만 따지기 쉬워요. 이 책을 통해 나에게 더 중요한 것은 무엇인지 자신의 마음과 대화를 나눌 수 있다면 좋겠습니다.

돈에 대해서 배우며 자신의 마음과 마주하면 변화가 시작됩니다. 먼저, 인생을 적극적으로 살게 돼요. 또한 사회에 대한 참여 의식도 높아집니다. 우리 한 사람 한 사람의 힘은 작지만 이런 힘이 모이면 아주 큰 힘이 됩니다. 자신의 일이나 활동에 적극적인 자세로 긍정적으로 살아가는 멋진 어른이 많아지면, 세상은 조금 더 좋은 방향으로 나아갈 거예요.

이 책의 주인공들처럼 인생을 알차게 만들려면, 누군가를 미소 짓게 만들려면, 어떻게 해야 할까요? 하고 싶은 일은 무엇인가요? 여러분이 가끔 이 책을 다시 읽으면서 이런 것들에 대해 생각해 본다면 그 이상 기쁜 일은 없을 것 같습니다.

여러분이 자기답게, 행복하게 살아가기를 바라며 항상 응원하겠습니다.

편집부

14살부터 시작하는
나의 첫 돈 공부

초판 1쇄 펴냄 2024년 4월 5일
3쇄 펴냄 2024년 11월 11일

지은이 가켄 편집부
옮긴이 이현욱

펴낸이 고영은 박미숙
펴낸곳 뜨인돌출판(주) | 출판등록 1994.10.11.(제406-251002011000185호)
주소 10881 경기도 파주시 회동길 337-9
홈페이지 www.ddstone.com | 블로그 blog.naver.com/ddstone1994
페이스북 www.facebook.com/ddstone1994 | 인스타그램 @ddstone_books
대표전화 02-337-5252 | 팩스 031-947-5868

ISBN 978-89-5807-008-5 03320